高等院校土建专业互联网+新形态创新系列教材

建设工程法律法规
(微课版)

苗道华　主　编

姜晓蕾　陈偲苑　王明杰　副主编

清华大学出版社

北京

内 容 简 介

本书依据国家最新法律法规及教学大纲的特点和要求编写，介绍了我国现行的建设法规，包括《中华人民共和国安全生产法》《建设工程安全生产管理条例》《建设工程管理规范》《建设工程质量管理条例》《建设工程勘察设计管理条例》《中华人民共和国建筑法》《中华人民共和国招标投标法》《建筑工程方案设计招标投标管理办法》。除此之外，本书还较为详细地介绍了与工程建设有密切关系的民法典、劳动合同法等相关法律法规。每一章后面均配有习题，并设置了"实训练习"供学生课后练习使用，帮助学生巩固所学内容。

本书可作为大学本科土建类专业及其他院校相关专业使用的建设法规教材，也可作为建筑类从业人员的岗位培训教材和相关工程技术人员的参考用书。

本书封面贴有清华大学出版社防伪标签，无标签者不得销售。
版权所有，侵权必究。举报：010-62782989，beiqinquan@tup.tsinghua.edu.cn。

图书在版编目(CIP)数据

建设工程法律法规：微课版/苗道华主编．—北京：清华大学出版社，2024.1
高等院校土建专业互联网+新形态创新系列教材
ISBN 978-7-302-65059-1

Ⅰ．①建…　Ⅱ．①苗…　Ⅲ．①建筑法—中国—高等学校—教材　Ⅳ．①D922.297

中国国家版本馆 CIP 数据核字(2023)第 235698 号

责任编辑：石　伟
装帧设计：刘孝琼
责任校对：李玉茹
责任印制：沈　露

出版发行：清华大学出版社
网　　址：https://www.tup.com.cn, https://www.wqxuetang.com
地　　址：北京清华大学学研大厦A座　　邮　编：100084
社 总 机：010-83470000　　邮　购：010-62786544
投稿与读者服务：010-62776969, c-service@tup.tsinghua.edu.cn
质量反馈：010-62772015, zhiliang@tup.tsinghua.edu.cn
课件下载：https://www.tup.com.cn, 010-62791865

印 装 者：大厂回族自治县彩虹印刷有限公司
经　　销：全国新华书店
开　　本：185mm×260mm　　印　张：16.5　　字　数：398千字
版　　次：2024年1月第1版　　印　次：2024年1月第1次印刷
定　　价：49.00元

产品编号：099731-01

前　言

当今的建设工程已不再是技术加劳力的活动，法律、经济等各个社会因素都对建设项目有很大的影响，而且越来越成为影响建设工程的重要因素；国家近年陆续修订的一些法律法规，从指导思想上也越来越体现出这种倾向。因此，社会因素成为建设领域内的重要方面，加强建设法律法规的学习，应用相应法律法规去认识和解决各种问题的重要性越来越凸显。党的二十大报告明确提出了"强化经济、重大基础设施、金融、网络、数据等安全保障体系建设。"的目标任务。书中内容充分体现并围绕党的二十大提出的新目标、新任务、新要求，以土木工程建设岗位需要的法律知识为主线，依据我国建筑业新颁布实施的法律、法规及规章进行编写，对不同的案例进行针对性的分析。在建设工程中能较清楚地了解从工程建设项目的报建、招标投标、施工到竣工验收全过程中各阶段所涉及的相关法律、法规、规章和规范，从而能够有效的保障重大基础设施的建设。

建设法律法规作为研究工程建设领域法律制度的学科，具有很强的应用性和鲜明的时代特征，我国法治进程的发展以及我国建设行业的蓬勃发展必将推动建筑法学的研究内容不断地丰富和发展。

为了加强教学的指导性，本书在每个章节的正文前设置了学习目标、思政目标、教学要求和项目案例导入等内容；在正文的编排中适当插入案例，通过案例激发学生的学习兴趣，提高学生分析问题和解决问题的能力。此外，本书在课后的习题类型上主要为单项选择题、多项选择题和简答题。同时，还增加了实训工作单，以方便学生更好地掌握本书的精髓。

本书与同类书相比具有以下显著特点。

(1) 新：图文并茂，生动形象，形式新颖。

(2) 全：知识点分门别类，包含全面，由浅入深，便于学习。

(3) 系统：知识讲解前后呼应，结构清晰，层次分明。

(4) 实用：理论和实际相结合，举一反三，学以致用。

(5) 赠送：除了必备的电子课件、每章习题答案外，还相应地配套有大量的拓展图片、讲解音频、视频、模拟动画、实训工单、模拟测试试卷等，通过扫描二维码的形式再次拓展建设工程法律法规的相关知识点，力求让初学者在学习时最大化地接受新知识，最快、最高效地达到学习目的。

本书由苗道华任主编，姜晓蕾、陈偲苑、王明杰任副主编，刘洪波、何毅、汪海潮参编。其中，第1章、第4章、第11章由河南城建学院苗道华编写，第2章由王明杰编写，第3章、第9章由姜晓蕾编写，第5章、第10章由陈偲苑编写，第6章由刘洪波编写，第7章由何毅编写，第8章由汪海潮编写。

由于编者水平有限,书中难免存在疏漏和不足之处,衷心欢迎读者提出宝贵建议,予以赐教指正。本书在编写过程中参考了相关资料、著作和教材及相关方面的规范、标准、手册等,在此向相关作品的作者表示诚挚的感谢。

编 者

习题案例答案及课件获取方式

目 录

第1章 建设工程法规基础知识 ... 1
1.1 建设工程法规概述 ... 2
- 1.1.1 建设工程法规的概念和调整对象 ... 2
- 1.1.2 建设工程法规的特性 ... 3
- 1.1.3 建设工程法规体系 ... 3

1.2 建设工程法律关系 ... 5
- 1.2.1 建设工程法律关系的概念与特征 ... 5
- 1.2.2 建设工程法律关系的构成要素 ... 5
- 1.2.3 建设法律、行政法规和相关法律的关系 ... 8
- 1.2.4 建设工程法律关系的产生、变更和终止 ... 8

1.3 工程建设程序 ... 10
- 1.3.1 工程建设程序的概念和内容 ... 10
- 1.3.2 工程建设的阶段划分及其内容 ... 10

1.4 工程建设法律责任 ... 12
- 1.4.1 法律责任的概念与特征 ... 12
- 1.4.2 工程建设法律责任的分类及承担方式 ... 12

课堂思政案例 ... 14
本章小结 ... 14
实训练习 ... 14

第2章 建设法律许可制度 ... 17
2.1 建设施工许可 ... 18
- 2.1.1 概述 ... 18
- 2.1.2 申请施工许可证必须具备的条件 ... 19
- 2.1.3 不需要申请施工许可证的工程类型 ... 21
- 2.1.4 办理施工许可证的相关程序和规定 ... 21
- 2.1.5 相关法律责任 ... 22

2.2 建设企业资质等级许可 ... 23
- 2.2.1 建筑企业的必备条件 ... 23
- 2.2.2 资质序列 ... 23
- 2.2.3 资质申请与审批 ... 23
- 2.2.4 工程勘察企业资质 ... 24
- 2.2.5 工程设计企业资质 ... 25
- 2.2.6 工程监理企业资质 ... 25

2.3 建设工程发包与承包许可 ... 26
- 2.3.1 建筑工程发包制度 ... 26
- 2.3.2 建筑工程承包与分包制度 ... 27

课堂思政案例 ... 29
本章小结 ... 29
实训练习 ... 29

第3章 城乡规划法律制度 ... 32
3.1 城乡规划法概述 ... 33
- 3.1.1 城乡和城乡规划的概念 ... 33
- 3.1.2 城乡规划法的立法概况及适用范围 ... 34

3.2 城乡规划的制定 ... 36
- 3.2.1 城乡规划的制定原则 ... 36
- 3.2.2 城乡规划的分类 ... 37
- 3.2.3 城乡规划的编制和审批 ... 38

3.3 城市新区开发和旧区改建 ... 40
- 3.3.1 城市新区开发 ... 40
- 3.3.2 城市旧区改建 ... 41

3.4 城乡规划的实施和修改 ... 42
- 3.4.1 城乡规划公布制度 ... 42
- 3.4.2 城乡规划实施制度 ... 42
- 3.4.3 城市国有土地使用权出让、转让规划管理制度 ... 46

3.4.4 规划设计单位及从业人员的
    资格许可制度 47
  3.4.5 城乡规划修改制度 49
3.5 历史文化名城保护 50
  3.5.1 申报历史文化名城名镇名村的
    条件 50
  3.5.2 历史文化名城的保护规划和
    措施 53
3.6 法律责任 55
  3.6.1 建设单位的法律责任 55
  3.6.2 城乡规划行政主管部门工作
    人员的法律责任 55
  3.6.3 城乡规划编制单位的法律
    责任 56
课堂思政案例 57
本章小结 57
实训练习 57

第 4 章　建设工程招标投标法规 60

4.1 建设工程招标与投标概述 61
  4.1.1 建设工程招投标的类型、
    方式 62
  4.1.2 建设工程招投标适用范围 ... 64
  4.1.3 建设工程招投标的法律制度 ... 65
4.2 建设工程项目招标 66
  4.2.1 建设施工工程招标条件及
    程序 66
  4.2.2 资格预审文件的编制 68
  4.2.3 招标文件的编制 69
  4.2.4 招标标底和招标控制价的
    编制 70
  4.2.5 组织现场勘查和投标预备会 ... 72
4.3 建设工程项目投标 73
  4.3.1 建设工程投标概述及程序 ... 73
  4.3.2 建设工程投标前的准备工作 ... 75
  4.3.3 投标文件的编制与递交 76
4.4 建设工程项目开标、评标、定标和
  签约 77
  4.4.1 建设工程项目开标 77
  4.4.2 建设工程项目评标 77
  4.4.3 建设工程项目定标 78
  4.4.4 建设工程项目签约 79
4.5 建设工程招标投标中的法律责任 ... 80
  4.5.1 招标人、投标人和中标人的
    法律责任 80
  4.5.2 招标代理机构和评标委员会
    成员的法律责任 82
  4.5.3 国家机关及工作人员的法律
    责任 82
课堂思政案例 83
本章小结 83
实训练习 83

第 5 章　建设工程合同法规 86

5.1 合同概述 87
  5.1.1 合同的概念 88
  5.1.2 合同的特征 88
  5.1.3 合同的种类 88
  5.1.4 建设工程合同 89
5.2 合同的订立 90
  5.2.1 合同订立的原则 90
  5.2.2 合同关系主体 91
  5.2.3 合同的签订 91
  5.2.4 合同的条款 93
  5.2.5 合同缔约过失责任 94
5.3 合同的效力 95
  5.3.1 有效合同 95
  5.3.2 无效合同和无效免责条款 ... 96
  5.3.3 效力待定合同 96
  5.3.4 可撤销、可变更合同 97
5.4 合同的履行 98
  5.4.1 合同履行概述 98
  5.4.2 合同履行的原则 98
  5.4.3 合同条款不明确时的履行 ... 99
  5.4.4 合同履行过程中的抗辩权 ... 99
5.5 合同的变更、终止、转让与解除 100
  5.5.1 合同的变更 100
  5.5.2 合同的终止 101

5.5.3 合同的转让 101
　　5.5.4 合同的解除 102
5.6 合同的违约责任 103
　　5.6.1 违约责任的概念 103
　　5.6.2 违约责任的构成 103
　　5.6.3 违约责任的归责原则 103
　　5.6.4 违约责任的承担形式 104
课堂思政案例 106
本章小结 106
实训练习 106

第6章　建设工程勘察设计法律法规 110

6.1 建设工程勘察设计法规概述 111
　　6.1.1 建设工程勘察设计的概念 111
　　6.1.2 建设工程勘察设计的
　　　　 基本原则 111
　　6.1.3 建设工程勘察设计企业从业
　　　　 资质管理 112
　　6.1.4 建设工程勘察设计从业人员
　　　　 资格管理 113
　　6.1.5 建设工程勘察设计的发包与
　　　　 承包制度 114
6.2 工程建设标准的制定与实施 117
　　6.2.1 工程建设标准的概念 117
　　6.2.2 工程建设标准的特点 117
　　6.2.3 工程建设标准的种类 118
　　6.2.4 建设工程勘察设计标准的
　　　　 制定 120
　　6.2.5 建设工程勘察设计标准的
　　　　 实施 120
6.3 建设工程勘察设计文件 120
　　6.3.1 勘察设计文件的编制 120
　　6.3.2 设计阶段和内容 122
6.4 建设工程抗震 123
　　6.4.1 震级和烈度 123
　　6.4.2 地震灾害类别 123
　　6.4.3 产生建筑震害的原因 124
　　6.4.4 建筑物的抗震加固 124
　　6.4.5 建筑抗震设防分类 125

　　6.4.6 抗震设防标准 126
6.5 施工图设计文件审查 126
　　6.5.1 施工图文件审查的概念 126
　　6.5.2 施工图审查的范围和内容 126
　　6.5.3 施工图审查机构 127
　　6.5.4 施工图审查的程序 128
　　6.5.5 施工图审查各方的责任 128
6.6 建设工程勘察设计质量监督管理 129
　　6.6.1 勘察工作的质量管理 129
　　6.6.2 施工图设计文件审查制度 129
6.7 法律责任 130
　　6.7.1 建设单位的违法行为及法律
　　　　 责任 130
　　6.7.2 勘察设计单位的违法行为及
　　　　 法律责任 130
　　6.7.3 勘察设计执业人员的违法
　　　　 行为及法律责任 130
　　6.7.4 国家机关工作人员的违法
　　　　 行为及法律责任 131
课堂思政案例 131
本章小结 131
实训练习 131

第7章　建设工程监理制度 134

7.1 建设工程监理概述 135
　　7.1.1 建设工程监理的概念和
　　　　 范围 135
　　7.1.2 建设工程监理的依据和
　　　　 内容 136
　　7.1.3 建设工程监理的性质和
　　　　 作用 137
　　7.1.4 建设工程监理实施的原则 140
7.2 建设工程监理机构 141
　　7.2.1 项目监理机构人员的配备 141
　　7.2.2 项目监理机构各类人员的
　　　　 基本职责 143
7.3 建设工程监理的程序与建设工程
　　监理合同 144
　　7.3.1 建设工程监理的程序 144

7.3.2 建设工程监理合同 146
7.4 建设工程各阶段的监理 148
  7.4.1 设计阶段监理 148
  7.4.2 施工阶段监理 149
  7.4.3 保修阶段监理 151
课堂思政案例 151
本章小结 152
实训练习 152

第8章 建设工程质量管理法规 155

8.1 建设工程质量管理概述 156
  8.1.1 建设工程质量管理的概念 157
  8.1.2 质量管理体系 157
8.2 建设企业质量认证体系 157
8.3 建设工程质量管理的责任 158
  8.3.1 建设单位的质量责任 158
  8.3.2 勘察、设计单位的质量
    责任 160
  8.3.3 施工单位的质量责任 161
  8.3.4 工程监理单位的质量责任 162
8.4 建设工程质量管理监督、检测
  制度 163
  8.4.1 建设工程质量管理监督
    制度 163
  8.4.2 建设工程质量管理检测
    制度 164
  8.4.3 建设工程质量验评及奖励
    制度 164
8.5 建设工程竣工验收和质量保修
  制度 164
  8.5.1 竣工验收 164
  8.5.2 质量保修制度 165
课堂思政案例 166
本章小结 167
实训练习 167

第9章 建设工程安全生产管理法律制度 170

9.1 建设工程安全生产管理法规概述 171
  9.1.1 建设工程安全生产管理
    法规的概念 171
  9.1.2 建设工程安全生产管理的
    方针 172
  9.1.3 建设工程安全生产管理的
    原则 173
9.2 建设工程施工安全生产许可证
  制度 173
  9.2.1 申请领取安全生产许可证的
    条件 173
  9.2.2 安全生产许可证的有效期和
    政府监管的规定 174
9.3 建设工程安全生产监督管理制度 174
9.4 建设工程安全生产责任体系 175
  9.4.1 建设单位的安全责任 175
  9.4.2 施工单位的安全责任 176
  9.4.3 勘察设计单位的安全责任 178
  9.4.4 监理单位的安全责任 179
  9.4.5 其他相关单位的责任 179
9.5 建设工程安全生产管理制度 182
  9.5.1 建设工程安全生产责任
    制度 182
  9.5.2 建设工程安全生产教育培训
    制度 183
  9.5.3 建设工程安全生产认证
    制度 185
  9.5.4 建设工程安全生产责任追究
    制度 186
9.6 建设工程安全生产应急救援和调查
  处理制度 188
  9.6.1 建设工程安全生产应急救援
    制度 188
  9.6.2 事故报告 189
  9.6.3 建设工程安全生产调查处理
    制度 190
9.7 建设工程安全生产保险制度 192
  9.7.1 保险与保险索赔的规定 192
  9.7.2 建设工程保险的主要种类和
    投保权益 193

课堂思政案例 196
本章小结 196
实训练习 196

第 10 章 与工程建设相关的基本法律制度 199

10.1 民法 200
10.1.1 民事法律关系 200
10.1.2 民事法律行为的成立要件 201
10.1.3 代理 201
10.1.4 债权、知识产权 202
10.1.5 诉讼时效 204
10.1.6 物权法 204

10.2 与工程建设相关的劳动法 205
10.2.1 劳动保护的规定 205
10.2.2 女职工和未成年工特殊保护 205
10.2.3 劳动争议处理 206
10.2.4 劳动合同的订立 207
10.2.5 试用期 207
10.2.6 服务期 208
10.2.7 保密协议与竞业限制条款 ... 208
10.2.8 劳动合同的无效 208
10.2.9 劳动合同的履行 209
10.2.10 劳动合同的变更 209
10.2.11 劳动合同的解除 209
10.2.12 用人单位可以解除劳动合同的情形 210
10.2.13 劳动合同的终止 211
10.2.14 终止合同的经济补偿 211
10.2.15 违约与赔偿 211

10.3 环境保护法 212
10.3.1 建设工程项目的环境影响评价制度 212
10.3.2 环境保护"三同时"制度 ... 212
10.3.3 水、大气、噪声和固体废物环境污染防治 213

课堂思政案例 215
本章小结 216

实训练习 216

第 11 章 建设工程纠纷和法律解决的途径 220

11.1 建设工程纠纷 221
11.1.1 建设工程民事纠纷 221
11.1.2 民事纠纷的法律解决途径 ... 222
11.1.3 建设工程行政纠纷 224
11.1.4 行政纠纷的法律解决途径 ... 225

11.2 民事诉讼制度 226
11.2.1 民事诉讼的法院管辖 226
11.2.2 民事诉讼当事人和代理人的规定 227
11.2.3 民事诉讼证据的种类、保全和应用 228
11.2.4 民事诉讼时效 231
11.2.5 诉讼时效中止和中断 232

11.3 民事诉讼的审判程序 232
11.3.1 一审程序 233
11.3.2 二审程序 234
11.3.3 审判监督程序 234
11.3.4 民事诉讼的执行程序 235

11.4 仲裁制度 238
11.4.1 仲裁协议的规定 238
11.4.2 仲裁的申请和受理 239
11.4.3 仲裁的开庭和裁决 240
11.4.4 仲裁裁决的执行 241

11.5 调解与和解制度 242
11.5.1 调解的规定 242
11.5.2 和解的规定 244

11.6 行政复议和行政诉讼制度 245
11.6.1 行政复议范围 245
11.6.2 行政诉讼受案范围 246
11.6.3 行政复议申请 246
11.6.4 行政复议受理 246
11.6.5 行政复议决定 247
11.6.6 行政诉讼的法院管辖、起诉和受理 247

11.6.7 行政诉讼的审理、判决和执行 248	本章小结 249
课堂思政案例 249	实训练习 249
	参考文献 252

建设工程法律法规 A 卷

建设工程法律法规 B 卷

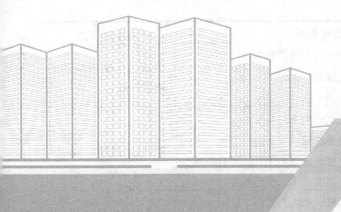

第1章　建设工程法规基础知识

※ 【学习目标】

1. 了解建设工程法规的基本概念；
2. 熟悉建设工程法律关系；
3. 掌握建设工程程序法规；
4. 熟悉建设工程法规责任。

第1章案例答案

※ 【思政目标】

通过学习本章最后的课堂思政案例，加强学生对工程建设法规基础知识的认识，加强学生诚信守法意识的培养和宣传，让学生在学习知识的同时树立良好的法律意识。

※【教学要求】

本章要点	掌握层次	相关知识点
建设工程法律概述	1.了解建设工程法规的概念和调整对象； 2.了解建设工程法规的特性； 3.掌握建设工程法规体系	建设工程法规概述的相关内容
建设工程法律关系	1.了解建设工程法律关系的概念与特征； 2.掌握建设工程法律关系的构成要素； 3.熟悉建设工程法律、行政法规和相关法律的关系； 4.掌握建设工程法律关系的产生、变更和终止	建设工程法律关系应用
建设工程程序	1.了解建设工程程序的概念和内容； 2.掌握建设工程的阶段划分及其内容	建设工程程序基本内容
建设工程法规责任	1.了解法律责任的概念与特征； 2.熟悉建设工程法律责任的分类及承担方式	建设工程法规责任相关内容

※【项目案例导入】

产生：A 向 B 借款 1 000 元，双方约定无利息。

变更：A 还 B 500 元，因为 A 的还款行为，导致 A 实际欠 B 的金额为 500 元，所以这个借贷法律关系的内容就发生了变化。

消灭：A 把剩余的 500 元再还给 B，因为 A 的还款行为，所以 A 和 B 之间再无借贷关系。

【问题导入】

A 和 B 之间因为借款而产生了一个怎样的法律关系？并根据这个案例谈谈建设工程法律关系的产生、变更和终止。

1.1 建设工程法规概述

1.1.1 建设工程法规的概念和调整对象

1. 建设工程法规的相关定义

建设工程法规是指由国家立法机关或其授权的行政机关制定的，旨在调整国家及其有关机构、企事业单位、社会团体、公民之间，在建设活动中或建设行政管理活动中发生的各种社会关系的法律法规的统称。建设工程法规体现了国家对城乡建设、市政及社会公用事业等各项建设活动进行组织、管理、协调的方针、政策和基本原则。

2. 建设工程法规的调整对象

建设工程法规的调整对象，是在建设活动中所发生的各种社会关系。它包括建设活动中所发生的行政管理关系、经济协作关系以及相关的民事关系。

1) 建设活动中的行政管理关系

建设活动与国家的经济发展、人们的生命财产安全、社会的文明进步息息相关，国家对此必须进行全面严格的管理。当国家及其建设行政主管部门在对建设活动进行管理时，就会与建设单位(业主)、设计单位、施工单位、建筑材料和设备的生产供应单位及建设监理等中介服务单位产生管理与被管理关系。在法制社会里，这种关系当然要由相应的建设法规来规范、调整。

2) 建设活动中的经济协作关系

建设工程是非常复杂的活动，由众多单位和人员协同参与、共同完成。因此，在建设活动中存在着大量的寻求合作伙伴和相互协作的问题，在这些协作过程中所产生的权利和义务关系，也应由建设法规加以规范、调整。

3) 建设活动中的民事关系

在建设活动中，会涉及土地征用、房屋拆迁、从业人员及相关人员的人身财产安全、财产及相关权利的转让等涉及公民个人的权利问题。由此而产生的国家、单位和公民之间的民事权利与义务关系，应由建设法规中的有关法律规定及民法等相关法律予以规范和调整。

以上三种社会关系都是在从事建设活动时形成的，它们与其他活动中所形成的社会关系既有相同之处，又有其自身的特点。因此，不能完全用一般的法律规范来调整，而必须由建设法规来加以规范、调整，这已经成为各国法律界的共识。

1.1.2 建设工程法规的特性

建设工程法规作为调整建设业管理和建设协作所发生的社会关系的法律规范，除具备一般法律的基本特征外，还具有行政隶属性、经济性、政策性、技术性等特征。

1. 行政隶属性

这是建设工程法规区别于其他法律的主要特征，这一特征决定了建设工程法规必然采取直接体现行政权力活动的调整方法，即以行政指令为主的方法调整建设业法律关系。

2. 经济性

建设工程法规的经济性既包括财产性，也包括其与生产、分配、交换、消费的关联性，如施工、工程监理、房地产开发等活动都可以直接为社会创造财富，其经济性特征非常显著。

3. 政策性

建设工程法规体现着国家的建设政策，因此具有政策性的特征。

4. 技术性

建设工程法规的技术性特征十分明显，主要表现在建设活动是一项技术性强、安全性要求高的生产活动。建设法规的制定，直接或间接地约束了工程建设各方的行为，保证了建设产品的质量和人民生命财产的安全。

1.1.3 建设工程法规体系

1. 建设法规体系的概念

建设法规体系，是指把已经制定和需要制定的建设法律、建设行政法

工程建设法规体系

规和建设部门规章衔接起来，形成一个相互联系、相互补充、相互协调的完整统一的框架结构。就广义的建设法规体系而言，体系中还应包括地方性建设法规和建设规章。

建设法规体系是国家法律体系的重要组成部分。它必须与国家的宪法和相关法律保持一致，但它又相对独立、自成体系。它覆盖了建设活动的各个行业、各个领域以及建设工程的全过程，使建设活动的各个方面都有法可依。同时，它还注重与纵向不同层次法规之间的相互衔接和横向同层次法规之间的配套和协调，防止不同法规之间出现立法重复、矛盾和抵触。

2. 建设法规体系的构成

所谓法规体系的构成，就是指法规体系采取的结构形式。建设法规体系是由很多不同层次的法规组成的，它的结构形式有宝塔形和梯形两种。宝塔形结构形式是指先制定一部基本法律，将该领域内业务可能涉及的所有问题都在该法中作出规定，然后再分别制定不同层次的专项法律、行政法规、部门规章，对一个个具体问题作出补充规定。梯形结构是指不设立基本法律，而以若干并列的专项法律组成法规体系的最顶层，然后对每部专项法律再配置相应的不同层次的行政法规和部门规章作为补充，形成若干相互联系而又相对独立的小体系。我国建设法规体系采用的是梯形结构。

建设法规体系的构成

目前，根据《中华人民共和国立法法》有关立法权限的规定，我国建设法规体系由五个层次组成。

(1) 建设法律，指由全国人民代表大会及其常务委员会制定颁行的属于国务院建设行政主管部门主管业务范围的各项法律。它们是建设法规体系的核心和基础。

(2) 建设行政法规，指由国务院制定颁行的属于建设行政主管部门主管业务范围的各项法规。

(3) 建设部门规章，指由国务院建设行政主管部门或其与国务院其他相关部门联合制定颁行的法规。

(4) 地方性建设法规，指由省、自治区、直辖市人民代表大会及其常务委员会制定颁行的；或经其批准颁行的由下级人民代表大会或常务委员会制定的建设方面的法规。

(5) 地方建设规章，指由省、自治区、直辖市人民政府制定颁行的；或经其批准颁行的由其所辖城市人民政府制定的建设方面的规章。

其中，建设法律的法律效力最高，越往下法律效力越低。法律效力低的建设法规不得与比其法律效力高的建设法规相抵触，否则，其相应规定将视为无效。

建设工程法规相关规范及依据

3. 建设法规的法律地位

这里所说的法律地位，是指建设法规在整个法律体系中所处的位置，建设法规应属于某一个部门法及其所处的层次。

建设法规调整的三种社会关系中，对于建设活动中的行政管理关系，主要用行政手段加以调整；对于建设活动中的经济协作关系，主要采用行政手段、经济手段、民事手段相结合的方式加以调整；对于建设活动中的民事关系，则主要采用民事手段加以调整。这表明，建设法规调整的社会关系是多方面的，而其运用的调整手段也是综合的，很难将其明确划归于某一法律部门。但就其主要法律规范的性质来看，它主要还是属于行政法和经济法的范畴。

需要指出的是，建设活动还会涉及许许多多的事物以及复杂社会关系。如工程建设与环境保护、文物保护、自然风景保护的关系；工程建设与土地、水源、矿产、森林等自然资源的关系；工程建设与地震、洪涝等自然灾害的关系；工程建设与招投标活动、标准化设计的关系等。在我国，已颁行了大量有关环境和自然资源保护、自然灾害防御等的法律法规。它们所调整的范围很广，当然不一定全都属于建设法规，但它们又都与工程建设有关，人们在从事建设工程活动时都必须严格遵守它们的相关规定，所以，我们称之为与建设工程相关的法律。这些相关的法律所属的法律部门则更多。

1.2 建设工程法律关系

1.2.1 建设工程法律关系的概念与特征

1. 建设工程法律关系的概念

法律关系是指由法律规范所确认和调整的、人与人或人与社会之间的权利和义务关系。建设工程法律关系是法律关系的一种，它是由建设法规所确认和调整的，在建设行业管理和建设活动过程中所产生的具有相关权利义务的社会关系，如建设工程承包合同关系。

2. 建设工程法律关系的特征

(1) 建设工程法律关系不是单一的，而是带有明显的综合性。建设工程法律规范是由建设行政法律、建设工程民事法律和建设技术法规构成的。这三种法律规范在调整建设活动中是相互作用、综合运用的。

(2) 建设工程法律关系是涉及面广、内容复杂的权利和义务关系。

(3) 建设工程法律关系的主要内容是受国家计划制约的建设管理、建设协作过程中形成的权利和义务关系。

(4) 建设行政法律关系决定、制约、影响着计划因素的协作关系。建设领域的法律调整以行政管理法律规范为主。建设民事法律规范调整建设领域活动是由建设行政法律关系决定的，并受其制约。如建设单位与设计单位签订的勘察设计合同，在执行过程中，因国家法律认可的国家建设计划变更或解除，则建设单位的合同也要相应地变更或解除。

1.2.2 建设工程法律关系的构成要素

建设工程法律关系由建设工程法律关系主体、建设工程法律关系客体和建设工程法律关系内容三个要素构成。

1. 建设工程法律关系主体

建设工程法律关系主体是指参加建筑业活动，受建设法律规范调整，在法律上享受权利或者承担义务的当事人。其主要有自然人、法人和其他组织，包括国家机关、建设单位、承包单位、相关中介组织、金融机构及公民个人等。

1) 国家机关

(1) 国家权力机关。国家权力机关是指全国人民代表大会及其常务委员会和地方各级人民代表大会及其常务委员会。国家权力机关参加建设法律关系的职能是审查批准国家建设计划和国家预决算，制定和颁布建设法律，监督检查国家各级建设法律的执行。

(2) 国家行政机关。国家行政机关是依照国家宪法和法律设立的，依法行使国家行政职权，组织管理国家行政事务的机关，包括国务院及其所属各部、各委、地方各级人民政府及其职能部门。

2) 建设单位

建设单位是指进行工程投资建设的国家机关、企业或事业单位。在我国建筑市场上，建设单位一般被称为业主或甲方。由于建设项目的多样化，作为业主方的社会组织也是种类繁多，有工业企业、商业企业、文化教育部门、医疗卫生单位、国家各机关单位等。

建设单位作为建设活动的权利主体，是从设计任务书批准开始的。任何一个社会组织，当其建设项目设计任务书尚未被批准且建设项目尚未被正式确认时，是不能以权利主体资格参加工程建设的。当建设项目有独立的总体设计并单独列入建设计划，且获得国家批准后，这个社会组织方能成为建设单位，以已经取得的法人资格及自己的名义对外进行经济活动和法律行为。建设单位作为工程的需要方，是建设投资的支配者，也是工程建设的组织者和监督者。

3) 承包单位

承包单位是指有一定生产能力、机械设备、流动资金，具有承包工程建设任务的营业资格并具备相应资质条件，在建筑市场中能够按照业主方的要求，提供不同形态的建筑产品，并最终得到相应工程价款的建筑企业。在我国建筑市场上，承包单位一般被称为建筑企业或乙方；在国际工程承包中通常被称为承包商。按照生产的主要形式，承包单位主要有勘察设计企业、建筑安装施工企业、建筑装饰施工企业、混凝土构配件、非标准预制件等生产企业，商品混凝土供应站，建筑机械租赁单位以及专门提供建筑劳务的企业等。按照主要提供的建筑产品，还可以分为不同的专业，如土建、水电、铁路、冶金、市政工程等专业公司。

4) 中介组织

中介组织是指具有相应的专业服务资质，在建筑市场中受发包方、承包方或政法管理机关的委托，对工程建设进行估算测量、咨询代理、建设监理等高智能服务，并收取服务费用的咨询服务机构和其他建设专业服务中介组织。在市场经济运行中，中介组织作为政府、市场、企业之间联系的纽带，具有政府行政管理不可替代的作用。建筑市场中介组织可分为多种类型，如建筑业协会及其下属的设备安装、机械施工、装饰施工、产品供应商等专业分会，建筑监理协会，为工程建设服务的专业会计师事务所、律师事务所、资产与资信评估机构、公证机构、处理合同纠纷的仲裁调解机构、招标代理机构、工程技术咨询机构、监理公司，质量检查、监督、认证机构以及其他产品的检测、鉴定机构。

5) 金融机构

中国建设银行是我国专门办理工程建设贷款和拨款、管理国家固定资产投资的专业银行。其主要业务范围包括：管理国家工程建设支出预决算；制定工程建设财政管理制度；审批各地区、各部门的工程建设财务计划和清算；经办工业、交通、运输、农垦、畜牧、水产、商业、旅游等企业的工程建设贷款；经办行政事业单位和国家制定的基本建设项目的拨款；办理工程建设单位、地质勘察单位、建筑安装企业、工程建设物资供销企业的收支结算；经办有关固定资产的各项存款；发放技术改造贷款；管理和监督企业的挖潜、革新、改造资金的使用等。

6) 公民个人

公民个人作为建筑市场的主体参与建设活动的领域已经相当广泛，如公民作为注册建筑师、注册建造师、注册造价师、注册监理师、注册房地产估价师以及注册房地产经纪人等参与建筑活动、房地产经营活动。公民个人提供具有个人自主知识产权的软件设计、预/决算软件等，与建设参与单位确立法律关系。建设企业职工同企业单位签订劳动合同时，即可成为建设法律关系主体。

2. 建设工程法律关系客体

建设工程法律关系客体是指参加建设法律关系的主体享有的权利和承担的义务所共同指向的对象。在通常情况下，建设主体都是为了某一客体，彼此才约定一定的权利、义务，从而产生建设工程法律关系，这里双方各自享受的权利、承担的义务所指向的对象，便是建设法律工程关系的客体。

建设工程法律关系的客体分为物、行为和智力成果。

1) 物(包括财)

法律意义上的物是指可人为控制并具有经济价值的生产资料和消费资料。在建设工程法律关系中表现为物的客体一般是建筑材料、机械设备、建筑物或构筑物等有形实体。某个建设项目本身也可以成为建设工程法律关系的客体。财一般是指资金和有价证券。在建设工程法律关系中表现为财的客体主要是指建设资金，如基本建设贷款合同的标的，即一定数量的货币。

2) 行为

法律意义上的行为是指人有意识的活动。在建设工程法律关系中，行为多表现为完成一定的工作，如勘测设计、施工安装、检查验收等活动。勘测设计合同的标的(客体)，即完成一定的勘测设计任务；建筑工程承包合同的标的，即按期完成一定工程质量要求的施工行为。

3) 智力成果

在法律意义上的智力成果是人类通过脑力活动的成果或智力方面的创作，也称为非物质财富。在建设工程法律关系中，智力成果多种多样，如设计单位提供的具有创造性的设计成果，该设计单位依法可享有专享权，使用单位未经许可不能无偿使用；如个人开发的预/决算软件，开发者对其享有版权(著作权)。

3. 建设工程法律关系内容

建设工程法律关系内容的主体即建设活动的参与者具体享有的权利和应当承担的义务。建设法律关系的内容是建设主体的具体要求，决定着建设法律关系的性质，是连接主体的纽带。如在一个工程合同所确立的法律关系中，发包方的权利是获得符合法律规定和合同约定的完工的工程，其义务是按照约定的时间和数量支付承包方工程款；承包方的权利是按照约定的时间和数量得到工程款，其义务是按照法律的规定和合同的约定完成工程的施工任务。

1) 建设权利

建设权利是指建设工程法律关系主体在法律规定的范围内,根据国家管理要求和自己业务活动的需要,有权进行各种工程建设活动。权利主体可要求其他主体做出一定的行为和抑制一定的行为,以实现自己的工程建设权利。因其他主体的行为而使工程建设权利不能实现时,权利主体有权要求国家机关加以保护并予以制裁。

2) 建设义务

建设义务是指建设工程法律关系主体必须按法律规定或约定应负的责任。工程建设义务和工程建设权利是相互对应的,相应的主体应自觉履行建设义务,义务主体如果不履行或不适当履行,就要承担相应的法律责任。

1.2.3 建设法律、行政法规和相关法律的关系

1. 建设法律、行政法规与行政法的关系

建设法律、行政法规在调整建设活动中产生的社会关系时,会形成行政监督管理关系。行政监督管理关系是指国家行政机关或者其正式授权的有关机构对建设活动的组织、监督、协调等形成的关系。

我国政府一直高度重视对建设活动的监督管理。在国务院和地方各级人民政府都设有专门的建设行政管理部门,对建设活动的各个阶段依法进行监督管理,包括立项、资金筹集、勘察、设计、施工、验收等。国务院和地方各级人民政府的其他有关行政管理部门,也承担了相应的建设活动监督管理的任务。行政机关在这些监督管理中形成的社会关系就是建设行政监督管理关系。建设行政监督管理关系是行政法律关系的重要组成部分。

2. 建设法律、行政法规与民法商法的关系

建设法律、行政法规在调整建设活动中产生的社会关系时,会形成民事商事法律关系。建设民事商事法律关系,是指建设活动中由民事商事法律规范所调整的社会关系。建设民事商事法律关系有以下特点。

(1) 建设民事商事法律关系是主体之间的民事商事权利和民事、商事义务关系。

(2) 建设民事商事关系是平等主体之间的关系。

1.2.4 建设工程法律关系的产生、变更和终止

建设工程法律关系的产生,是指建设工程法律关系的主体之间形成了一定的权利和义务关系。如某建设单位与承包商签订了建设工程承包合同,主体双方就确立了相应的权利和义务。此时,受建设法律规范调整的建设工程法律关系即告产生。

建设工程法律关系的变更,是指建设工程法律关系的三个要素发生变化。

建设工程法律关系的终止,是指建设工程法律关系主体之间的权利义务不复存在,彼此丧失了约束力。建设工程法律关系终止的原因可以是自然终止、协议终止或违约终止。

1) 自然终止

建设工程法律关系的自然终止,是指某类建设工程法律关系所规范的权利义务顺利得到履行,取得了各自的利益,实现了各自的目的,从而使该法律关系消失。如一个建设工

程合同履行完毕，发包方和承包方之间的建设法律关系就自然终止。

2) 协议终止

建设工程法律关系的协议终止，是指建设法律关系主体之间协商解除某类建设法律关系规范的权利和义务，致使该法律关系归于消灭。如建设工程合同双方协商一致取消已订立的合同，双方的建设法律关系也就因协议而终止。

3) 违约终止

建设法律关系的违约终止，是指建设法律关系的主体一方违约，致使另一方的权利不能实现，导致法定解约事由的产生，另一方行使解约权而使双方的权利义务归于消灭。如建设工程合同的承包方可以因发包方不按合同支付工程款的违约行为而解除合同，该建设法律关系也就因一方的违约而终止。

违约终止

【案例1-1】

1. 本案的法律关系及诉讼主体

原告系具有三级建筑承包资质的建筑公司(下称A公司)；被告为房地产开发商(下称B公司)；第三人为具有一级建筑承包资质的建筑公司(下称C公司)。

2. A、B、C三方相互间的合同形成的法律关系

1993年3月19日，C公司与B公司签订《建筑安装总承包施工合同》(下称总承包合同)，双方确立了总承包关系，B公司将位于上海市杨浦区某大厦商住房两幢23层，带裙房和地下室的总体工程发包给C公司。1994年4月，在涉案工程开工前，B公司与C公司又签订《某大厦商住房协议》(以下称《商住房协议》)，该协议约定：由B公司选择A公司作为分包单位，通过C公司签订分包合同，主要材料由B公司提供，C公司以实报实销的方式与A公司结算工程款，由C公司承担监督分包单位工期、质量、安全等义务，并协助B公司进行订货、采购等管理工作，C公司向B公司收取管理费。根据《商住房协议》内容，其名为《商住房协议》，而内容明显为代管协议，据此，原总承包合同的法律关系由此转变为代管合同关系。此后，C公司按《商住房协议》与A公司签订施工协议，将涉案工程A幢分包给A公司施工，该协议上盖有B公司的印章，1995年4月，C公司按《商住房协议》又与A公司签订了补充协议，明确将涉案工程B楼和裙房作为持续施工工程，由A公司承包施工，该补充协议同样盖有B公司印章。于是C公司按B公司选定的A公司并与之签订施工合同，由此B公司、C公司与A公司形成了承发包关系。

3. A、B、C三方协商合同终止

1997年4月4日，由于B公司开发资金困难，经A、B、C三方协商，涉案工程的总分包合同及代管合同全部终止，同时签订《付款协议》，约定A公司已完成工程的工程款暂估400万元，并约定该款由B公司直接给付A公司，以后的债权债务与C公司无关。B公司不履行《付款协议》而引发诉累。

问题：

(1) B公司与C公司签订的总承包合同是否有效？

(2) 第三人C公司与A公司签订的施工合同是否有效？

(3) 反诉原告B公司和C公司承担连带责任是否成立？

1.3 工程建设程序

1.3.1 工程建设程序的概念和内容

工程项目建设程序是指工程项目从策划、评估、决策、设计、施工到竣工验收、投入生产或交付使用的整个建设过程中，各项工作必须遵循的先后顺序。工程项目建设程序是工程建设过程客观规律的反映，是建设工程项目科学决策和顺利进行的重要保证。

各个国家和国际组织在工程项目建设程序上可能存在着某些差异，但是按照工程项目发展的内在规律，投资建设一个工程项目都要经过投资决策和建设实施的发展时期，各个发展时期又可以分为若干阶段，各个阶段之间存在严格的先后顺序，可以进行合理的交叉，但不能任意颠倒次序。

1.3.2 工程建设的阶段划分及其内容

1. 决策阶段的工作内容

1）编报项目建议书

项目建议书的主要作用是推荐一个拟建项目，论述其建设的必要性、建设条件的可行性和获利的可能性，供相关部门选择并决定是否进行下一步工作。

对于政府投资项目，项目建议书按要求编制完成后，应根据建设规模和限额划分报送有关部门审批。

2）编报可行性研究报告

可行性研究报告应完成以下工作内容。

(1) 进行市场研究，以解决项目建设的必要性问题。

(2) 进行工艺技术方案的研究，以解决项目建设的技术可行性问题。

(3) 进行财务和经济分析，以解决项目建设的经济合理性问题。

3）项目投资决策管理制度

政府投资项目实行审批制；非政府投资项目实行核准制或登记备案制。

对于实施核准制或登记备案制的项目，为了保证企业投资决策的质量，投资企业也应编制可行性研究报告。

2. 建设实施阶段的工作内容

1）工程设计

一般划分为两个阶段，即初步设计和施工图设计。重大项目和技术复杂项目，可根据需要增加技术设计阶段。

当初步设计提出的总概算超过可行性研究报告总投资的 10% 以上或其他主要指标需要变更时，应说明原因和计算依据，并重新向原审批单位报批可行性研究报告。

任何单位或者个人不得擅自修改审查合格的施工图，确需修改的，凡涉及上述审查内容的，建设单位应当将修改后的施工图送原审查机构审查。

施工图审查机构不得与所审查项目的建设单位、勘察设计企业有隶属关系或者其他利害关系。

2) 建设准备

项目开工建设之前要切实做好各项准备工作，主要内容包括：①征地、拆迁和场地平整；②完成施工用水、电、通信、道路等接通工作；③组织招标选择工程监理单位、施工单位及设备、材料供应商；④准备必要的施工图纸；⑤办理工程质量监督和施工许可手续。

(1) 工程质量监督手续的办理：建设单位在办理施工许可证之前应当到规定的工程质量监督机构办理工程质量监督注册手续。需提交资料包括：①施工图设计文件审查报告和批准书；②中标通知书和施工、监理合同；③建设单位、施工单位和监理单位工程项目的负责人和机构组成；④施工组织设计和监理规划(监理实施细则)；⑤其他需要的文件资料。

(2) 施工许可证的办理：建设单位在开工前应当向工程所在地的县级以上人民政府建设行政主管部门申请领取施工许可证。

3) 施工安装

项目开工时间，是指设计文件中规定的任何一项永久性工程第一次正式破土开槽开始施工的日期。不需开槽的工程，正式开始打桩的日期就是开工日期。需要进行大量土方、石方工程的，以开始进行土方、石方工程的日期作为正式开工日期。

4) 生产准备

(1) 招收和培训生产人员。

(2) 组织准备。

(3) 技术准备。

(4) 物资准备。

5) 竣工验收

验收的准备工作包括以下方面。

(1) 整理技术资料。

(2) 绘制竣工图。

(3) 编制竣工决算。

根据国家规定，规模较大、较复杂的工程建设项目应先进行初验，然后进行正式验收。规模较小、较简单的工程项目，可以一次性进行全部项目的竣工验收。

3. 项目后评价

项目后评价的基本方法是对比法。

1) 效益后评价

效益后评价主要包括经济效益后评价、环境效益和社会效益后评价、项目可持续性后评价、项目综合效益后评价。

2) 过程后评价

过程后评价是对工程项目的立项决策、设计施工、竣工投产、生产运营等全过程进行系统分析，找出项目后评价与原预期效益之间的差异及其产生的原因，使过程后评价得出的结论有理有据，同时针对问题提出解决办法。

1.4 工程建设法律责任

1.4.1 法律责任的概念与特征

法律责任是指行为人由于违法行为、违约行为或者由于法律规定而应承受的某种不利的法律后果。法律责任不同于其他社会责任，法律责任的范围、性质、大小、期限等均在法律上有明确规定。

按照违法行为的性质和危害程度，可以将法律责任分为违反宪法的法律责任、刑事法律责任、民事法律责任、行政法律责任和国家赔偿责任。

法律责任的特征为：①法律责任是因违反法律上的义务(包括违约等)而形成的法律后果，以法律义务的存在为前提；②法律责任是承担不利的后果；③法律责任的认定和追究，由国家专门机关依照法定程序进行；④法律责任的实现由国家强制力作保障。

1.4.2 工程建设法律责任的分类及承担方式

1. 建设工程民事责任的种类及承担方式

民事责任是指民事主体在民事活动中，因实施了民事违法行为，根据民法所应承担的对其不利的民事法律后果或者基于法律特别规定而应承担的民事法律责任。民事责任的功能主要是一种民事救济手段，使受害人被侵犯的权益得以恢复。民事责任主要是财产责任，如《中华人民共和国民法典》(简称《民法典》)规定的损害赔偿、支付违约金等；但也不限于财产责任，还有恢复名誉、赔礼道歉等。

1) 民事责任的种类

民事责任可以分为违约责任和侵权责任两类。违约责任是指合同当事人违反法律规定或合同约定的义务而应承担的责任。侵权责任是指行为人因过错侵害他人财产、人身权利而依法应当承担的责任，以及虽没有过错，但在造成损害以后，依法应当承担的责任。

2) 民事责任的承担方式

承担民事责任的方式主要有：停止侵害；排除妨碍；消除危险；返还财产；恢复原状；修理、重作、更换；赔偿损失；支付违约金；消除影响、恢复名誉；赔礼道歉。以上承担民事责任的方式，可以单独使用，也可以合并使用。

2. 建设工程行政责任的种类及承担方式

行政责任是指违反有关行政管理的法律法规规定，但尚未构成犯罪的行为，依法应承担的行政责任后果，包括行政处罚和行政处分。

1) 行政处罚

《中华人民共和国行政处罚法》第九条规定，行政处罚的种类包括：警告通报批评；罚款；没收违法所得、没收非法财物；责令停产停业；暂扣许可证件，降低资质等级吊销许可证件；行政拘留；限制开展生产经营活动、责令停产停业、责令关闭、限制从业；法律、行政法规规定的其他行政处罚。

在建设工程领域，法律、行政法规所设定的行政处罚主要有警告、罚款、没收违法所得、责令限期改正、责令停业整顿、取消一定期限内参加依法必须进行招标的项目的投标资格、责令停止施工、降低资质等级、吊销资质证书(同时吊销营业执照)、责令停止执业、吊销执业资格证书或其他许可证等。

2) 行政处分

行政处分是指国家机关、企事业单位对所属的国家工作人员违法失职行为尚不构成犯罪，依据法律法规所规定的权限而给予的一种惩戒。行政处分种类有警告、记过、记大过、降级、撤职、开除。《建设工程质量管理条例》规定，国家机关工作人员在建设工程质量监督管理工作中玩忽职守、滥用职权、徇私舞弊，构成犯罪的，依法追究刑事责任；尚不构成犯罪的，依法给予行政处分。

3. 建设工程刑事责任的种类及承担方式

刑事责任，是指犯罪主体因违反刑法，实施了犯罪行为所应承担的法律责任。《中华人民共和国刑法》(简称《刑法》)第三十二条规定，刑罚分为主刑和附加刑。主刑包括：管制；拘役；有期徒刑；无期徒刑；死刑。附加刑包括：罚金；剥夺政治权利；没收财产；此外还有仅适用于犯罪的外国人和无国籍人的驱逐出境。

在建设工程领域，常见的刑事法律责任如下所述。

1) 工程重大安全事故罪

《刑法》第一百三十七条规定，建设单位、设计单位、施工单位、工程监理单位违反国家规定，降低工程质量标准，造成重大安全事故的，对直接责任人员处五年以下有期徒刑或者拘役，并处罚金；后果特别严重的，处五年以上十年以下有期徒刑，并处罚金。

2) 重大责任事故罪

《刑法》第一百三十四条规定，在生产、作业中违反有关安全管理的规定，因而发生重大伤亡事故或者造成其他严重后果的，处三年以下有期徒刑或者拘役；情节特别恶劣的，处三年以上七年以下有期徒刑。强令他人违章冒险作业，或者明知存在重大事故隐患而不排除，仍冒险组织作业，因而发生重大伤亡事故或者造成其他严重后果的，处五年以下有期徒刑或者拘役；情节特别恶劣的，处五年以上有期徒刑。

3) 重大劳动安全事故罪

《刑法》第一百三十五条规定，安全生产设施或者安全生产条件不符合国家规定，因而发生重大伤亡事故或者造成其他严重后果的，对直接负责的主管人员和其他直接责任人员，处三年以下有期徒刑或者拘役；情节特别恶劣的，处三年以上七年以下有期徒刑。

《最高人民法院、最高人民检察院关于办理危害矿山生产安全刑事案件适用法律若干问题的解释》规定，具有下列情形之一的，应当认定为"造成严重后果"或者"发生重大伤亡事故或者造成其他严重后果"，对相关责任人员，处三年以下有期徒刑或者拘役：①造成死亡1人以上，或者重伤3人以上的；②造成直接经济损失100万元以上的；③其他造成严重后果或者重大安全事故的情形。

4) 串通投标罪

《刑法》第二百二十三条规定，投标人相互串通投标报价，损害招标人或者其他投标人利益，情节严重的，处三年以下有期徒刑或者拘役，并处或者单处罚金。投标人与招标人串通投标，损害国家、集体、公民的合法利益的，依照前款的规定处罚。

课堂思政案例

2007年,某局承担高速公路路面施工工程,A公司承担同标段路基建设工程。后因A公司工程进度进展缓慢,建设单位某省高等级公路建设局(后简称高建局)要求将A公司剩余工程切割给某局,某局就剩余工程和A公司签订了《施工合同》和《补充协议》,并约定费用由高建局在A公司的工程款和质保金中扣除。施工过程中,某局发现A公司负责的路基部分发生了沉降,某局遂进行处理,在高建局的协调下由某局项目经理和A公司工程师王某确认《工程量清单》并签字。

工程完工后,高建局和A公司均未及时支付此部分工程款。2010年5月,某局诉至法院,要求A公司支付工程款及利息,高建局为第三人承担连带责任。

本 章 小 结

通过对本章的学习,读者可以了解工程建设法律法规的基本概念、关系、建设程序及法规责任。学完本章之后,希望读者可以运用所学的相关法律法规知识并结合本章节案例进行分析和理解,以达到学法、懂法、用法的基本水平。

实 训 练 习

一、单项选择题

1. 下列不属于工程建设法规特性的是(　　)。
   A. 行政隶属性　　B. 经济性　　　C. 政策性　　　D. 合理性
2. 下列不属于建设工程法律关系终止原因的是(　　)。
   A. 自然终止　　B. 协议终止　　C. 违约终止　　D. 强令终止
3. 下列不属于民事责任承担方式的是(　　)。
   A. 停止侵害　　B. 警告　　　　C. 返还财产　　D. 赔礼道歉
4. 下列不属于建设工程刑事责任承担方式的是(　　)。
   A. 有期徒刑　　B. 行政拘留　　C. 无期徒刑　　D. 剥夺政治权利

二、多项选择题

1. 下列关于法的本质与特征的表述,正确的有(　　)。
   A. 法是由被统治阶级的物质生活条件所决定的
   B. 法体现的是统治阶级的整体意志和根本利益
   C. 法是由国家制定或认可的行为规范
   D. 法由国家强制保障实施
   E. 法的整体,包括法律、有法律效力的解释及其行政机关为执行法律而制定的规范性文件(如规章)

2. 下列属于建设工程行政责任的承担方式的有( )。
   A. 警告　　　　　　B. 罚款　　　　　　C. 没收违法所得
   D. 责令停产停业　　E. 支付违约金
3. 下面属于建设工程刑事责任的承担方式的有( )。
   A. 警告　　　　　　B. 责令停产停业　　C. 管制
   D. 拘役　　　　　　E. 剥夺政治权利

三、简答题

1. 简述建设工程法规的特性。
2. 简述违约终止的具体内容。
3. 简述建设工程刑事责任的种类。

第1章实训练习答案

实训工作单

班级		姓名		日期	
教学项目	建设工程法规基础知识				
任务	学习建设工程法律法规知识	学习途径	本书中的案例分析，自行查找相关法律书籍		
学习目标	掌握建设工程法律法规基本知识				
学习要点					
学习查阅记录					
评语				指导老师	

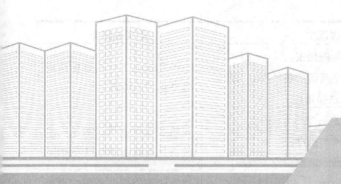

第 2 章　建设法律许可制度

※ 【学习目标】

1. 了解建筑施工许可的概念;
2. 熟悉申请建筑施工许可证的条件;
3. 掌握建筑企业资质等级许可的相关知识;
4. 掌握建筑工程发包与承包许可制度。

第 2 章案例答案

※ 【思政目标】

深化课程思政建设,梳理本章蕴含的思想政治教育元素和所承载的立德树人的教育功能。讲授时引入"3·7"泉州市欣佳酒店坍塌违法违规建设重大生产安全责任事故,以反面的案例分析帮助学生理解相关的建筑法律法规,在对工程案例分析的同时对学生进行警示教育,使其养成从业诚信守法的强烈意识。

※ 【教学要求】

本章要点	掌握层次	相关知识点
建筑施工许可	1.了解建筑施工许可基础知识； 2.掌握申请施工许可证具备的条件和办理相关程序、规定及相关的法律责任	申请建筑施工许可证的流程以及相关的内容
建筑企业资质等级许可	1.了解建筑企业的必备条件； 2.掌握资质序列的申请与批准； 3.掌握工程勘察、设计、监理企业的资质	建筑企业资质等级及从业单位需具备的条件等相关知识
建筑工程发包与承包许可	1.了解建筑工程发包制度； 2.掌握建筑工程承包与分包制度	建筑工程发包与承包许可制度的实施

※ 【项目案例导入】

2014年2月26日，常熟市住房和城乡建设局城市建设监察大队发现，某房产开发有限公司投资建设的住宅楼、商业用房桩基工程项目涉嫌未取得施工许可便擅自施工，并于2014年3月3日立案调查。经查，某房产开发有限公司投资建设的住宅楼、商业用房桩基工程项目工程，工程合同造价为456万元。2014年1月10日，该公司在未取得施工许可证、未办理质监手续的情况下进行项目建设，调查时桩基部分已经完工，其行为违反了《中华人民共和国建筑法》(以下简称《建筑法》)第七条第一款和《建设工程质量管理条例》第十三条的规定。违法事实认定的主要依据有发包人和承包人签订的施工协议、现场检查笔录及照片、询问笔录等。根据《建设工程质量管理条例》第五十七条的规定，以及常熟市住房和城乡建设局有关行政处罚自由裁量权实施细则，常熟市住房和城乡建设局对某房产开发有限公司无施工许可证擅自施工的行为，责令其停止施工，限期改正，并处工程合同价款(456万元)的1.49%(68 000元)的罚款。

【问题导入】

请结合所学的相关知识，试分析常熟市住房和城乡建设局的处罚是否合法。

2.1 建设施工许可

2.1.1 概述

1. 建筑施工许可的基本概念

建筑工程施工许可制度是指建设主管部门或者其授权机构根据建设单位的申请，依法对建筑工程是否具备施工条件进行审查，符合条件者，准许该工程施工并颁发《建筑工程施工许可证》，一般是通过授予书面证书形式赋予的行政行为。对建筑工程实行施工许可制度，是建筑活动实施监督管理所采用的国际惯例。在我国，对有关建筑工程实行施工许可制度，有利于保证开工建设的工程符合法定条件，并且在开工后能够顺利进行，避免不具备条件的建筑工程盲目开工而给相关建筑活动的当事人造成损失，同时也便于当地建设主管部门对其管辖范围内的建筑工程依法进行监督和指导，保证依法开展建筑活动。

2. 建筑施工许可的意义

建设工程关系国计民生，对建设工程施工进行管理具有非常重要的意义。

1) 有利于国家进行宏观调控

建设工程施工许可制度有利于国家对基本建设进行宏观调控，这样既可以监督建设单位尽快建成拟建项目，防止土地闲置，影响公众利益，又能保证建设项目开工后能够顺利进行，避免由于不具备条件盲目开工，给参与建设的各方造成不必要的损失，同时也有助于建设行政主管部门对在建项目实施有效的监督管理。

2) 有利于规范建筑市场

建设单位取得施工许可证需要符合一定的条件，并按照相关程序才能办理。对建设工程施工项目实施建设工程施工许可制度有利于规范建筑市场，保证建筑工程质量和建筑安全生产，维护社会经济秩序，提高投资效益，保障公民生命财产和国家财产安全。

2.1.2 申请施工许可证必须具备的条件

建设单位申请领取施工许可证，应当具备下列条件，并提交相应的证明文件。

1. 已经办理该建筑工程用地批准手续

根据《中华人民共和国土地管理法》的有关规定，任何单位和个人进行建设，需要使用土地的，必须依法申请使用土地；需要使用国有建设用地的，应当向有批准权的土地行政主管部门申请，经其审查，报本级人民政府批准。

2. 在城市规划区的建筑工程，已经取得建设工程规划许可证

1) 以划拨方式提供国有土地使用权的建设项目用地规划许可证

施工许可证的条件

在城市、城镇规划区内以划拨方式提供国有土地使用权的建设项目，经有关部门批准、核准、备案后，建设单位应当向市、县人民政府城乡规划主管部门提出建设用地规划许可申请，由市、县人民政府城乡规划主管部门依据控制性详细规划核定建设用地的位置、面积、允许建设的范围，核发建设用地规划许可证。建设单位在取得建设用地规划许可证后，方可向县级以上地方人民政府土地主管部门申请用地，经县级以上人民政府审批后，由土地主管部门划拨土地。

2) 以出让方式提供国有土地使用权的建设项目用地规划许可证

在城市、城镇规划区内以出让方式提供国有土地使用权的，在国有土地使用权出让前，市、县人民政府城乡规划主管部门应当依据控制性进行详细规划，提出出让地块的位置、使用性质、开发强度等规划条件，作为国有土地使用权出让合同的组成部分。未确定规划条件的地块，不得出让国有土地使用权。以出让方式取得国有土地使用权的建设项目，在签订国有土地使用权出让合同后，建设单位应当持建设项目的批准、核准、备案文件和国有土地使用权出让合同，向市、县人民政府城乡规划主管部门领取建设用地规划许可证。

3. 需要拆迁的，其拆迁进度应符合施工要求

这里的拆迁一般是指房屋拆迁。房屋拆迁是指根据城市规划和国家专项工程的迁建计划以及当地政府的用地文件，拆除和迁移建设用地范围内的房屋及其附属物，并由拆迁人

对原房屋及其附属物的所有人或使用人进行补偿和安置的行为。对在城市旧区进行的建筑工程的新建、改建、扩建、拆迁是施工准备的一项重要任务。对成片进行综合开发的，应根据建筑工程建设计划，在满足施工要求的前提下，分期分批进行拆迁。拆迁必须按计划和施工进度要求进行，过早或过迟都会造成损失和浪费。

4. 已经确定建筑施工企业

建筑工程的施工必须由具备相应资质的建筑施工企业来承担。在建筑工程开工前，建设单位必须确定承包该建筑工程的建筑施工企业。建设单位确定建筑施工企业可以通过直接发包和招标发包两种方式。招标发包又可分为公开招标和邀请招标两种形式。建设单位通过以上方式确定建筑施工企业后，双方应当签订建筑工程承包合同，明确双方的责任、权利和义务。

5. 有满足施工需要的施工图纸及技术资料

按照设计深度不同，设计文件可以分为方案设计文件、初步设计文件和施工图设计文件。对以上几类设计文件的要求如下所述。

(1) 编制方案设计文件，应当满足编制初步设计文件和控制概算的需要。

(2) 编制初步设计文件，应当满足编制招标文件、主要设备材料订货和编制施工图设计文件的需要。

(3) 编制施工图设计文件，应当满足设备材料采购、非标准设备制作和施工的需要，并注明建设工程合理使用年限。

施工图设计文件是进行施工作业的技术依据，是在施工过程中保证建筑工程质量的关键因素。因此，在开工前必须有满足施工需要的施工图纸和技术资料。鉴于施工图设计文件对工程质量的重要性，建设单位应当将施工图设计文件报县级以上人民政府建设行政主管部门或者其他有关部门审查。施工图设计文件未经审查批准的，不得使用。

建设单位在申请领取施工许可证时，除了应当有"满足施工需要的施工图纸及技术资料"，还应满足"施工图设计文件已按规定进行了审查"这一规定。

6. 有保证工程质量和安全的具体措施

拥有保证工程质量和安全的具体措施，并按照规定办理了工程质量、安全监督手续，是施工组织设计的一项重要内容。建筑工程的质量状况往往直接关系到人身和财产安全，是至关重要的问题，因此，在工程施工作业中，必须把保证工程的质量和安全放在首位。建筑施工企业在编制的施工组织设计中，要有根据建筑工程特点制定的质量标准和安全技术措施，专业性较强的工程项目要编制专项质量、安全施工组织设计。施工组织设计由建筑施工企业负责编制，按照其隶属关系及工程的性质、规模、技术繁简程度实行分级审批。施工组织设计应当在建筑工程开工前编制完毕，也可根据上述特点分阶段编制。

建筑工程施工许可证的审批

申请建设工程施工许可证的程序

【案例 2-1】

某市高等专科学校由于在校学生数量增加,决定建设一座学生宿舍楼,通过招标,该高等专科学校选择了 A 施工单位,签订了施工合同,并委托某监理单位实施施工阶段的监理任务,同时签订了委托监理合同。

2003 年 3 月 15 日,该监理单位按国家有关规定向本市建设行政主管部门申请领取《建筑工程施工许可证》,建设行政主管部门于 2003 年 3 月 16 日收到申请书,认为符合条件,于 2003 年 4 月 10 日颁发了《建筑工程施工许可证》。但因施工图的设计出现问题,所以一直未能开工,于是办理了延期开工申请,直到 2003 年 8 月 10 日才开工。

问题:
(1) 根据《建筑法》的规定,具备哪些条件才可申请领取《建筑工程施工许可证》?
(2) 本案例中,《建筑工程施工许可证》的申请和颁发过程有何不妥之处?请说明理由。
(3) 2003 年 8 月 10 日开工是否需要重新办理《建筑工程施工许可证》?为什么?

2.1.3 不需要申请施工许可证的工程类型

(1) 《建筑法》规定国务院建设行政主管部门确定的限额以下的小型工程。《建筑工程施工许可管理办法》第二条规定限额以下的小型工程指的是:工程投资额在 30 万元以下或者建筑面积在 300 平方米以下的建筑工程。同时,该《办法》也进一步作出了说明,省、自治区、直辖市人民政府建设行政主管部门可以根据当地的实际情况,对限额进行调整,并报国务院建设行政主管部门备案。

(2) 按照国务院规定的权限和程序批准开工报告的建筑工程,不再领取施工许可证。开工报告是建设单位依照国家有关规定向计划行政主管部门申请准予开工的文件。为了避免出现同一项建筑工程的开工由不同的政府行政主管部门多头重复审批的现象,对实行开工报告审批制度的建筑工程,不再领取施工许可证。

(3) 根据《建筑法》的规定,抢险救灾类工程开工前不需要申请施工许可证。

(4) 根据《建筑法》的规定,工程建设中的临时性建筑,不需要申请施工许可证。

(5) 《建筑法》第八十四条规定:"军用房屋建筑工程建筑活动的具体管理办法,由国务院、中央军事委员会依据本法制定。"由于此类工程涉及军事秘密,不宜过多公开信息。

不需要申请施工许可证的工程类型

(6) 作为文物保护的建筑工程。《建筑法》第 83 条规定:依法核定作为文物保护的纪念建筑物和古建筑等的修缮,依照文物保护的有关法律规定执行。

2.1.4 办理施工许可证的相关程序和规定

1. 办理施工许可证的程序

办理施工许可证的程序如下。
(1) 建设单位向发证机关领取《建筑工程施工许可证申请表》。
(2) 建设单位持加盖单位及法定代表人印鉴的《建筑工程施工许可证申请表》并附申

请领取施工许可证所必须具备的前提条件的相关证明文件，向发证机关提出申请。

(3) 发证机关在收到建设单位报送的《建筑工程施工许可证申请表》和所附证明文件后，对于符合条件的，应当自收到申请之日起七日内颁发施工许可证；对于证明文件不齐全或者失效的，应当当场或者五日内一次告知建设单位需要补正的全部内容，审批时间可以自证明文件补正齐全后作相应顺延；对于不符合条件的，应当自收到申请之日起七日内书面通知建设单位，并说明理由。

2. 施工许可证的规定

1) 施工许可证废止的条件

根据《建筑法》第九条的规定，建设单位应当自领取施工许可证之日起三个月内开工。因故不能按期开工的，应当向发证机关申请延期；延期以两次为限，每次不超过三个月。既不开工又不申请延期或者超过延期时限的，施工许可证自行废止。

2) 重新核验施工许可证的条件

《建筑法》第十条规定，在建的建筑工程因故中止施工的，建设单位应当自中止施工之日起 1 个月内，向发证机关报告，报告内容包括中止施工的时间、原因、在施部位、维修管理措施等，并按照规定做好建筑工程的维护管理工作。

建筑工程恢复施工时，应当向发证机关报告；中止施工满 1 年的工程恢复施工前，建设单位应当报发证机关核验施工许可证。

3) 重新办理开工报告的条件

对于需要领取开工报告的工程，《建筑法》第十一条规定，按照国务院有关规定批准开工报告的建筑工程，因故不能按期开工或者中止施工的，应当及时向批准机关报告情况。因故不能按期开工超过 6 个月的，应当重新办理开工报告的批准手续。

办理施工许可证的流程图

2.1.5 相关法律责任

建筑施工许可的相关法律责任如下。

(1) 对于未取得施工许可证或者为规避办理施工许可证将工程项目分解后擅自施工的，由有管辖权的发证机关责令停止施工，限期改正，对建设单位处工程合同价款 1%以上 2%以下罚款；对施工单位处 3 万元以下罚款。

(2) 建设单位采用欺骗、贿赂等不正当手段取得施工许可证的，由原发证机关撤销施工许可证，责令停止施工，并处 1 万元以上 3 万元以下罚款；构成犯罪的，依法追究刑事责任。

(3) 建设单位隐瞒有关情况或者提供虚假材料申请施工许可证的，发证机关不予受理或者不予许可，并处 1 万元以上 3 万元以下罚款；构成犯罪的，依法追究刑事责任。建设单位伪造或者涂改施工许可证的，由发证机关责令停止施工，并处 1 万元以上 3 万元以下罚款；构成犯罪的，依法追究刑事责任。

(4) 发证机关及其工作人员对不符合施工条件的建筑工程颁发施工许可证的，有下列情形的，由其上级行政机关或者监察机关责令改正；情节严重的，对直接负责的主管人员和其他直接责任人员，依法给予行政处分。

①对不符合条件的申请人准予施工许可的；②对符合条件的申请人不予施工许可或者未在法定期限内作出准予许可决定的；③对符合条件的申请不予受理的；④利用职务上的便利，收受他人财物或者谋取其他利益的；⑤不依法履行监督职责或者监督不力，造成严重后果的。

对于符合条件、证明文件齐全有效的建筑工程，发证机关在规定时间内不予颁发施工许可证的，建设单位可以依法申请行政复议或者提起行政诉讼。

2.2 建设企业资质等级许可

我国《建筑法》规定，从事建筑活动的建筑施工企业、勘察单位、设计单位和工程监理单位，应当具备下列条件。

(1) 有符合国家规定的注册资本。
(2) 有与其从事的建筑活动相适应的具有法定执业资格的专业技术人员。
(3) 有从事相关建筑活动所应具有的技术装备。
(4) 法律、行政法规规定的其他条件。

国务院建设行政主管部门负责全国建筑业企业资质、建设工程勘察与设计资质、工程监理企业资质的归口管理工作，国务院铁道、交通、水利、信息产业、民航等有关部门配合国务院建设行政主管部门实施相关资质类别和相应行业企业资质的管理工作。

2.2.1 建筑企业的必备条件

从事建筑活动的建筑施工企业、勘察单位、设计单位和工程监理单位，按照其拥有的注册资本、专业技术人员、技术装备和已完成的建筑工程业绩等资质条件，可将其划分为不同的资质等级，经资质审查合格，取得相应等级的资质证书后，方可在其资质等级许可的范围内从事建筑活动。

新设立的企业，应到工商行政管理部门登记注册手续，在取得企业法人营业执照后，方可到建设行政主管部门办理资质申请手续。任何单位和个人不得涂改、伪造、出借、转让企业资质证书，不得非法扣押、没收资质证书。

2.2.2 资质序列

根据《建筑业企业资质标准》(建市〔2014〕159号)相关规定，建筑业企业资质分为施工总承包、专业承包和施工劳务三个序列。其中，施工总承包序列设有12个类别，一般分为4个等级(特级、一级、二级、三级)。比如，建筑工程施工总承包资质分为特级、一级、二级、三级；专业承包序列设有36个类别，一般分为3个等级(一级、二级、三级)，比如，地基基础工程专业承包资质分为一级、二级、三级；施工劳务序列不分类别和等级。

2.2.3 资质申请与审批

资质申请与审批的主要内容如下。
(1) 建筑业企业应当向企业注册所在地县级以上地方人民政府建设行政主管部门申请

资质；中央管理的建筑业企业直接向国务院建设行政主管部门申请资质，其所属企业申请施工总承包资质序列特级资质、一级资质及铁路工程施工总承包二级资质。专业承包资质序列公路、水运、水利、铁路、民航方面的专业承包一级资质及铁路、民航方面的专业承包二级资质；涉及多个专业的专业承包一级资质。由中央管理的企业向国务院建设行政主管部门申请，同时向企业注册所在地省级建设行政主管部门备案。

(2) 新设立的建筑业企业，在工商行政管理部门办理登记注册手续并取得企业法人营业执照后，方可到建设行政主管部门办理资质申请手续。

新设立的企业申请资质，应当向建设行政主管部门提供下列资料：①建筑业企业的资质申请表；②企业法人的营业执照；③企业章程；④企业法定代表人和企业技术、财务、经营负责人的任职文件、职称文件、身份证；⑤企业项目经理的资格证书、身份证；⑥企业工程技术和经济管理人员的职称证书；⑦需要出具的其他有关证件、资料。

(3) 建筑业企业申请资质升级，除向建设行政主管部门提供上述资料外，还应当提供下列资料：①企业原资质证书正、副本；②企业的财务决算年报表；③企业完成的具有代表性工程的合同及质量验收、安全评估资料。

(4) 企业申请建筑业企业资质升级、资质增项，在申请之日起前一年至资质许可决定作出前，有下列情形之一的，资质许可机关不予批准其建筑业企业资质升级申请和增项申请：

① 超越本企业资质等级或以其他企业的名义承揽工程，或允许其他企业或个人以本企业的名义承揽工程的；

② 与建设单位或企业之间相互串通投标，或以行贿等不正当手段谋取中标的；

③ 未取得施工许可证擅自施工的；

④ 将承包的工程转包或违法分包的；

⑤ 违反国家工程建设强制性标准施工的；

⑥ 恶意拖欠分包企业工程款或者劳务人员工资的；

⑦ 隐瞒或谎报、拖延报告工程质量安全事故，破坏事故现场、阻碍对事故调查的；

⑧ 按照国家法律、法规和标准规定需要持证上岗的现场管理人员和技术工种作业人员未取得证书上岗的；

⑨ 未依法履行工程质量保修义务或拖延履行保修义务的；

⑩ 伪造、变造、倒卖、出租、出借或者以其他形式非法转让建筑业企业资质证书的；

⑪ 发生过较大以上质量安全事故或者发生过两起以上一般质量安全事故的；

⑫ 其他违反法律、法规的行为。

撤销建筑企业资质的条件

建筑企业资质审查公示

2.2.4 工程勘察企业资质

工程勘察资质分为工程勘察综合资质、工程勘察专业资质、工程勘察劳务资质。工程勘察综合资质只设甲级；工程勘察专业资质设甲级、乙级，根据工程性质和技术特点，部分专业可以设丙级；工程勘察劳务资质不分等级。

取得工程勘察综合资质的企业，可以承接各专业(海洋工程勘察除外)、各等级的工程勘察业务；取得工程勘察专业资质的企业，可以承接相应等级、相应专业的工程勘察业务；取得工程勘察劳务资质的企业，可以承接岩土工程治理、工程钻探、凿井等工程勘察劳务业务。

2.2.5 工程设计企业资质

工程设计资质分为工程设计综合资质、工程设计行业资质、工程设计专业资质和工程设计专项资质。

工程设计综合资质只设甲级，工程设计行业资质、工程设计专业资质、工程设计专项资质设甲级和乙级。

根据工程性质和技术特点，个别行业、专业、专项资质可以设丙级，建筑工程专业资质可以设丁级。

取得工程设计综合资质的企业，可以承接各行业、各等级的建设工程设计业务；取得工程设计行业资质的企业，可以承接相应行业相应等级的工程设计业务以及本行业范围内同级别的相应专业、专项(设计施工一体化资质除外)工程设计业务；取得工程设计专业资质的企业，可以承接本专业相应等级的专业工程设计业务以及同级别的相应专项工程设计业务(设计施工一体化资质除外)；取得工程设计专项资质的企业，可以承接本专项相应等级的专项工程设计业务。

建筑企业资质证书

2.2.6 工程监理企业资质

工程监理企业资质分为综合资质、专业资质和事务所资质。其中，专业资质按照工程性质和技术特点划分为若干工程类别。

综合资质、事务所资质不分级别。专业资质分为甲级、乙级。其中，房屋建筑、水利水电、公路和市政公用专业资质可设立丙级。

工程监理企业可以开展相应类别建设工程的项目管理、技术咨询等业务。

(1) 综合资质可以承揽的业务范围：可以承担所有专业工程类别建设工程项目的工程监理业务。

(2) 专业资质可以承揽的业务范围：专业甲级资质可承担相应专业工程类别建设工程项目的工程监理业务。专业乙级资质可承担相应专业工程类别二级以下(含二级)建设工程项目的工程监理业务。专业丙级资质可承担相应专业工程类别三级建设工程项目的工程监理业务。

(3) 事务所资质可以承揽的业务范围：可承担三级建设工程项目的工程监理业务，但是国家规定必须实行强制监理的工程除外。

【案例2-2】

某监理单位，资质等级为丙级，有正式在职工程技术和管理人员6人，其中，3人有中级职称，其余为初级职称或无职称人员。该监理单位通过熟人关系取得一幢26层综合大楼建设工程项目施工阶段的监理任务。该工程建设项目的预算造价为2亿元人民币。双方签订的监理合同中规定，建设单位支付监理单位的报酬为80万元人民币。此外，建设单位还以本单位工程部人员参加监理进行合作监理为由，使监理单位又给建设单位回扣人民币10万元。在监理过程中，由于监理单位给被监理方提供方便，监理单位接受被监理方生活补贴费6万元人民币。

问题:
该监理单位本身及其行为有哪些违反了国家规定?

2.3 建设工程发包与承包许可

2.3.1 建筑工程发包制度

1. 《建筑法》的一般规定

(1) 建筑工程的发包单位与承包单位应当依法订立书面合同,明确双方的权利和义务;发包单位和承包单位应当全面履行合同约定的义务。不按照合同约定履行义务的,依法承担违约责任。

(2) 建筑工程发包与承包的招标投标活动,应当遵循公开、公正、平等竞争的原则,择优选择承包单位。建筑工程的招标发包,主要适用《中华人民共和国招标投标法》及其有关规定,它规定了必须进行招标的工程建设项目范围。在该范围内并且达到国家规定的规模标准的工程建设项目的勘察、设计、施工、监理,重要设备和材料的采购等都必须依法进行招标。

(3) 发包单位及其工作人员在建筑工程发包中不得收受贿赂、回扣或者索取其他好处。承包单位及其工作人员不得利用向发包单位及其工作人员行贿,提供回扣或者给予其他好处等不正当手段承揽工程。

2. 建设工程发包方式

建设工程的发包方式主要有两种:招标发包和直接发包。建筑工程依法实行招标发包,对不适用于招标发包的可以直接发包。在该范围内并且达到国家规定的规模标准的工程建设项目的勘察、设计、施工、监理,重要设备和材料的采购都必须依法进行招标。对于不适于招标发包可以直接发包的建设工程,承包人依然要符合资质的要求。

3. 提倡实行工程总承包

《建筑法》第二十四条规定,提倡对建筑工程实行总承包,禁止将建筑工程肢解发包。建筑工程的发包单位可以将建筑工程的勘察、设计、施工、设备采购一并发包给一个工程总承包单位,也可以将建筑工程勘察、设计、施工、设备采购的一项或者多项发包给一个工程总承包单位;但是不得将应当由一个承包单位完成的建筑工程肢解成若干部分发包给几个承包单位。

1) 禁止发包单位将建设工程肢解发包

肢解发包是指建设单位将应当由一个承包单位完成的建设工程分解成若干部分发包给不同的承包单位的行为。肢解发包容易导致如下问题。

(1) 肢解发包可能导致发包人变相规避招标。发包人可能会将大的工程项目肢解成若干小的工程项目,使得每个小的工程项目都不满足关于招标规模和标准的规定,从而达到了变相规避招标的效果。

(2) 肢解发包不利于投资和进度目标的控制。肢解发包意味着本来应该由一家承包商完成的项目,现在由两家或者两家以上的承包商完成,这就会使得一些岗位出现重复设置的人员，同时也不利于各工序的协调，难以形成流水作业。这些问题会进一步影响投资和对进度目标的控制。

(3) 肢解发包也会增加发包的成本。肢解发包必然会使得发包的次数增加，这就必然会导致发包的费用增加。

(4) 肢解发包增加了发包人管理的成本。肢解发包会导致合同数量增加，这就必然会导致发包人在管理上增加难度，进一步导致发包人在合同管理上增加成本。

由于肢解发包存在上述这些弊端，所以《建筑法》第二十四条规定："禁止将建筑工程肢解发包"，"不得将应当由一个承包单位完成的建筑工程肢解成若干部分发包给几个承包单位"。

2) 发包单位不得制定采购

《建筑法》第二十五条规定，按照合同约定，建筑材料、建筑构配件和设备由工程承包单位采购的，发包单位不得指定承包单位购入用于工程的建筑材料、建筑构配件和设备，或者指定生产厂、供应商。

建筑材料、建筑配件和设备的采购形式

建筑材料、建筑构配件和设备的采购权的归属，是建筑工程发包的一项非常重要的内容，需要发、承包双方通过合同进行约定。在实践中，发包单位通常按包工包料的方式将工程发包给承包单位，对于需要由发包单位自己采购的，应当在合同中明确约定发包人的供货品种、规格、型号、数量、单价、质量等级等。但是，对于承包单位依据合同约定有权采购的建筑材料、建筑构配件和设备，如果发包单位指定承包商采购，将构成违约，承包单位有权拒绝；如果由于发包单位指定的建筑材料、建筑构配件和设备不符合强制性标准造成建筑工程质量缺陷的，发包单位应当承担相应责任。

2.3.2 建筑工程承包与分包制度

1. 《建筑法》的一般规定

承包建筑工程的单位应当持有依法取得的资质证书，并在其资质等级许可的业务范围内承揽工程。

1) 工程承包单位的资质等级许可制度

我国对工程承包单位(包括勘察、设计、施工单位)实行资质等级许可制度。承包建筑工程的单位应当持有依法取得的资质证书，并在其资质等级许可的业务范围内承揽工程。

《建筑法》第二十六条第二款对违反资质许可制度的行为作出如下规定。

(1) 禁止建筑施工企业超越本企业资质等级许可的业务范围承揽工程。

(2) 禁止建筑施工企业以任何形式用其他建筑施工企业的名义承揽工程。

(3) 禁止建筑施工企业以任何形式允许其他单位或者个人使用本企业的资质证书、营业执照，以本企业的名义承揽工程。

2) 联合承包

大型建筑工程或者结构复杂的建筑工程，可以由两个以上的承包单位联合共同承包。共同承包的各方对承包合同的履行承担连带责任。

两个以上不同资质等级的单位实行联合共同承包的，应当按照资质等级低的单位的业务许可范围承揽工程。

3) 禁止转包

转包与分包的主要区别在于分包是将一部分工程交由其他单位完成，而转包则是将所有工程全部交由其他单位完成。

《建筑法》第二十八条规定：禁止承包单位将其承包的全部建筑工程转包给他人，禁止承包单位将其承包的全部建筑工程肢解以后以分包的名义分别转包给他人。

2. 工程分包制度

1) 分包的含义

分包是指总承包单位将其所承包的工程中的专业工程或者劳务作业发包给其他承包单位完成的活动。

分包分为专业工程分包和劳务作业分包。

专业工程分包，是指总承包单位将其所承包工程中的专业工程发包给具有相应资质的其他承包单位完成的活动。

劳务作业分包，是指施工总承包企业或者专业承包企业将其承包工程中的劳务作业发包给劳务分包企业完成的活动。

建筑工程总承包单位可以将承包工程中的部分工程发包给具有相应资质条件的分包单位。

分包单位的认可制度

2) 分包单位的认可规定

根据《建筑法》的规定，除总承包合同中约定的分包外，总承包单位另行选择的分包单位须经建设单位认可。

这条规定实际上赋予了建设单位对分包商的否决权，即没有经过建设单位认可的分包商是违法的分包商。由于总承包合同中的分包单位已经在合同中得到了建设单位的认可，所以实质上需要建设单位认可的分包单位的范围包含了所有的分包单位。

在《FIDIC施工合同条件》中，有指定分包商的说法，指定分包商和认可分包商是不同的。在我国直接指定分包商是违法的。认可分包单位是在总承包单位已经作出选择的基础上进行确认的，而指定分包商则是首先由建设单位作出选择。在国际工程市场中，可以存在指定分包商。

3) 禁止违法分包

《建筑法》禁止违法实施分包。《建设工程质量管理条例》第七十八条将违法分包的情形界定为以下内容。

(1) 总承包单位将建设工程分包给不具备相应资质条件的单位的。

(2) 建设工程总承包合同中未有约定，又未经建设单位认可，承包单位将其承包的部分建设工程交由其他单位完成的。

(3) 施工总承包单位将建设工程主体结构的施工分包给其他单位的。

(4) 分包单位将其承包的建设工程再分包的。

建筑工程总承包单位按照总承包合同的约定对建设单位负责，分包单位按照分包合同的约定对总承包单位负责。总承包单位和分包单位就分包工程队建设单位承担连带责任。

连带责任既可以依合同约定产生，也可以依法律规定产生。建设单位虽然和分包单位之间没有合同关系，但是当分包工程发生质量、安全、进度等方面问题给建设单位造成损失时，建设单位既可以根据总承包合同向总承包单位追究违约责任，也可以根据法律规定直接要求分包单位承担损害赔偿责任，分包单位不得拒绝。总承包单位和分包单位之间的责任划分，应当根据双方的合同约定或者各自过错大小来确定；一方向建设单位承担的责任超过其应承担份额的，有权向另一方追偿。

案例分析

课堂思政案例

福建泉州欣佳酒店"3·7"坍塌事故发生后，福建省公安机关对 23 名相关责任人员依法立案侦查并采取刑事强制措施。福建省纪检监察机关按照干部管理权限，依规依纪依法对事故中涉嫌违纪、职务违法、职务犯罪的 49 名公职人员严肃追责问责，其中 7 人被移送司法机关追究刑事责任。

同时，福建省纪检监察机关对该起事故中存在失职失责问题的 41 名公职人员给予党纪政务处分，1 人予以诫勉。其中：省管干部 9 人，泉州市管及以下干部 33 人；主要领导责任 14 人，重要领导责任 5 人，监督责任 2 人，直接责任 21 人；厅级干部 7 人，处级干部 13 人，其他 22 人。

本 章 小 结

通过本章的学习，同学们主要了解了建筑施工许可证概述、申请施工许可证的条件、和办理施工许可证的程序和规定；了解了建筑企业资质等级许可的必备条件；了解了建筑工程发包与承包许可制度。希望通过本章的学习，同学们能对建设法律许可制度有深入的了解，掌握法律许可制度相关的知识点，并且能够举一反三，学以致用。

实 训 练 习

一、单项选择题

1. 关于领取施工许可证建设资金落实情况的表述，正确的是(　　)。
   A. 建设工期不足 1 年的，到位资金原则上不得少于工程合同价的 70%
   B. 建设工期超过 1 年的，到位资金原则上不得少于工程合同价的 50%
   C. 建设单位应当提供银行出具的到位资金证明
   D. 有条件的可以要求建设单位实行银行担保
2. 在城市规划区的建筑工程中，已经取得建设工程规划许可证的内容有(　　)。
   A. 没有划拨方式提供国有土地使用权的建设项目用地规划许可证
   B. 以出让方式提供国有土地使用权的建设项目用地规划许可证
   C. 已经确定建筑施工企业
   D. 没有满足施工需要的施工图纸及技术资料
3. 满足施工需要的施工图纸及技术资料有(　　)。
   A. 编制方案设计文件，应当满足编制初步设计文件和控制概算的需要
   B. 编制方案设计文件，应当满足编制初步设计文件和控制预算的需要

C. 编制初步设计文件，不应当满足编制招标文件、主要设备材料订货和编制施工图设计文件的需要

D. 编制施工图设计文件，不应当满足设备材料采购、非标准设备制作和施工的需要，并注明建设工程合理使用年限

4. 按照规定，必须实行监理的建设工程有(　　)。
   A. 大型公用事业工程　　　　　　　　B. 中型公用事业工程
   C. 没有成片开发建设的住宅小区工程　　D. 国家重点建设工程

5. 工程投资额在(　　)万元以下或者建筑面积在 300 m² 以下的建筑工程，可以不申请办理施工许可证。
   A. 10　　　　B. 30　　　　C. 50　　　　D. 70

二、多项选择题

1. 办理施工许可证的规定包括(　　)。
   A. 施工许可证废止的条件　　　　B. 重新核验施工许可证的条件
   C. 重新办理开工报告的条件　　　D. 不办理开工报告的条件
   E. 不废除施工许可证的条件

2. 我国《建筑法》规定，从事建筑活动的建筑施工企业、勘察单位、设计单位和工程监理单位，应当具备的条件包括(　　)。
   A. 有符合国家规定的注册资本
   B. 有与其从事的建筑活动相适应的具有法定执业资格的专业技术人员
   C. 有从事相关建筑活动所应具有的技术装备
   D. 不符合国家规定的注册资本
   E. 法律、行政法规规定的其他条件

3. 新设立的企业申请资质，应当向建设行政主管部门提供的资料有(　　)。
   A. 需要出具的其他有关证件、资料　　B. 建筑业企业资质申请表
   C. 企业法人营业执照　　　　　　　　D. 企业项目经理资格证书、身份证
   E. 企业工程技术和经济管理人员的职称证书

4. 《建设工程质量管理条例》中属于违法分包的情形界定的是(　　)。
   A. 总承包单位将建设工程分包给不具备相应资质条件的单位的
   B. 建设工程总承包合同中未有约定，又未经建设单位认可，承包单位将其承包的部分建设工程交由其他单位完成的
   C. 施工总承包单位将建设工程主体结构的施工分包给其他单位的
   D. 分包单位将其承包的建设工程再分包的
   E. 总承包单位将建设工程分包给具备相应资质条件的单位的

三、简答题

1. 建设单位申请领取施工许可证，应当具备哪些条件？
2. 新设立的企业申请资质，应当向建设行政主管部门提供哪些资料？
3. 申请晋升资质等级或者主项资质以外的资质，建筑企业在申请之日前一年内有哪些行为之一的，建设行政主管部门不予批准？

第2章实训练习答案

实训工作单

班级		姓名		日期	
教学项目	建设法律许可制度				
任务	学习申请施工许可证必备的条件、相关法律责任	学习途径	本书中的案例分析、扩展图片、音频或者课外内容，自行查找相关书籍		
学习目标	掌握建筑工程勘察、设计、监理的企业资质				
学习要点					
学习查阅记录					
评语				指导老师	

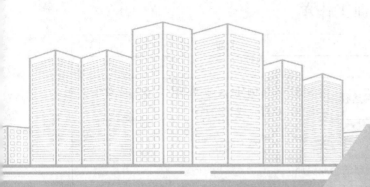

第3章 城乡规划法律制度

第3章案例答案

※ 【学习目标】

1. 了解城乡规划法的概念及立法概况和适用范围；
2. 了解城乡规划的分类及编制和审批；
3. 掌握城乡规划法律中关于城市新区开发和旧区改造以及历史文化名城保护的规定；
4. 掌握城乡规划的实施和修改以及相应的法律责任。

※ 【思政目标】

将多个方案进行比较，明确最终待深化的方案，深化功能定位、用地规模、配套设施等方面的改革，树立正确的世界观、人生观和价值观。通过本章课堂思政案例的学习，培养同学们对规划法律制度的理解和认知。

※【教学要求】

本章要点	掌握层次	相关知识点
城乡规划法的概念及立法概况和适用范围	了解城乡规划法的概念及立法概况和适用范围	立法概况
城乡规划的分类及编制和审批	了解城乡规划的分类及编制和审批	分类、编制、审批
城市新区开发和旧区改造以及历史文化名城保护的规定	掌握关于城市新区开发和旧区改造以及历史文化名城的规定	新区开发、旧区改造
城乡规划的实施和修改以及相应的法律责任	掌握城乡规划的实施和修改以及相应的法律责任	实施、修改

※【项目案例导入】

2021年10月份，在有着"南硅谷"之称的深圳市高新技术园区南区，一个新项目——"深圳湾科技生态城"的启动打破了这里的平静，该地块现规划数据对比原规划发生巨大变化，土地性中园区用地变为商业用地，容积率由1.6变为6.1，绿化面积大幅减少。

深圳市规土委认为该地块规划建设高层建筑，符合国家节约集约利用土地战略和深圳总体规划要求。有生态环境，是打着生态旗号进行反生态的过度商业开发。生态城分析地块编号为t205-0030，建筑面积有120多万平方米，将建设超高层酒店、高层公寓、商业用房等，容积率飙升为6.1，建筑层数为30层以上，绿化率由45%降低为1.4%。

"科技生态城"的定位是大型的区域中心，规划追求的是努力营造一个"充满激情的城市公共空间，在夜晚也能人声鼎沸的居住环境"。"南硅谷"安静、环境好以及巨大的高科技创造力曾是"南硅谷"的标签。7-15-01地块房产矛盾分析是园区的容积率由1.6变为6.1，园区用地变商业用地，反差巨大。这一重大的变更，在没有广泛征求社会意见的前提下就悄然完成了，人们有理由怀疑这个操作的合法性和正当性。

【问题导入】

试分析上述案件违反了城乡规划法中的哪些规定。

3.1 城乡规划法概述

3.1.1 城乡和城乡规划的概念

1. 城乡和城乡规划的概念

城乡规划管理
相关概念

城乡规划法规中所称的城市，是指国家按行政建制设立的直辖市、市、镇。按照市区和近郊区非农业人口的数量，我国将城市分为特大、大、中、小四个等级。市区和近郊区非农业人口在100万以上的为特大城市，50万以上100万以下的为大城市，20万以上50万以下的为中等城市，不满20万的为小城市。

镇是指经批准设立的建制镇的镇区，包括县及县以上(不含市)人民政府、行政公署所在的建制镇的镇区和其他建制的镇区。镇区主要包括以下区域。

(1) 镇人民政府驻地和镇辖其他居委会地域。

(2) 镇人民政府驻地的城区建设已延伸到周边村民委员会的驻地，其镇区还应包括该村民委员会的全部区域。

城市规划是指城市人民政府为了实现一定时期内本市的经济和社会发展目标，事先依法制定的，用以确定城市的性质、规模和发展方向，城市土地的合理利用，城市的空间布局和城市设施的科学配置等的综合部署和统一规划。

2. 乡村和乡村规划

乡村指城镇地区以外的其他地区，包括集镇和村庄。集镇是指乡、民族乡人民政府所在地和经县人民政府确认由集市发展而成的，作为农村一定区域经济、文化和生活服务中心的非建制镇。村庄是指农村村民居住和从事各种生产的聚居点。

乡规划、村庄规划应当从农村实际出发，尊重村民意愿，体现地方和农村特色。乡规划、村庄规划的内容应当包括：规划区范围，住宅、道路、供水、排水、供电、垃圾收集、畜禽养殖场所等农村生产、生活服务设施、公益事业等各项建设的用地布局、建设要求，以及对耕地等自然资源和历史文化遗产保护、防灾减灾等的具体安排。

城乡建设是当今国家社会发展的重要任务，是各级政府统筹城乡建设、把握空间总体布局、合理利用资源、保护生态环境、维护社会公平的重要依据。政府通过城乡规划能够有效地保障城市和村镇建设健康有序地进行，城乡规划在当今城镇建设中的作用已不容忽视，我国城乡规划事业发展也正朝着逐步完善的方向发展。

城乡规划，简单地理解就是对城市和村镇的规划，对其内涵则可以进行如下解读：作为一种综合性的专门活动，城乡规划以城乡的土地利用和空间布局为对象，对各项建设活动进行安排与部署，以期实现一定的经济和社会发展目标。根据上述内容，城乡规划可以定义为：为实现一定的时期内的城乡经济和社会发展目标，确定城乡性质、规模和发展方向，合理利用土地，协调城乡空间布局和各项建设的综合部署和具体安排。作为一种政府规划，城乡规划具有公共政策的属性，也是我国唯一由专门的法律授权的政府规划。要保证城市稳步发展，就要先对其预期格局和规模进行合理的评定，明确其发展方向，通过城乡规划的引导和控制，逐步实现目标。

3.1.2 城乡规划法的立法概况及适用范围

1. 城乡规划法的立法概况

城乡规划的地位

城乡规划法是调整城乡规划的制定、实施和管理过程中各种经济社会关系的法律规范性文件的总称。

1989年12月26日通过的《中华人民共和国城市规划法》，标志着我国城市规划事业进入了一个新的历史时期。随后国家颁布了一系列与之配套的法规，如《建设项目选址规划管理办法》《村庄和集镇规划建设管理条例》《城市规划编制办法》等，形成了我国的城市规划法律体系。

随着新农村建设的不断深入和城乡差距的逐步缩小，为了协调城乡空间布局，促进城乡经济社会全面协调可持续发展，2007年10月28日第十届全国人民代表大会常务委员会第三十次会议通过了《中华人民共和国城乡规划法》(以下简称《城乡规划法》),同时废除《中华人民共和国城市规划法》,把乡村规划提到了法律的高度。该法在 2015 年 4 月 24 日第十二届全国人民代表大会常务委员会第十四次会议进行第一次修正,2019 年 4 月 23 日第十三届全国人民代表大会常务委员会第十次会议进行第二次修正,我国的城乡规划法律体系中与之配套的新的部门规章和地方性规范性文件尚未及时更新,处于政策的过渡时期。在现有的法规中,不违背《城乡规划法》的,仍然适用;与《城乡规划法》相违背的,按照《城乡规划法》有关规定执行。

2. 《城乡规划法》的适用范围

《城乡规划法》正确处理了近期建设和长远发展、局部利益与整体利益、经济发展与环境保护、现代化建设与历史文化保护等的关系,促进合理布局,节约资源,保护环境,凸显特色,充分发挥城乡规划在引导城镇健康发展、促进城乡经济社会可持续发展中的统筹协调和综合调控作用。

法律的适用范围是指该法律规定的效力范围。

(1) 地域适用范围,即法律适用的地域范围。《城乡规划法》的地域适用范围,即"城乡规划区内"。规划区包括两部分:一是建成区,即实际已经成片开发建设、市政公用实施和公共设施基本具备的地区;二是尚未建成,但由于进一步发展建设的需要必须实行规划控制的区域。

(2) 主体适用范围,即法律对何种法律关系的参加者具有约束力。《城乡规划法》的适用主体是"在规划区内进行建设活动"的行为人,包括与城乡规划编制、审批、管理活动有关的任何单位和个人。《城乡规划法》第九条规定:任何单位和个人都应当遵守经依法批准并公布的城乡规划,服从规划管理,并有权就涉及其利害关系的建设活动是否符合规划的要求向城乡规划主管部门查询。

(3) 行为适用范围,即法律对何种属性的行为具有约束力。《城乡规划法》的行为约束范围,即在规划区内进行"建设活动",其包括三个方面:一是制定城乡规划的行为,主要是指组织编制城乡规划、承担编制城乡规划、负责审批城乡规划以及调整和修编城乡规划等行为;二是实施城乡规划的行为,主要是指负责城乡规划的管理,组织城乡规划的实施;三是在城乡规划区内使用土地和进行建设的行为。

【案例 3-1】

甲市××市场的建筑物属于临时建筑,其建筑物使用时间已有 5 年多。该市规划国土分局认为,××市场的建筑物已超过批准的使用年限,于是下令拆除。××市场几百名个体户状告规划国土分局,诉请撤销拆除令。一审法院判决中,依据《甲市土地监察条例》认定××市场的建筑是违法的,应当依法拆除,规划国土分局的拆除决定对事实认定正确。但同时法院又认为,拆除决定中规定的拆除时间违反了《甲市农副产品集贸市场条例》的规定,于是以"新市场未建成,拆除××市场的时机尚不具备"为由,判令撤销拆除令。规划国土分局在一审中败诉。该分局不服一审判决提起上诉,称一审判决自相矛盾,适用法律不当,既然认为××市场已被确认为违法建筑,就不再适用于《甲市农副产品集贸市场条例》。受该条例保护的"市场"应是合法的,而绝不应是违法建筑。此外,××市场还违反了《甲市商品市场条例》,建于高架桥下,不符合城市规划,根本不符合市场的构成要件。二审法院最后作出终审判决,以"适用法律法规错误"为由,作出撤销一审法院关于"撤销国土分局拆除××市场的处罚决定"的判决。试分析该案例。

3.2 城乡规划的制定

3.2.1 城乡规划的制定原则

1. 社会、经济、文化综合发展原则

城市化进程的加速,导致各种社会、经济矛盾凸显,城乡规划既是城市发展的蓝图,又是政府宏观调控城市建设的依据。为此,城乡规划的编制应以促进社会、经济、文化的综合发展,不断优化城乡人居环境为根本原则。实施城乡规划与城乡综合发展是相辅相成、互为依据的。没有城乡的不断发展,就不可能为实施城乡规划提供物质基础。在编制城乡规划时,是否有利于区域综合发展、长远发展应当成为考虑问题的出发点,也是检验城乡规划工作的根本标准。

2. 从实际出发、因地制宜原则

从实际出发就是从我国的国情出发。改革开放以来,虽然我国的发展取得了长足进步,但人口多、底子薄的状况并未得到根本改变。一切城乡规划的编制,都必须实事求是地从基本国情出发。我国幅员辽阔,城市众多,各地自然、地貌乃至经济、社会发展程度差别很大,城乡规划不能简单地采用统一的模式,必须因地制宜提出切实可行的规划方案。

3. 贯彻城乡统筹发展、建设和谐社会的原则

城乡规划不仅要考虑城市设施的逐步现代化,还需要考虑日益增长的城市居民各种层面的利益需求和矛盾关系。在编制城乡规划时,必须注意保护当地的优秀历史文化遗产,以及有纪念意义、教育意义和科学艺术价值的文化古迹,把开发和保护、继承和发扬结合起来。少数民族地区的城乡规划应当满足少数民族风俗习惯的需要,并努力创造具有民族特色的城市风貌。

4. 城乡规划与国家和地方经济技术水平相适应的原则

编制城乡规划时,必须坚持从实际出发,并科学预测城乡远景发展的需要,使规划中所确定的城乡发展规模、各项建设标准、定额指标、开发程序等各项指标同国家和地方的现有技术水平和可能的发展水平相适应。

5. 保护生态环境和历史文化遗产及地方特色的原则

编制城乡规划时,应注意保护和改善城乡生态环境,加强城市绿化和市容环境卫生的建设,同时还应注意保护历史文化遗产、城市传统风貌、地方特色和自然景观。民族自治地区的城乡规划,还应保护民族传统和地方特色,以促进社会主义物质文明和精神文明建设的共同发展。

6. 有利生产、方便生活、防灾减灾的原则

编制城乡规划时,既要有利生产,又要方便人民大众的生活,还要考虑促进商品和人员的流通以及经济发展状况，促进科学技术文化教育事业的发展。同时，城乡规划还应满足城市防火、防爆、治安、交通管理和人防建设的要求，在可能发生自然灾害的城乡，还应满足抗震、防洪、防泥石流等灾害的要求，以保护社会和人民的生命、财产安全。

7. 合理用地、节约用地的原则

社会要进步，城乡要发展，而土地资源十分有限，也很难增长，这一矛盾是始终存在的，在我国则尤为尖锐。因此，在编制城乡规划时，必须珍惜每一寸土地，应当尽量利用荒地、劣地，少占菜地、良田，尽量节约土地资源，使城乡的每一寸土地都得到合理利用，这也是保证我国经济及社会可持续发展的重要政策。

我国人口多，土地不足，合理使用土地、节约资源是我国的基本国策，也是我国的长远利益所在。城乡规划必须树立贯彻中央关于建设节约型社会的要求，对于每项城市用地必须认真核算，在服从城市功能上的合理性、建设运行上的经济性的前提下，各项发展用地的选定，要尽量使用荒地、劣地，严格保护基本农田。

同时，要以资源供给能力为基本出发点，考虑城乡产业发展和建设规模，落实各项节约资源措施。要大力促进城市综合节能，鼓励发展新能源和可再生能源，完善城市供热体制，重点推进节能降耗。

3.2.2 城乡规划的分类

根据《城乡规划》规定：城乡规划，包括城镇体系规划、城市规划、镇规划、乡规划和村庄规划。城市规划、镇规划分为总体规划和详细规划。

城乡规划的任务

1. 总体规划

1) 总体规划的内容

总体规划是从宏观上控制城乡土地利用和空间布局，引导城乡合理发展的总体部署。城市总体规划、镇总体规划的内容应当包括：城镇的发展布局，规划区范围，规划区内建设用地规模、基础设施和公共服务设施用地、功能分区，用地布局，综合交通体系，水源地和水系，基本农田和绿化用地，环境保护，禁止、限制和适宜建设的地域范围，各类专项规划，自然与历史文化遗产保护以及防灾减灾等内容。

2) 总体规划考虑的期限

城市总体规划、镇总体规划的规划期限一般为20年。城市总体规划还应当对城市更长远的发展作出预测性安排。城市、县、镇人民政府应当根据城市总体规划、镇总体规划、土地利用总体规划和年度计划以及国民经济和社会发展规划，制定近期建设规划，报总体规划审批机关备案。

近期建设规划应当以重要基础设施、公共服务设施和中低收入居民住房建设以及生态环境保护为重点内容，明确近期建设的时序、发展方向和空间布局。近期建设规划的规划期限为五年。

3) 分区规划

大、中城市为了进一步控制和确定不同地段的土地用途、范围和容量，协调各项基础设施和公共设施的建设，在总体规划的基础上，可以编制分区规划。分区规划实际上就是总体规划在分区范围内的进一步深化与补充。

城乡规划体系
示意图

2. 详细规划

详细规划是以城乡总体规划或分区规划为依据,对城乡近期建设区域内各项建设作出的具体规划。它包括规划地段各项建设的具体用地范围、建筑密度和高度等控制指标、总平面布置、工程管线综合规划和竖向规划等内容。

详细规划可根据需要编制成控制性详细规划和修建性详细规划两种。

3.2.3 城乡规划的编制和审批

城乡规划的基本特点

1. 从事城乡规划编制工作应当具备的条件

城乡规划组织编制机关应当委托具有相应资质等级的单位承担城乡规划的具体编制工作。从事城乡规划编制工作应当具备下列条件,并经国务院城乡规划主管部门或者省、自治区、直辖市人民政府城乡规划主管部门依法审查合格,取得相应等级的资质证书后,方可在资质等级许可的范围内从事城乡规划编制工作:①有法人资格;②有规定数量的经相关行业协会注册的规划师;③有规定数量的相关专业技术人员;④有相应的技术装备;⑤有健全的技术、质量、财务管理制度。

2. 城乡规划的编制程序

城乡规划编制一般按以下步骤进行。

1) 拟订编制计划

拟订编制计划,保证规划编制工作有条不紊的进行,有序地开展,避免重复和随意性。特别是在城市控制性详细规划的编制中,更要强调编制工作的计划性。规划编制计划要适应城乡建设的发展和城乡规划实施管理的需要,还应考虑城市总体规划实施的要求。

2) 制定规划编制要求

城乡规划的编制要有明确的目标,应当体现政府的意志,这都需要通过规划编制要求来控制。城乡规划的编制要求一般包括城乡规划的目标、指导思想、基本原则,以及技术要求,如编制内容深度、成果要求等。城乡规划组织编制部门应当根据上一层次规划对拟规划区域的各项要求,以及上级政府或上级城乡规划主管部门的具体指导意见,制定规划编制要求。

3) 确定编制单位

城乡规划组织编制机关应当委托具有相应资质等级的单位承担城乡规划的具体编制工作。组织编制单位应当根据城乡规划设计单位资质管理规定,对于不同层次的规划,委托具有相应资质的城乡规划设计单位进行编制。在社会主义市场经济条件下,对于较为重要的城市详细规划,为集思广益,可以用规划项目招标的方式来确定规划设计单位。

4) 协调城乡规划编制中的重大问题

城乡规划是一项综合性很强的工作,同时也是一项十分敏感的工作,涉及许多单位和个人的利益。对于城乡规划编制过程中出现的非技术性的矛盾和问题,在城乡规划设计单位无法协调时,需要组织编制者(即政府或其城乡规划管理部门)进行综合协调和决策。

5) 评审规划中间成果

对于一些重要的城乡规划,一般在编制的中间阶段,由城乡规划组织编制部门召集有关部门及专家进行中间阶段的初步评审,并根据情况征求市民代表的意见,推进公众参与,促进城乡规划的科学、合理编制，及时修正规划初步成果中存在的问题，还可以通过多种方案的比较论证确定最优方案。

6) 验收规划成果

城乡规划由规划设计单位编制完成以后，组织编制单位依照规划编制的要求对规划成果进行验收。指导思想的正确性、内容的完备性、深度的适宜性是规划成果的重要审核依据。

7) 申报规划成果

验收合格后，应该由组织编制单位依照法定程序，向法定的城乡规划审批机关提出审批该城乡规划的申请。针对审批过程中审批机关对规划提出的修改意见，组织编制单位应责成承担该规划项目的规划设计单位进行相应的修改。

3. 城乡规划的编制和审批规定

1) 城镇体系规划的编制和审批

(1) 全国城镇体系规划：国务院城乡规划主管部门会同国务院有关部门组织编制全国城镇体系规划，全国城镇体系规划由国务院城乡规划主管部门报国务院审批。

(2) 省域城镇体系规划：省、自治区人民政府组织编制省域城镇体系规划，报国务院审批。

2) 总体规划的编制和审批

(1) 城市总体规划：城市人民政府组织编制城市总体规划。直辖市的城市总体规划由直辖市人民政府报国务院审批。省、自治区人民政府所在地的城市以及国务院确定的城市的总体规划，由省、自治区人民政府审查同意后，报国务院审批。其他城市的总体规划，由城市人民政府报省、自治区人民政府审批。

(2) 镇总体规划：县人民政府组织编制县人民政府所在地镇的总体规划，报上一级人民政府审批。其他镇的总体规划由镇人民政府组织编制，报上一级人民政府审批。

(3) 审议：城市、县人民政府组织编制的总体规划，在报上一级人民政府审批前，应当先经本级人民代表大会常务委员会审议，常务委员会组成人员的审议意见交由本级人民政府研究处理。镇人民政府组织编制的镇总体规划，在报上一级人民政府审批前，应当先经镇人民代表大会审议，代表的审议意见交由本级人民政府研究处理。规划的组织编制机关报送审批省域城镇体系规划、城市总体规划或者镇总体规划，应当将本级人民代表大会常务委员会组成人员或者镇人民代表大会代表的审议意见和根据审议意见修改规划的情况一并报送。

3) 详细规划的编制和审批

(1) 城市详细规划：城市人民政府城乡规划主管部门根据城市总体规划的要求，组织编制城市的控制性详细规划，经本级人民政府批准后，报本级人民代表大会常务委员会和上一级人民政府备案。

(2) 镇详细规划：镇人民政府根据镇总体规划的要求，组织编制镇的控制性详细规划，报上一级人民政府审批。县人民政府所在地镇的控制性详细规划，由县人民政府城乡规划主管部门根据镇总体规划的要求组织编制，经县人民政府批准后，报本级人民代表大会常务委员会和上一级人民政府备案。

(3) 修建性详细规划：城市、县人民政府城乡规划主管部门和镇人民政府可以组织编制重要地块的修建性详细规划。修建性详细规划应当符合控制性详细规划。

4) 乡规划、村规划的编制和审批

乡、镇人民政府组织编制乡规划、村庄规划，报上一级人民政府审批。村庄规划在报送审批前，应当经村民会议或者村民代表会议讨论同意。

3.3 城市新区开发和旧区改建

3.3.1 城市新区开发

1. 新区开发的概念

新区开发是指按照城市总体规划的部署，在城市现有建成区以外的一定地段进行集中成片、综合配套的开发建设活动。新区开发是随着城市经济与社会的发展、城市规模的扩大，为了满足城市日益增长的生产、生活需要，逐步实现城市不同阶段的发展目标推进的，它是城市建设和发展的重要组成部分。新区开发的内容一般包括以下几个方面。

(1) 新区的开发建设。新区的开发建设主要是为了解决城市建成区内由于历史原因或发展过快而形成的布局混乱、密度过高、负荷过重等弊端，或为了比较完整地保护古城的风貌，在建成区外围进行集中成片的开发建设，以达到疏散和降低旧区人口密度，调整和缓解旧区压力，完善和改善旧区环境等目的。

(2) 经济技术开发区的建设。经济技术开发区建设是随着我国经济体制改革和对外开放政策的实施而出现的一种特定经济区，它建设在城市的特定地区，通过提供优惠政策，创造良好的投资环境，以达到吸引外资、引进先进技术和进行横向经济联合的目的。

(3) 卫星城镇的开发建设。卫星城镇的开发建设主要是为了有效地控制大城市市区的人口和用地规模，按照总体规划要求，将市区需要搬迁的项目或新建的大中型项目安排到周围的小城镇中，从而有计划、有重点地开发建设这些小城镇，逐步建成以大城市为中心的、比较完善的城镇体系。

(4) 新工矿区的开发建设。新工矿区的开发建设是指国家或地方政府根据矿产资源开发和加工的需要，在城市郊区或郊县建设大中型工矿企业，并逐步形成相对独立的工矿区，在统一规划的指导下，进行配套建设。

新区开发的主要原则是应当合理利用城市现有基础设施和公共服务设施，严格保护自然资源和生态环境，体现地方特色。根据这一原则，在进行新区选址、安排大中型工业项目时，应当尽量依托现有市区或现有中小城镇进行建设，并充分考虑利用城市现有设施的可能性。同时，为了严格控制大城市规模，防止市区人口过度膨胀，还应有计划、有重点地开发建设卫星城镇，并将新建的大中型工业项目尽量安排在卫星城镇。通过提高卫星城镇的建设标准和设施水平，以及加大各种优惠政策，提高卫星城镇的吸引力，促使市区的工业和人口向外疏散。

2. 城市新区开发的原则

城市新区开发应当合理利用城市现有设施，主要表现在以下八个方面。

(1) 城市新区开发包括开发区的选址，应当尽量依托现有市区，充分考虑利用现有设施的可能性。

(2) 要从实际出发，预先搞好规划，确定适当的开发规模和开发程序，有计划地分期、分批实施，提高开发的综合效益。

(3) 为防止大城市市区人口规模过度膨胀，要有计划、有重点地开发建设卫星城镇。

(4) 新建大中型工业项目应当尽量安排在卫星城镇。要适当提高卫星城镇的建设标准和设施水平，促使市区的工业和人口向外疏散。

(5) 卫星城镇和市区应当有方便的交通和通信联系。

工业用地在城市中的布局

(6) 国家和地方安排大中型工业项目，应当尽量依托现有中小城市进行建设，由城市人民政府统一组织制订城市规划，协调发展目标，统一建设部署，兼顾生产和生活的要求，使城市建设与工业生产的发展相适应。

(7) 需要独立开发建设的新工矿区，应当按照逐步形成工矿城镇的要求，统一制订城市规划。工矿城镇的建设和发展，应当注意工业项目和产业结构的合理配置，开辟多种就业渠道，逐步形成比较完善的经济结构和社会结构。

(8) 城市新区开发应当在统一规划的指导下，组织基础设施和公共设施的建设。建设项目需要配套的外部市政、公共设施，应当尽量纳入城市统一的系统。

3.3.2 城市旧区改建

1. 城市旧区改建的概念

城市旧区是城市在长期历史发展演变过程中逐步形成的进行各项政治、经济、文化、社会活动的居民聚集区。旧区改建是指按照城市规划的原则和要求，对城市旧区的布局、结构及各项设施进行保护、利用、充实和更新的活动。一般来说，城市的旧区往往积淀了城市在各个不同的历史阶段的发展轨迹和优秀的文化传统，但同时也积累了历史遗留下来的种种弊端和缺陷。因此，很多城市的旧区都不同程度地存在着布局混乱、住宅老旧、居住拥挤、交通阻塞、环境污染、市政公用设施不配套等问题，这些问题阻碍了城市经济社会的发展，不能适应现代社会对城市化越来越高的要求。这就要求我们必须按照统一的规划，在保护好优秀的历史文化遗产和传统风貌的同时，根据各城市的实际情况和存在的主要矛盾，对旧城区进行有计划、有步骤、有重点的改造、充实和更新。

2. 城市旧区改建的原则

城市旧区改建的原则主要包括以下内容。

(1) 旧区改建应遵循加强保护历史文化遗产和传统风貌，合理确定拆迁和建设规模，有计划地对危房集中、基础设施落后等地段进行改建。遵循调整布局、逐步改善的原则，统一规划，分期实施。

(2) 城市旧区改建的最终目标是要达到改善交通运输和生活居住条件，加强城市基础设施和公共设施的建设，提高城市综合功能的目的。改建的重点是对危房集中、设施简陋、交通阻塞、污染严重地区进行综合整治，通过成片拆除重建或局部调整改建的方法，使各项设施逐步配套完善。

(3) 旧区改建应当同城市产业结构的调整和工业企业技术改造紧密结合，改善用地结构，优化城市布局。要按照规划迁出有严重危害和污染环境的项目，充分利用闲置的土地，扩展和增加居住、文化、体育、绿化等场地，加强基础设施和公共设施建设，改善城市环境和市容景观，提高城市的综合功能。

(4) 城市旧区特别是历史文化名城和少数民族地区城市的旧区改建，应当充分体现传统风貌、民族特点和地方特色。市、县人民政府应当采取有效措施，切实保护具有重要历史意义、革命纪念意义、文化艺术和科学价值的文物古迹和风景名胜；有选择地保护一定数量的代表城市传统风貌的街区、建筑物和构筑物，划定保护区和建设控制地区。

3.4 城乡规划的实施和修改

3.4.1 城乡规划公布制度

《城乡规划法》第八条规定："城乡规划组织编制机关应当及时公布经依法批准的城乡规划。但是，法律、行政法规规定不得公开的内容除外。"城市规划的内容，除按规定应予保密的以外，一般均可公布，采取什么样的方式公布和公布哪些内容由城市人民政府决定。城市规划公布制度的意义如下所述。

(1) 便于群众了解。将批准后的城市规划公布施行，城市中的各行各业和广大人民群众就可以了解城市性质、发展规模和发展方向、各项用地的布局、各项建设的具体安排等，这样有利于把城市整体的利益和自身局部的利益结合起来，以城市规划作为进行建设活动的准则，并自觉维护城市规划的权威。

(2) 便于群众参与。将批准后的城市规划公布施行，使城市各行各业各部门和广大人民群众真正了解到，城市规划所确定的城市发展目标及建设部署与自身长远的和当前的利益都是息息相关的，从而提高群众参与城市规划实施的积极性和主动性。

(3) 便于群众监督。将批准后的城市规划公布，广大群众就可以对城市规划区内的建设活动进行监督，发现问题及时举报，以便能够及时制止和处理各种违法占地和违法建设行为。

3.4.2 城乡规划实施制度

1. 城乡规划实施的概念

城乡规划实施就是将预先协调好的行动纲领和确定的计划付诸行动，并最终实现。城乡规划实施是一个综合性的概念，从理想的角度讲，城乡规划实施包括城乡发展和建设过程中的所有建设性行为，或者说，城乡发展和建设中的所有建设性行为都应该成为城乡规划实施的行为。

城乡规划的实施原则

2. 城乡规划实施主体

城乡建设和发展是城乡全社会的事业，既需要政府进行公共投资，也需要依靠社会的商业性投资，公共部门和企业、私人部门在城乡规划实施中都扮演着重要的角色。

1) 政府

城乡规划实施作为政府的一项基本职能，政府根据法律授权负责城乡规划实施的组织和管理，其主要手段包括以下五个方面。

(1) 立法手段。城乡规划的法制建设主要是通过立法手段，确立城乡规划的法律地位，并通过辅助的立法手段，建立城乡建设和管理的法规体系，使得任何建设都能够围绕城乡实施规划的实施而展开。同时，还要通过司法手段，维护城乡规划的法律地位和城乡总体规划在决策过程中的权威地位，确保城乡规划对各项城乡建设活动的控制，保证城乡规划的全面实现。

(2) 规划手段。政府运用规划编制和实施的行政权力，通过各类规划的编制来推进城乡规划的实施。政府根据城乡总体规划，进一步组织编制城乡分区规划和控制性详细规划，使城乡总体规划所确立的目标、原则和基本布局得到进一步的深化和具体化，从而引导和推动具体的建设活动的开展，保证总体规划的内容在具体建设活动中得到贯彻。

(3) 政策手段。政府根据城乡规划的目标和内容，从规划实施的角度制定相关政策来引导城乡的发展，实现政府的规划管理意图。这些政策主要包括土地供应政策、产业布局政策、旧区改造政策、小城镇建设政策、历史文化遗产保护政策等。

(4) 财政手段。政府运用公共财政的手段，调节、影响甚至改变城乡建设的需求和进程，保证城乡规划目标的实现。这种手段大致可以分为两种类型：①政府运用公共财政直接参与到建设性活动中；②政府通过对特定地区或类型的建设活动进行财政奖励，从而使城乡规划所确定的目标和内容为私人开发所接受和推进。

(5) 管理手段。政府根据法律授权通过对开发项目的规划管理。从管理行为来看，这是根据城乡建设项目的申请来施行管理，其中包括对建设项目的选址、建设用地的规划管理和建设过程的规划管理等来实现的，同时通过对建设活动、建设项目的结果及其使用等的监督检查等，保证城乡中的各项建设不偏离城乡规划所确立的目标。

2) 非公共部门

城乡规划实施的组织与管理，主要是由政府来承担，但大量的建设性活动是由城乡中的各类组织、机构、团体甚至个人来开展的。不可否认，私人部门的建设性活动是基于自身的利益而进行的，在此过程中往往以达到利益最大化为目的，但只要遵守城乡规划的有关规定，符合城乡规划的要求，客观上就是在实施城乡规划。当然，私人部门也可以进行一些公益性的和公共设施项目的投资与开发，尽管其本身仍然是为了达到一定的私人或团体利益目标，但同样可以起到影响和引导其他开发建设项目的作用。

除了以实质性的投资、开发活动来实施城乡规划外，各类组织、机构、团体或者个人通过对各项建设活动的监督，也有助于及时纠正城乡建设活动中所出现的偏差，保证规划目标的实现。

3. 城乡规划的实施原则

(1) 城市的建设和发展，应当优先安排基础设施以及公共服务设施的建设，妥善处理新区开发与旧区改建的关系，统筹兼顾进城务工人员生活和周边农村经济社会发展、村民生产与生活的需要。

(2) 城镇的建设和发展，应当结合农村经济社会发展和产业结构调整，优先安排供水、排水、供电、供气、道路、通信、广播电视等基础设施，以及学校、卫生院、文化站、幼儿园、福利院等公共服务设施的建设，为周边农村提供服务。

(3) 乡镇、村庄的建设和发展，应当因地制宜、节约用地，发挥村民自治组织的作用，引导村民合理进行建设，改善农村生产、生活条件。

4．选址意见书制度

选址意见书是指建设工程在立项过程中上报的设计任务书，必须附有由城市规划行政主管部门给出的关于建设项目选在哪个城市或者选在哪个方位的意见等文件。选址意见书是城市规划行政主管部门依法核发的有关建设项目的选址和布局的法律凭证。

1) 建设项目选址意见书的申领范围

按照国家规定需要有关部门批准或者核准的建设项目，以划拨方式提供国有土地使用权的，建设单位在报送有关部门批准或者核准前，应当向城乡规划主管部门申请核发选址意见书。而以划拨以外的方式出让国有土地使用权的，不需要申领建设项目选址意见书。

2) 建设项目选址意见书的作用

城市规划区内的建设工程的选址布局必须符合城市规划。设计任务书报请批准时，应当附有城市规划行政主管部门的选址意见书。选址意见书制度通过法律的形式将选址的规划管理固定下来，使设计任务书的编制符合城市规划要求，从而保障城市规划的实施。

3) 建设项目选址意见书的管理程序

(1) 以划拨方式取得土地使用权的建设单位在进行可行性研究阶段，应当邀请城市规划主管部门共同参加，就项目选在哪个城市、选在城市哪个位置等进行调查研究和协商。

(2) 建设单位在上报设计任务书前，应当与城市规划行政主管部门协商项目的地点，协商一致后，由规划部门出具关于项目选在城市具体位置的书面意见。

(3) 建设单位在报批设计任务书时，应当将选址意见书随设计任务书一并报批。审批部门应当尊重选址意见书关于项目定点的确定，没有附选址意见书的设计任务书，审批部门不得擅自批准。

4) 建设项目选址意见书的内容

根据《建设项目选址规划管理办法》第六条规定，建设项目选址意见书的内容主要包括以下方面。

(1) 建设项目的基本情况。主要包括建设项目名称、性质、用地与建设规模，供水与能源的需求量、运输量，以及废水、废气、废渣的排放方式和排放量。

(2) 建设项目规划选址的主要依据。①经批准的项目建议书；②建设项目与城市规划布局的协调；③建设项目与城市交通、通信、能源、市政、防灾规划的衔接与协调；④建设项目配套的生活设施与城市生活居住及公共设施规划的衔接与协调；⑤建设项目对于城市环境可能造成的污染影响，以及与城市环境保护规划和风景名胜、文物古迹保护规划的协调。

(3) 建设项目选址、用地范围和具体规划要求等。

5) 建设项目选址意见书的审批管理

(1) 县人民政府计划行政主管部门审批的建设项目，由县人民政府城市规划行政主管部门核发选址意见书。

(2) 地级、县级市人民政府计划行政主管部门审批的建设项目，由该市人民政府城市规划行政主管部门核发选址意见书。

(3) 直辖市、计划单列市人民政府计划行政主管部门审批的建设项目，由直辖市、计划单列市人民政府城市规划行政主管部门核发选址意见书。

(4) 省、自治区人民政府计划行政主管部门审批的建设项目，由项目所在地县、市人民政府城市规划行政主管部门提出审查意见，报省、自治区人民政府城市规划行政主管部门核发选址意见书。

(5) 中央各部门、公司审批的小型和限额以下的建设项目，由项目所在地县、市人民政府城市规划行政主管部门核发选址意见书。

(6) 国家审批的大中型和限额以上的建设项目，由项目所在地县、市人民政府城市规划行政主管部门提出审查意见，报省、自治区、直辖市、计划单列市人民政府城市规划行政主管部门核发选址意见书，并报国务院城市规划行政主管部门备案。

5. 建设用地规划许可证制度

建设用地规划许可证是指城乡规划行政主管部门根据建设单位和个人提出的建设用地申请，依照城乡规划和建设项目的用地需求确定建设用地的位置、面积和界线的法定凭证。核发建设用地规划许可证的目的在于确保土地利用符合城乡规划，维护建设单位按照规划利用土地的合法权益。

1) 建设用地规划许可证的核发程序

(1) 用地申请。由建设单位或个人，持国家批准建设项目的有关文件，向城乡规划主管部门提出用地申请。

建设用地规划许可证的核发程序

(2) 现场踏勘，征求意见。城乡规划主管部门在受理申请后，应会同有关部门与建设单位一起到选址现场进行调查、踏勘。同时，还应征求环境保护、消防安全、文物保护、土地管理等部门的意见。

(3) 提供设计条件。在用地申请初审通过后，城乡规划主管部门将向建设单位或个人提供建设用地地址与范围的红线图，并提出规划设计条件和要求。

(4) 审查总平面图，核定用地面积。建设单位根据城乡规划主管部门提供的设计条件完成总平面图设计后，应将总平面图及其相关文件报送城乡规划主管部门，以审查其用地性质、规模和布局方式、运输方式等是否符合城乡规划的要求及合理用地、节约用地的原则，并根据城乡规划设计用地定额指标和该地块具体情况，审核用地面积。

(5) 核发建设用地规划许可证。在经审查合格后，城乡规划主管部门即向建设单位或个人核发建设用地规划许可证。

2) 建设用地规划许可证的申领原则

在城市、镇规划区内以划拨方式提供国有土地使用权的建设项目，经有关部门批准、核准、备案后，建设单位应当向城市、县人民政府城乡规划主管部门提出建设用地规划许可申请，由城市、县人民政府城乡规划主管部门依据控制性详细规划核定建设用地的位置、面积、允许建设的范围，核发建设用地规划许可证。建设单位在取得建设用地规划许可证后，方可向县级以上地方人民政府土地主管部门申请用地，经县级以上人民政府审批后，由土地主管部门划拨土地。

在城市、镇规划区内以出让方式提供国有土地使用权的，在国有土地使用权出让前，城市、县人民政府城乡规划主管部门应当依据控制性详细规划，提出出让地块的位置、使用性质、开发强度等规划条件，作为国有土地使用权出让合同的组成部分。未确定规划条件的地块，不得出让国有土地使用权。以出让方式取得国有土地使用权的建设项目，在签订国有土地使用权出让合同后，建设单位应当持建设项目的批准、核准、备案文件和国有土地使用权出让合同，向城市、县人民政府城乡规划主管部门领取建设用地规划许可证。城市、县人民政府城乡规划主管部门不得在建设用地规划许可证中，擅自改变作为国有土地使用权出让合同组成部分的规划条件。

规划条件未纳入国有土地使用权出让合同的，该国有土地使用权出让合同无效，对未取得建设用地规划许可证的建设单位批准用地的，由县级以上人民政府撤销有关批准文件；占用土地的，应当及时退回；给当事人造成损失的，应当依法给予赔偿。

3.4.3 城市国有土地使用权出让、转让规划管理制度

1. 城市国有土地使用权出让转让规划的编制

《城市国有土地使用权出让转让规划管理办法》(以下简称《管理办法》)于1992年12月4日由建设部颁布，并于1993年1月1日起施行，2011年对其进行最新的修正。该《管理办法》是为了加强城市国有土地使用权出让转让的规划管理，保证城市规划实施，促进科学合理利用城市土地而制定，它对于规范国有土地使用权出让转让过程中的规划管理行为，保证国有土地使用权出让转让与城市总体规划、分区规划及详细规划相协调，促进城市经济社会协调发展等方面具有重要的指导意义。

1) 城市国有土地使用权出让转让规划管理权限

《管理办法》规定了城市国有土地出让转让规划管理的权限，其主要内容如下所述。

(1) 国务院城市规划行政主管部门负责全国城市国有土地使用权出让转让规划管理的指导工作。它主要是通过制定有关的政策和规章等规范性文件来进行宏观管理和指导。

(2) 省、自治区、直辖市人民政府城市规划行政主管部门负责本省、自治区、直辖市行政区域内城市国有土地使用权的出让转让规划管理指导工作。其管辖的范围是省级行政区域内，管理的方式以宏观管理和政策指导为主，并通过制定相应的地方性法规或地方政府规章来指导和调控本行政区域内的国有土地使用权出让转让规划管理工作。

(3) 直辖市、市和县人民政府城市规划行政主管部门负责城市规划区内城市国有土地使用权出让、转让的规划管理工作。其管理的范围是城市规划区内，管理的内容主要是对具体的出让转让项目的具体管理。

2) 城市国有土地使用权出让转让规划的编制

(1) 编制原则：①城市国有土地使用权的投放量应当与城市土地资源、经济社会发展和市场需求相适应；②城市国有土地使用权出让转让应当与建设项目相结合；③城市国有土地使用权出让转让要与城市规划实施的步骤和要求相适应。

(2) 编制内容：城市规划行政主管部门应按照城市国有土地使用权出让转让规划编制的原则，编制城市国有土地使用权出让转让规划和计划。规划和计划的主要内容应包括以下几个方面：①地块数量；②用地面积；③地块位置；④出让步骤。

(3) 关于拟出让地块的控制性详细规划：《管理办法》规定，出让国有土地使用权，出让前应制订控制性详细规划。该条规定是对国有土地使用权出让的程序上的限制性条件，作为行使管理权的城市规划行政主管部门和作为规划管理对象的受让方都应当严格遵守。

控制性详细规划是控制城市建设用地对土地的有偿使用进行规范管理的重要依据，拟

出让地块的控制性详细规划应包括以下内容：①土地使用性质及其兼容性等用地功能控制要求；②容积率、建筑高度、建筑密度、绿地率等用地指标；③基础设施、公共服务设施、公共安全设施的用地规模、范围及具体控制要求，地下管线控制要求；④基础设施用地的控制界线(黄线)、各类绿地范围的控制线(绿线)、历史文化街区和历史建筑的保护范围界线(紫线)、地表水体保护和控制的地域界线(蓝线)等"四线"及控制要求。

2. 出让地块的限制

针对拟出让地块的规划设计条件及附图，《管理办法》第五条、第七条规定："出让的地块，必须具有城市规划行政主管部门提出的规划设计条件及附图。""城市国有土地使用权出让转让合同必须附具规划设计条件及附图。规划设计条件及附图，出让方和受让方不得擅自变更。在出让转让过程中确需变更的，必须经城市规划行政主管部门批准。"上述规定表明，规划设计条件和附图是拟出让地块的附带条件，在使用权出让转让法律关系变化过程中，将一直是各种审批手续或法律文件的必不可少的组成部分。凡持未附具城市规划行政主管部门提供规划设计条件及附图的出让转让合同，或擅自变更的，城市规划行政主管部门将不予办理建设用地规划许可证。

规划设计条件应包括以下内容：地块面积、土地使用性质、容积率、建筑密度、建筑高度、停车泊位、主要出入口、绿地比例、需配置的公共设施、工程设施、建筑界线、开发期限及其他要求。

附图应包括以下内容：地块区位和现状，地块坐标、标高，道路红线坐标、标高，出入口位置，建筑界线以及地块周围地区环境与基础设施条件。

3. 出让转让合同的限制

这里的国有土地，是指市、县城、建制镇、工矿区范围内属于国家所有的土地。

国有土地使用权出让，是指国家以土地所有者的身份将土地使用权在一定年限内让与土地使用者，并由土地使用者向国家支付土地使用权出让金的行为。土地使用权出让合同，是指市、县人民政府土地管理部门作为出让方将国有土地使用权在一定年限内转让给受让方，受让方支付土地使用权出让金的协议。

国有土地使用权出让、转让必须签订出让转让合同。出让转让合同必须附有城市规划行政主管部门核发的规划设计条件及附图。规划设计条件及附图，出让方和受让方不得擅自变更。在出让转让过程中确需变更的，必须经城市规划行政主管部门批准。

已经签订土地使用权出让合同的，受让方应当持出让合同依法向城市规划行政主管部门申请建设用地规划许可证。在取得建设用地规划许可证后，方可办理土地使用权属证明。凡未附具城市规划行政主管部门提供规划设计条件及附图的出让转让合同，或擅自变更用途，城市规划行政主管部门不予办理建设用地规划许可证。凡未取得或擅自变更建设用地规划许可证而办理土地使用权属证明的，其土地权属证明无效。

3.4.4 规划设计单位及从业人员的资格许可制度

1. 从事城市规划编制的单位应具备的条件

从事城市规划编制的单位当取得城市规划编制资质证书(以下简称资质证书)。城市规划编制单位应当在资质证书规定的业务范围内承担城市规划编制业务。委托编制规划,应当选择具有相应资质的城市规划编制单位。

2. 城市规划编制单位资质的划分

根据《城市规划编制单位资质管理规定》,城市规划编制单位资质分为甲、乙、丙三级。

1) 甲级城市规划编制单位标准

(1) 具备承担各种城市规划编制任务的能力。

(2) 具有高级技术职称的人员占全部专业技术人员的比例不低于20%,其中高级城市规划师不少于4人,具有其他专业高级技术职称的不少于4人(建筑、道路交通、给排水专业各不少于1人);具有中级技术职称的城市规划专业人员不少于8人,其他专业(建筑、道路交通、园林绿化、给排水、电力、通讯、燃气、环保等)的人员不少于15人。

(3) 达到国务院城市规划行政主管部门规定的技术装备及应用水平考核标准。

(4) 有健全的技术、质量、经营、财务管理制度并得到有效执行。

(5) 注册资金不少于80万元。

(6) 有固定的工作场所,人均建筑面积不少于10 m^2。

2) 乙级城市规划编制单位资质标准

(1) 具备相应的承担城市规划编制任务的能力。

(2) 具有高级技术职称的人员占全部专业技术人员的比例不低于15%,其中高级城市规划师不少于2人,高级建筑师不少于1人,高级工程师不少于1人;具有中级技术职称的城市规划专业人员不少于5人,其他专业(建筑、道路交通、园林绿化、给排水、电力、通讯、燃气、环保等)人员不少于10人。

(3) 达到省、自治区、直辖市城市规划行政主管部门规定的技术装备及应用水平考核标准。

(4) 有健全的技术、质量、经营、财务、管理制度并得到有效执行。

(5) 注册资金不少于50万元。

(6) 有固定工作场所,人均建筑面积不少于10 m^2。

3) 丙级城市规划编制单位资质标准

(1) 具备相应的承担城市规划编制任务的能力。

(2) 专业技术人员不少于20人,其中城市规划师不少于2人,建筑、道路交通、园林绿化、给排水等专业具有中级技术职称的人员不少于5人。

(3) 有健全的技术、质量、财务、行政管理制度并得到有效执行。

(4) 达到省、自治区、直辖市人民政府城市规划行政主管部门规定的技术装备及应用水平考核标准。

(5) 注册资金不少于20万元。

(6) 有固定的工作场所,人均建筑面积不少于10 m^2。

3. 城市规划编制单位从业范围

(1) 甲级城市规划编制单位承担城市规划编制任务的范围不受限制。

(2) 乙级城市规划编制单位,可以在全国承担下列任务:①20万人口以下城市的总体规划和各种专项规划和编制(含修订或者调整);②详细规划的编制;③研究拟定大型工程项目规划选址意见书。

(3) 丙级城市规划编制单位可以在本省、自治区、直辖市承担下列任务：①建制镇总体规划编制和修订；②20万人口以下城市的详细规划的编制；③20万人口以下城市的各种专项规划的编制；④中小型建设工程项目规划选址的可行性研究。

另外，具有甲、乙、丙级资质的城市规划编制单位均可编制集镇和村庄规划。

4. 城乡规划职业道德规范

(1) 自觉遵守国家法律法规及社会公德和职业道德，遵守政府的有关公共政策，维护社会的公平、公正和公共利益。

(2) 鼓励、支持开展合法、公平、有序的行业竞争，反对采用不正当手段进行行业内竞争。

(3) 自觉维护社会公共利益和行业公平的环境，维护管理相对人和消费者的合法权益。

(4) 城乡规划行业工作者应自觉遵守国家有关管理规定，自觉履行城乡规划行业服务的自律义务：①不弄虚作假、滥用职权、玩忽职守，不贻误城乡规划、城乡勘测工作，不利用职权为自己或他人谋取私利；②不接受无证单位或个人以挂靠方式从事城乡规划、城乡勘测业务，不与非持证单位或个人联合承担城乡规划、城乡勘测业务，不越级承接城乡规划设计、城乡勘测业务，不伪造、涂改、出借、转让、出卖有关图签、用章和证照；③不通过行贿、回扣、压价等手段承接任务来谋取通过正当竞争不能实现的利益或市场地位；④不利用在行业内的垄断地位，强制用户接受指定产品和技术服务；⑤不利用在公开报价基础上大幅降价，不以低于成本的价格，干扰、破坏其他单位合法的市场活动；⑥不在城乡规划、城乡勘测招投标中，采取互相串通、暗箱操作等不正当手段排挤其他竞争对手。

(5) 按照合法、诚信、公平和等价有偿服务的原则，提倡发展城乡规划行业间互利的合作关系，努力提高我国城乡规划、城乡勘测的管理、技术水平。提倡行业间开展双边或多边的技术交流和业务合作，并依法和有偿地借鉴和使用他人的先进技术和研究成果。

3.4.5 城乡规划修改制度

城乡规划一经批准便具有法律效力，必须严格执行。但是在城乡规划实施的过程中，影响城乡建设和发展的各种因素总是不断变化的。城乡规划在实施过程中作局部的调整或修改是可能的，也是必要的。

按照《城乡规划法》的规定，在维护规划实施严肃性的前提下，当出现下列五个条件之一时，方可按照规定的权限和程序对省域城镇体系规划、城市总体规划和镇总体规划进行修改：①上级人民政府制订的城乡规划发生变更，提出修改规划要求的；②行政区划调整确需修改规划的；③因国务院批准重大建设工程确需修改规划的；④经评估确需修改规划的；⑤城乡规划的审批机关认为应当修改规划的其他情形。

1. 省域城镇体系规划、城市总体规划和镇总体规划的修改

1) 规划实施情况评估

根据《城乡规划法》第四十六条的规定，省域城镇体系规划、城市总体规划、镇总体规划的组织编制机关应当组织有关部门和专家定期对规划实施情况进行评估，并采取论证会、听证会或者其他方式征求公众意见。组织编制机关应当向本级人民代表大会常务委员

会、镇人民代表大会和原审批机关提出评估报告并附具征求意见的情况。

2) 规划修改的程序

修改省域城镇体系规划、城市总体规划、镇总体规划前，组织编制机关应当对原规划的实施情况进行总结，并向原审批机关报告；修改涉及城市总体规划、镇总体规划强制性内容的，应当先向原审批机关提出专题报告，经同意后，方可编制修改方案。

2. 近期建设规划的修改

城市、县、镇人民政府修改近期建设规划的，应当将修改后的近期建设规划报总体规划审批机关备案。

3. 控制性详细规划的修改

修改控制性详细规划的，组织编制机关应当对修改的必要性进行论证，征求规划地段内利害关系人的意见，并向原审批机关提出专题报告，经原审批机关同意后，方可编制修改方案。修改后的控制性详细规划应当依据《城乡规划法》第十九条、第二十条规定的审批程序报批。控制性详细规划修改涉及城市总体规划、镇总体规划的强制性内容的，应当先修改总体规划。

4. 修建性详细规划的修改

经依法审定的修建性详细规划、建设工程设计方案的总平面图不得随意修改；确需修改的，城乡规划主管部门应当采取听证会等形式，听取利害关系人的意见；因修改给利害关系人合法权益造成损失的，应当依法给予补偿。

5. 乡规划、村庄规划的修改

乡、镇人民政府组织编制乡规划、村庄规划，报上一级人民政府审批。村庄规划在报送审批前，应当经村民会议或者村民代表会议讨论同意。

【案例 3-2】

2019 年 10 月，某房地产开发有限责任公司经市规划局批准，在该市某地建设公寓大厦。该公寓楼工程由地上 16 层和 30 层两部分组成，建设规模为 $6 \times 10^4 \mathrm{m}^2$，但该单位自主将 16 层部分加高 9 层(现为 25 层)，超建设面积约 6 200 m^2，因此被市规划局查处。试分析该案例。

3.5 历史文化名城保护

3.5.1 申报历史文化名城名镇名村的条件

1. 历史文化名城名镇名村和街区的申报条件

历史文化
遗产的概念

1) 历史文化名城名镇名村的申报条件
(1) 保存文物特别丰富。
(2) 历史建筑集中成片。
(3) 保留着传统格局和历史风貌。
(4) 历史上曾经作为政治、经济、文化、交通中心或者军事要地，或者发生过重要历史事件,或者其传统产业、历史上建设的重大工程对本地区的发展产生过重要影响,或者能够集中反映本地区建筑的文化特色、民族特色。

同时对于申报历史文化名城的,特别规定了一条附加条件,即在所申报的历史文化名城保护范围内还应当有两个以上的历史文化街区。

2) 历史文化街区应当具备的条件
(1) 有比较完整的历史风貌。
(2) 构成历史风貌的历史建筑和历史环境要素基本上是历史存留的原物。
(3) 历史文化街区用地面积不小于 1 hm^2。
(4) 历史文化街区内文物古迹和历史建筑的用地面积宜达到保护区内建筑总用地的 60%以上。

2. 历史文化名城名镇名村申报材料

(1) 历史沿革、地方特色和历史文化价值的说明。
(2) 传统格局和历史风貌的现状。
(3) 保护范围。
(4) 不可移动文物、历史建筑、历史文化街区的清单。
(5) 保护工作情况、保护目标和保护要求。

历史文化名城和历史文化街区、村镇所在地的县级以上地方人民政府应当组织编制专门的历史文化名城和历史文化街区、村镇保护规划,并纳入城市总体规划。历史文化名城、名镇、名村的保护应当遵循科学规划、严格保护的原则,保持和延续其传统格局和历史风貌,维护历史文化遗产的真实性和完整性,继承和弘扬中华民族优秀传统文化,正确处理经济社会发展和历史文化遗产保护的关系。

3. 历史文化名城的类型

对历史文化名城进行分类是为了对其有进一步的认识,以便采取相应的保护对策。根据不同的标准有各种不同的分类方法,可以简单分为两种。

1) 根据名城的特征进行分类

根据历史文化名城的形成历史、自然和人文地理以及它们的城市物质要素和功能结构等方面进行对比分析,归纳为七大类型。然后根据名城的第一归属性和第二归属性等来确定名城的类型,因为一个城市可能同时属于 2~3 种类型,利用归属性是一个较好的区别方法。

(1) 古都型。以都城时代的历史遗存物、古都的风貌为特点的城市。
(2) 传统风貌型。保留了某一时期及几个历史时期积淀下来的完整建筑群体的城市。
(3) 风景名胜型。自然环境往往对城市特色的形成起着决定性的作用,由于建筑与山水环境的叠加而显示出其鲜明的个性特征。
(4) 地方及民族特色型。位于民族地区的城镇由于地域差异、文化环境、历史变迁的影响,从而显示出不同的地方特色或独自的个性特征,民族风情、地方文化、地域特色已构成城市风貌的主体。
(5) 近现代史迹型。以反映历史的某一事件或某个阶段的建筑物或建筑群为其显著特色的城市。
(6) 特殊职能型。城市中的某种职能在历史上有极其突出的地位,并且在某种程度上成为城市的特征。

(7) 一般史迹型。以分散在全城各处的文物古迹作为历史传统体现的主要方式的城市。

2) 根据名城的保护现状进行分类

从古城性质、历史特点方面分类，如古都、地方政权所在地、风景名胜城市等，这种分类就认识历史价值方面是有意义的，如从制定保护政策的需要出发，可以按保护内容的完好程度、分布状况等来进行分类。这样，我国现有的名城可以大致分为以下四种。

(1) 古城的格局风貌比较完整，有条件采取整体保护的政策。古城面积不大，城内基本为传统建筑，新建筑不多。这种历史文化名城数量很少，如平遥、丽江等。对这类城市一定要严格管理，坚决保护好文物古迹。

(2) 古城风貌犹存，或古城格局、空间关系等尚有值得保护之处。这种名城为数不少，如北京、苏州、西安等，它们如前一种古城一样，是历史文化名城中的精华，有效地保护好这些古城方可真正展现历史文化名城的风采。对这类城市除保护文物古迹、历史文化街区外，要针对尚存的古城格局和风貌采取综合保护措施。如北京，要保护好城市中轴线，要对古皇城周围进行高度控制；苏州要保护宋代延续至今的水路并行的街道格局；西安要保护好明城格局，特别要保护城墙、城楼及鼓楼、钟楼间的空间关系。

保护这些古城的风貌，一方面要保护文物古迹、历史文化街区，当然也就保存了外部形象，它们是构成古城风貌的点睛之笔；另一方面要在城区有限的范围内，对新建、改建的建筑要求体现古城风貌的特色。

(3) 古城的整体格局和风貌已不存在，但还保存有若干体现传统历史风貌的历史文化街区。这类名城在我国数量最多，整体风貌既已不存，保护好历史文化街区则要全力为之。用这些局部地段来反映城市延续和文化特色，用它来代表古城的传统风貌，这既是一个不得已而为之的做法，也是一个突出重点、减少保护与建设之间矛盾的现实可行的办法。

(4) 少数历史文化名城，目前已难以找到一处值得保护的历史文化街区。对它们来讲，重要的不是去再造一条仿古街道，而是要全力保护好文物古迹周围的环境，否则和一般其他城市就没什么区别了。要整治周围环境，拆除违章建筑，把保护文物古迹的历史环境提高到新水平，表现出这些文物建筑的历史功能和当时达到的艺术成就。

4. 历史文化名城名镇名村申报程序

(1) 申报历史文化名城，由省、自治区、直辖市人民政府提出申请，经国务院建设主管部门会同国务院文物主管部门组织有关部门、专家进行论证，提出审查意见，报国务院批准公布。

(2) 申报历史文化名镇名村，由所在地县级人民政府提出申请，经省、自治区、直辖市人民政府确定的保护主管部门会同国务院文物主管部门组织有关部门、专家进行论证，提出审查意见，报省、自治区、直辖市人民政府批准公布。

(3) 对符合《历史文化名城名镇名村保护条例》规定的申报条件而没有申报历史文化名城的城市，国务院建设主管部门会同国务院文物主管部门可以向该城市所在地的省、自治区、直辖市人民政府提出申请建议；仍不申报的，可以直接向国务院提出确定该城市为历史文化名城的建议。

(4) 对符合《历史文化名城名镇名村保护条例》规定的申报条件而没有申报历史文化名镇、名村的镇、村庄，省、自治区、直辖市人民政府确定的保护主管部门会同同级文物主管部门可以向该镇、村庄所在地县级人民政府提出申请建议；仍不申报的，可以直接向省、自治区、直辖市人民政府提出确定该镇、村庄为历史文化名城、名镇、名村的建议。

(5) 国务院建设主管部门会同国务院文物主管部门可以在已批准公布的历史文化名城、名镇、名村中，严格按照国家有关评价标准，选择具有重大历史、艺术、科学价值的历史文化名城、名镇、名村，经专家论证，确定为中国历史文化名城、名镇、名村。

3.5.2 历史文化名城的保护规划和措施

1. 历史文化名城保护规划的主要内容

历史文化名城保护规划的主要内容

历史文化名城保护规划是以保护历史文化名城、协调保护文物与建设发展为目的，确定保护的原则、内容和重点，划定保护范围，提出保护措施为主要内容的规划，是城市总体规划中的专项规划。

历史文化名城保护规划应当包括下列内容：保护原则、保护内容和保护范围；保护措施、开发强度和建设控制要求；传统格局和历史风貌保护要求；历史文化街区、名城、名镇、名村的核心保护范围和建设控制地带；保护规划分期实施方案。《历史文化名城保护规划规范》进一步细化了历史文化名城保护规划的主要内容，具体如下。

(1) 历史文化名城保护的内容应包括：历史文化名城的格局和风貌；与历史文化密切相关的自然地貌、水系、风景名胜、古树名木；反映历史风貌的建筑群、街区、村镇；各级文物保护单位；民俗精华、传统工艺、传统文化等。

(2) 历史文化名城保护规划必须分析城市的历史、社会、经济背景和现状，体现名城的历史价值、科学价值、艺术价值和文化内涵。

(3) 历史文化名城保护规划应建立历史文化名城、历史文化街区与文物保护单位三个层次的保护体系。

(4) 历史文化名城保护规划应确定名城保护目标和保护原则，确定名城保护内容和保护重点，提出名城保护措施。

(5) 历史文化名城保护规划应包括城市格局及传统风貌的保持与延续，历史地段和历史建筑群的维修改善与整治，文物古迹的确认。

(6) 历史文化名城保护规划应划定历史地段(历史文化街区)、历史建筑(群)、文物古迹和地下文物埋藏区的保护界线，并提出相应的规划控制和建设的要求。

(7) 历史文化名城保护规划应合理调整历史城区的职能，控制人口容量，疏解城区交通，改善市政设施，以及提出规划的分期实施及管理的建议。

2. 历史文化名城保护规划的编制原则

(1) 历史文化名城应该保护城市的文物古迹和历史地段，保护和延续古城的风貌特点，继承和发扬城市的传统文化，保护规划应根据城市的具体情况编制和落实。

(2) 编制保护规划应当分析城市历史演变及性质、规模和相关特点，并根据历史文化遗存的性质、形态、分布等特点，因地制宜确定保护原则和工作重点。

(3) 编制保护规划要从城市总体上采取规划措施，为保护城市历史文化遗存创造有利

(4) 编制保护规划应当注意对城市传统文化内涵的发扬与继承，促进城市物质文明和精神文明的协调发展。

(5) 编制保护规划应当突出保护重点，即保护文物古迹、历史文化街区、风景名胜及其环境。特别要注意濒临损坏的历史实物遗存的抢救和保护，但对已不存在的文物古迹一般不提倡重建。

3. 历史文化名城保护规划的措施

1) 坚持在科学规划指导下实施严格保护

历史文化名城名镇名村保护规划是对历史文化名城、名镇、名村保护和监督管理工作的前提和依据。我国现有的历史文化名城、名镇、名村，涉及国土面积广阔，类型和保护状况差异很大，必须有科学的规划指导，避免盲目性和随意性，防止急功近利造成文化遗产的损毁和破坏。保护历史文化名城名镇名村的根本目的在于传承文明，实现中华民族的伟大复兴。因此，保护规划的编制和实施，应当对历史文化名城名镇名村的自然人文资源、生态环境、历史变迁、文化遗产现状和经济社会发展态势等进行深入研究，充分发掘其历史价值和文化特色，将其空间形态保护与历史文脉传承很好地结合起来，正确把握文化遗产保护和经济社会发展的关系，明确历史文化名城名镇名村保护的指导思想、基本原则、保护与发展的总体思路、工作重点，制定行之有效的保护措施。

随着工业化和城镇化快速发展，我国的文化生态正在发生巨大的变化，由于对历史文化名城名镇名村保护范围内进行的过度房地产开发、旅游开发和商业开发监管不力，导致很多历史城镇和村庄整体风貌遭到破坏，具有民族特色、地方特色的传统文化正濒临消失。因此，必须进一步加大力度，坚持在科学规划指导下实施严格保护，才能切实保障历史文化遗产的安全，促使历史文化名城名镇名村永续发展。

2) 维护历史文化遗产的真实性和完整性

真实性和完整性是历史文化遗产的固有属性，也是取得历史文化名城名镇名村法律地位的基本要求。真实性是指历史遗存的原物原状及其保存着的全部历史信息，它所记载的是特定历史时期、历史阶段、历史环境、历史事件、历史人物，以及历史时代的文化艺术或科学成就的事实真相，反映了历史的本来面目和本质特征。历史文化遗产之所以珍贵，首先在于它的真实性，因而鉴别真伪，检验真实性的程度及品位，自然成为评定历史文化遗产价值的主要标准。完整性体现的是历史文化遗产保存、保护的范围、规模和程度，同样也是真实性的一种表征。对于历史文化名城名镇名村，无论大小如何，其空间布局、传统肌理和建筑、街道、山丘、水系、古桥、古木，以及起居形态、邻里关系等，均有机地联系在一起，唇齿相依，且离不开赖以存续的自然环境和人文环境。它们形成的传统格局和历史风貌共同阐释着历史文化名城、名镇、名村的文化和价值。维护历史文化遗产的完整性，强调整体保护原则，目的在于确保其整体的和谐关系。国际社会保护文化遗产的大量实践已经表明整体保护是成功经验之一。

3) 正确处理遗产保护与经济发展的关系

历史文化名城、名镇、名村具有保护文化遗产和发展经济，推动社会进步的双重职能。一方面这些历史遗存的城镇和村庄是见证历史、传承文明的物质载体，一旦疏于保护，遭到破坏，势必永久失去历史的记忆和立命的根基，从而割断历史文脉，变成没有历史之魂的躯壳，而且还将影响经济竞争软实力；另一方面历史文化名城、名镇、名村同所有城镇和村庄一样，也需要发展经济，改善人居环境，提高生活质量，这是不以人的意志为转移的客观规律。因此，要正确处理文化遗产保护与经济社会发展的关系。

3.6 法律责任

3.6.1 建设单位的法律责任

《城乡规划法》中对建设单位法律责任的规定主要包括如下方面。

第六十四条规定，未取得建设工程规划许可证或者未按照建设工程规划许可证的规定进行建设的，由县级以上地方人民政府城乡规划主管部门责令停止建设；尚可采取改正措施消除对规划实施的影响的，限期改正，处建设工程造价百分之五以上百分之十以下的罚款；无法采取改正措施消除影响的，限期拆除，不能拆除的，没收实物或者违法收入，可以并处建设工程造价百分之十以下的罚款。

第六十五条规定，在乡、村庄规划区内未依法取得乡村建设规划许可证或者未按照乡村建设规划许可证的规定进行建设的，由乡、镇人民政府责令停止建设、限期改正；逾期不改正的，可以拆除。

第六十六条规定，建设单位或者个人有下列行为之一的，由所在地城市、县人民政府城乡规划主管部门责令限期拆除，可以并处临时建设工程造价一倍以下的罚款：

(一)未经批准进行临时建设的；
(二)未按照批准内容进行临时建设的；
(三)临时建筑物、构筑物超过批准期限不拆除的。

第六十七条规定，建设单位未在建设工程竣工验收后六个月内向城乡规划主管部门报送有关竣工验收资料的，由所在地城市、县人民政府城乡规划主管部门责令限期补报；逾期不补报的，处一万元以上五万元以下的罚款。

第六十八条规定，城乡规划主管部门作出责令停止建设或者限期拆除的决定后，当事人不停止建设或者逾期不拆除的，建设工程所在地县级以上地方人民政府可以责成有关部门采取查封施工现场、强制拆除等措施。

3.6.2 城乡规划行政主管部门工作人员的法律责任

1. 相关工作人员的责任

《城乡规划法》对城乡规划相关工作人员责任的规定主要包括以下方面。

第五十五条规定，城乡规划主管部门在查处违反本法规定的行为时，发现国家机关工作人员依法应当给予行政处分的，应当向其任免机关或者监察机关提出处分建议。

第五十六条规定，依照本法规定应当给予行政处罚，而有关城乡规划主管部门不给予行政处罚的，上级人民政府城乡规划主管部门有权责令其作出行政处罚决定或者建议有关人民政府责令其给予行政处罚。

第五十八条规定，对依法应当编制城乡规划而未组织编制，或者未按法定程序编制、审批、修改城乡规划的，由上级人民政府责令改正，通报批评；对有关人民政府负责人和其他直接责任人员依法给予处分。

第五十九条规定，城乡规划组织编制机关委托不具有相应资质等级的单位编制城乡规划的，由上级人民政府责令改正，通报批评；对有关人民政府负责人和其他直接责任人员依法给予处分。

第六十一条规定，县级以上人民政府有关部门有下列行为之一的，由本级人民政府或者上级人民政府有关部门责令改正，通报批评；对直接负责的主管人员和其他直接责任人员依法给予处分：

(一)对未依法取得选址意见书的建设项目核发建设项目批准文件的；

(二)未依法在国有土地使用权出让合同中确定规划条件或者改变国有土地使用权出让合同中依法确定的规划条件的；

(三)对未依法取得建设用地规划许可证的建设单位划拨国有土地使用权的。

2. 行政主管部门的责任

根据《城乡规划法》的规定，属于城乡规划行政主管部门的责任如下所述。

第五十七条规定，城乡规划主管部门违反本法规定作出行政许可的，上级人民政府城乡规划主管部门有权责令其撤销或者直接撤销该行政许可。因撤销行政许可给当事人合法权益造成损失的，应当依法给予赔偿。

第六十条规定，镇人民政府或者县级以上人民政府城乡规划主管部门有下列行为之一的，由本级人民政府、上级人民政府城乡规划主管部门或者监察机关依据职权责令改正，通报批评；对直接负责的主管人员和其他直接责任人员依法给予处分：

(一)未依法组织编制城市的控制性详细规划、县人民政府所在地镇的控制性详细规划的；

(二)超越职权或者对不符合法定条件的申请人核发选址意见书、建设用地规划许可证、建设工程规划许可证、乡村建设规划许可证的；

(三)对符合法定条件的申请人未在法定期限内核发选址意见书、建设用地规划许可证、建设工程规划许可证、乡村建设规划许可证的；

(四)未依法对经审定的修建性详细规划、建设工程设计方案的总平面图予以公布的；

(五)同意修改修建性详细规划、建设工程设计方案的总平面图前未采取听证会等形式听取利害关系人的意见的；

(六)发现未依法取得规划许可或者违反规划许可的规定在规划区内进行建设的行为，而不予查处或者接到举报后不依法处理的。

3.6.3　城乡规划编制单位的法律责任

《城乡规划法》中规定的城乡规划编制单位的法律责任如下所述。

第六十二条规定，城乡规划编制单位有下列行为之一的，由所在地城市、县人民政府城乡规划主管部门责令限期改正，处合同约定的规划编制费一倍以上二倍以下的罚款；情节严重的，责令停业整顿，由原发证机关降低资质等级或者吊销资质证书；造成损失的，依法承担赔偿责任：

(一)超越资质等级许可的范围承揽城乡规划编制工作的;

(二)违反国家有关标准编制城乡规划的。

未依法取得资质证书承揽城乡规划编制工作的,由县级以上地方人民政府城乡规划主管部门责令停止违法行为,依照前款规定处以罚款;造成损失的,依法承担赔偿责任。

以欺骗手段取得资质证书承揽城乡规划编制工作的,由原发证机关吊销资质证书,依照本条第一款规定处以罚款;造成损失的,依法承担赔偿责任。

第六十三条规定,城乡规划编制单位取得资质证书后,不再符合相应的资质条件的,由原发证机关责令限期改正;逾期不改正的,降低资质等级或者吊销资质证书。

课堂思政案例

在复杂综合的城乡规划领域,中国从古至今留存有很多优秀的城市规划瑰宝,以苏州古城作为案例,以"平江图"作为蓝本,开展苏州市"城市取样"专题的学习,体验苏州市古代和现代城市建设中人文素养和城市建设的相得益彰,通过该专题学习,展现苏州市"双面绣"的城市建设成就,培养学生对所在城市所在学校的归属感与认同感。

同时,加强学校其他院系对规划学专业的认知,增强学生的专业自豪感、幸福感、获得感,在学生的内心深处形成对专业的认同感和责任感,增强对专业知识的实践应用能力,将自己设计的方案做成等比例缩小的模型,既加深了学生对专业的兴趣,增强学生的专业自信,同时增强了学生对学院及学校的荣誉感。学生要建立"专业梦"的人生规划,树立"中国梦"的理想信念,为中国发展贡献力量。

本 章 小 结

本章主要讲述了城乡规划法概述、规定,新区开发和旧区改造的规定,城乡规划的实施和修改,历史名城的保护以及相关的法律责任,使同学们对城乡规划法等进行基础的了解,并掌握其知识点,学以致用,为今后的学习和工作打下坚实的基础。

实 训 练 习

一、单项选择题

1. 在城乡规划中根据人口多少划分,人口总数在50万到100万的城市为( )。

   A. 小城市   B. 特大城市   C. 大城市   D. 中等城市

2. 作为一种政府规划,城乡规划具有( )的属性,也是我国唯一由专门的法律授权的政府规划。

   A. 公共政策   B. 国家管制   C. 社会服务性   D. 土地合理规划

3. 下列不属于城乡规划法适用范围的分类的是( )。

   A. 地域   B. 作用   C. 主体   D. 行为

4. 下列哪一项不是从事城乡规划编制工作应当具备的条件?( )

A. 有法人资格 B. 有相应的资金保障
C. 相应的技术装备 D. 有规定数量的经相关行业协会注册的规划师

5. 下列选项中不属于历史文化名城保护的内容的是（   ）。
A. 反映历史风貌的建筑群、街区、村镇
B. 历史文化名城的格局和风貌
C. 该地的历史价值
D. 与历史文化密切相关的自然地貌、水系、风景名胜、古树名木

二、多项选择题

1. 下列属于城乡规划的制订原则的是（   ）。
A. 城乡规划与国家和地方经济技术水平相适应的原则
B. 社会、经济、文化独自大力发展原则
C. 从实际出发、因地制宜原则
D. 有利生产、方便生活、防灾减灾的原则
E. 贯彻城乡统筹发展、建设和谐社会的原则

2. 下列属于详细规划的编制和审批的内容的是（   ）。
A. 城市详细规划 B. 镇详细规划 C. 乡村规划
D. 修建性详细规划 E. 建筑用地规划

3. 城市规划行政主管部门应按照城市国有土地使用权出让转让规划编制的原则，编制城市国有土地使用权出让转让规划和计划，规划和计划的主要内容应包括（   ）。
A. 地块使用性质 B. 地块数量 C. 用地面积
D. 地块位置 E. 出让步骤

三、简答题

1. 简述城乡规划的总体规划的内容。
2. 简述从事城乡规划编制工作应当具备的条件。

第3章实训练习答案

实训工作单

班级		姓名		日期	
教学项目	城乡规划的相关内容				
学习项目	城乡规划的概念、制定、实施和修改以及相应的法律责任；城市新区开发和旧区改造以及历史文化名城的保护		学习要求	了解《城乡规划法》的概念及立法概况和适用范围； 了解城乡规划的分类及编制和审批； 掌握城乡规划法律中关于城市新区的开发和旧区改造以及历史文化名城保护的规定； 掌握城乡规划的实施和修改以及相应的法律责任	
相关知识	城乡规划法律法规				
其他内容					
学习记录					
评语				指导老师	

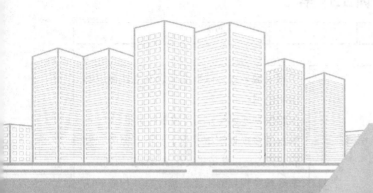

第4章　建设工程招标投标法规

※【学习目标】
1. 熟悉建设工程招标的主要类别及组织形式；
2. 掌握必须招标的建设工程项目的范围和规模标准；
3. 熟悉建设工程招投标文件的组成；
4. 掌握建设工程招投标的程序；
5. 掌握建设工程招投标的法律责任。

第4章案例答案

※【思政目标】

工程招投标是一门集经济、管理、法律法规于一体的专业知识体系。课程知识具有鲜明的意识形态属性，通过本章最后的课堂思政案例学习，让学生理解一旦以非法形式干涉招标投标活动，将产生多么严重的工程事故和社会问题。学习并理解中央扫黑除恶行动对工程招投标领域的净化作用。

第4章 建设工程招标投标法规

※【教学要求】

本章要点	掌握层次	相关知识点
建设工程招标与投标概述	1.熟悉建设工程招投标的类型、方式； 2.掌握建设工程招投标的适用范围； 3.了解建设工程招投标的法律制度	必须招标的建设工程项目的范围和规模标准
建设工程项目招标	1.掌握建设施工工程招标条件及程序； 2.掌握招标文件、招标标底、招标控制价的编制； 3.了解现场踏勘和投标预备会	1.施工工程招标条件及程序； 2.招标标底与招标控制价的编制
建设工程项目投标	1.熟悉建设工程投标程序及投标前的准备工作； 2. 掌握投标文件的编制与递交	1.投标程序； 2.投标文件的编制与递交
建设工程项目开标、评标、定标和签约	1.掌握建设工程项目开标、评标的程序； 2.掌握定标与签约的相关规定	1.开标、评标程序及相关规定； 2.定标及签约相关规定
建设工程招投标中的法律责任	掌握招标人、投标人和中标人的法律责任	招标人、投标人及中标人的法律责任

※【项目案例导入】

某单位就某工程实行公开招标，初步确定标底为3 200万元。在招标过程中，发生下列情况。

在招标单位将招标文件等发给获得投标资格的5家单位时，规定各投标单位应在收到招标文件10日内，对招标工作提供的工程量清单中出现的错误，以书面的形式向招标单位提出；之后招标单位又将招标文件中的通用合同条款部分加以补充，补充文件在投标截止日前10日发到各投标单位所在地；并借此机会通知各投标单位，若有补充修改投标文件的情况，必须在开标前3日以书面的形式送达，否则视为无效。

发放招标文件后，招标单位召集投标单位召开预备会，并在会后2～3天组织投标单位勘查现场；拟定的评标机构总人数为6人，其中技术专家2人，投资分析及评估专家4人；开标会拟定在原投标截止日的第二天召开，唱标顺序按照各单位的投标顺序，对于未中标单位决定不返还投标保证金。

【问题导入】

整个招标投标的过程有哪些不妥之处？请指出并更正。

4.1 建设工程招标与投标概述

建设工程招标投标，是在市场经济条件下进行建设项目的发包与承包时所采用的一种交易方式。采用招标投标方式进行交易活动的最显著特征是将竞争机制引入了交易过程，它具有公平竞争，减小或杜绝行贿受贿等腐败和不正当竞争行为，节省和合理使用资金，保证建设项目质量等明显的优势。为了规范这种交易方式，确立招标投标的法律制度，是十分必要的。

招标投标活动的基本原则

4.1.1 建设工程招投标的类型、方式

1. 建设工程招标的种类

1) 建设工程项目总承包招标

建设工程项目总承包招标又称为建设项目全过程招标,在国外被称为"交钥匙"承包方式,是指从项目建议书开始,包括可行性研究报告、勘察设计、设备材料询价与采购、工程施工、生产准备、投料试车,直到竣工投产、交付使用为止的建设全过程实行招标。工程总承包企业根据建设单位提出的工程使用要求,对项目建设书、可行性研究、勘察设计、设备询价与选购、材料订货、工程施工、职工培训、试生产、竣工投产等实行全面报价投标。

2) 建设工程勘察招标

建设工程勘察招标,是指招标人就拟建工程的勘察任务发布通告,以法定方式吸引勘察单位参加竞争,经招标人审查获得投标资格的勘察单位按照招标文件的要求,在规定的时间内向招标人递送标书,招标人从中选择条件优越者完成勘察任务的法律行为。

3) 建设工程设计招标

建设工程设计招标,是指招标人就拟建工程的设计任务发布通告,以吸引设计单位参加竞争,经招标人审查获得投标资格的设计单位按照招标文件的要求,在规定的时间内向招标人递送投标书,招标人从中择优确定中标单位来完成工程设计任务的法律行为。设计招标主要是设计方案招标,工业项目可进行可行性研究方案招标。

4) 建设工程施工招标

建设工程施工招标,是指招标人就拟建的工程发布公告或者邀请,以法定方式吸引建筑施工企业参加竞争,招标人从中选择条件优越者完成建设工程任务的法律行为。

5) 建设工程监理招标

建设工程监理招标,是指招标人为了监理任务的完成,以法定方式吸引监理单位参加竞争,招标人从中选择条件优越者完成监理任务的法律行为。

6) 建设工程材料设备招标

建设工程材料设备招标,是指招标人就拟购买的材料设备发布公告或者邀请,以法定方式吸引建设工程材料设备供应商参加竞争,招标人从中选择条件优越者购买其材料设备的法律行为。

2. 招标组织形式

招标组织形式包括自行招标和委托招标。其中,自行招标是指招标人自身具有编制招标文件和组织评标能力,依法可以自行办理招标;而委托招标是指招标人委托招标代理机构办理招标事宜。

根据规定,招标人依法可以自行招标的,任何单位和个人不得强制其委托招标代理机构办理招标事宜;招标人委托招标的,招标人有权自行选择招标代理机构,任何单位和个人不得以任何方式为招标人指定招标代理机构。

1) 自行招标

招标人自行办理招标事宜所应具备的具体条件如下所述。

(1) 具有项目法人资格(或者法人资格)。
(2) 具有与招标项目规模和复杂程度相适应的工程技术、概预算、财务和工程管理等方面专业技术力量。
(3) 有从事同类工程建设项目招标的经验。
(4) 设有专门的招标机构或者拥有 3 名以上专职招标业务人员。
(5) 熟悉并掌握《中华人民共和国招标投标法》(以下简称《招标投标法》)及相关法规规章。

依法必须进行招标的项目，招标人自行办理招标事宜的，应当向有关行政监督部门备案。

2) 招标代理

招标人不具备自行招标能力，或者不愿意自行招标的，应当委托具有相应资格条件的专业招标代理机构，由其代理招标人进行招标。

根据规定，招标代理机构是"依法设立、从事招标代理业务并提供相关服务的社会中介组织"。招标代理机构与行政机关和其他国家机关不得存在隶属关系或者其他利益关系。

招标代理机构与招标人之间，是代理人和被代理人的关系，因此，应当遵守有关代理的法律规定。工程招标代理机构可以根据合同约定，接受招标人委托编制工程招标方案、招标文件、工程标底和草拟工程合同等代理事项。未经招标人同意，工程招标代理机构不得向他人转让代理业务。工程招标代理机构不得与被代理招标工程的投标人存在隶属关系、合作经营关系或者其他利益关系。

3. 建设工程招标的方式

《招标投标法》规定，招标分为公开招标和邀请招标，具体内容如下。

1) 公开招标

公开招标，是指招标人以招标公告的方式邀请不特定的法人或者其他组织投标。招标人是依法提出招标项目、进行招标的法人或者其他组织。依法必须进行招标的项目的招标公告，应当通过国家指定的报刊、信息网络或者其他媒介发布。

2) 邀请招标

邀请招标，是指招标人以投标邀请书的方式邀请特定的法人或者其他组织投标。为了保证邀请招标的竞争性，《招标投标法》规定，招标人采用邀请招标方式的，应当向三个以上具备承担招标项目能力、资信良好的特定法人或者其他组织发出投标邀请书。

《工程建设项目施工招标投标办法》规定，对于应当公开招标的建设工程招标项目，有下列情形之一的，经批准可以进行邀请招标：

(一)项目技术复杂或有特殊要求，或者受自然地域环境限制，只有少量潜在投标人可供选择；

(二)涉及国家安全、国家秘密或者抢险救灾，适宜招标但不宜公开招标；

(三)采用公开招标方式的费用占项目合同金额的比例过大。

有上述(二)所列情形，属于《工程建设项目施工招标投标办法》第十条规定的项目，由项目审批、核准部门在审批、核准项目时作出认定；其他项目由招标人申请有关行政监督部门作出认定。全部使用国有资金投资或者国有资金投资占控股或者主导地位的并需要审批的工程建设项目的邀请招标，应当经项目审批部门批准，但项目审批部门只审批立项的，由有关行政监督部门批准。

3) 公开招标与邀请招标的区别

(1) 发布信息的方式不同。公开招标采用公告的形式发布；邀请招标采用投标邀请书的形式发布。

(2) 选择的范围不同。公开招标方式针对的是一切潜在的对招标项目感兴趣的法人或其他组织，招标人事先不知道投标人的数量；邀请招标针对已经了解的法人或其他组织，而且事先已经知道投标者的数量。

(3) 竞争的范围不同。公开招标的竞争范围较广，竞争性体现得也比较充分，容易获得最佳招标效果；邀请招标中投标人的数量有限，竞争的范围有限，有可能将某些在技术上或报价上更有竞争力的承包商遗漏。

(4) 公开的程度不同。公开招标中，所有的活动都必须严格按照预先指定并为大家所知的程序和标准公开进行，大大减少了作弊的可能；邀请招标的公开程度要逊色一些，产生不法行为的机会也就多一些。

(5) 时间和费用不同。公开招标的程序复杂，耗时较长，费用也比较高；邀请招标不需要发公告，招标文件只送几家，缩短了整个招投标时间，因此，费用也相对减少。

4.1.2 建设工程招投标适用范围

《招标投标法》用于调整招标投标活动中产生的社会关系。例如，招标人和投标人平等主体之间的平等关系、招标投标活动过程中有关行政监督部门和被监督对象之间的监督与被监督的关系等。凡是在中国境内进行的招标投标活动，无论是属于必须进行招标的项目，还是属于自愿进行招标的项目，其招标投标活动均适用《招标投标法》。

1. 必须进行招标的工程建设项目的具体范围

《招标投标法》第三条规定，在中华人民共和国境内进行下列工程建设项目包括项目的勘察、设计、施工、监理以及与工程建设有关的重要设备、材料等的采购，必须进行招标：

(一)大型基础设施、公用事业等关系社会公共利益、公众安全的项目；

(二)全部或者部分使用国有资金投资或者国家融资的项目；

(三)使用国际组织或者外国政府贷款、援助资金的项目。

前款所列项目的具体范围和规模标准，由国务院发展计划部门会同国务院有关部门制定，报国务院批准。

为了确定必须进行招标的工程建设项目的具体范围和规模标准，规范招标投标活动，根据《招标投标法》第三条的规定，国家发展和改革委员会制定了《必须招标的工程项目规定》。

(1) 全部或者部分使用国有资金投资或者国家融资的项目包括：①使用预算资金 200 万元人民币以上，并且该资金占投资额 10%以上的项目；②使用国有企业事业单位资金，并且该资金占控股或者主导地位的项目。

(2) 使用国际组织或者外国政府贷款、援助资金的项目包括：①使用世界银行、亚洲开发银行等国际组织贷款、援助资金的项目；②使用外国政府及其机构贷款、援助资金的项目。

(3) 不属于上述规定情形的大型基础设施、公用事业等关系社会公共利益、公众安全的项目，必须招标的具体范围由国务院发展改革部门会同国务院有关部门按照确有必要、严格限定的原则制定，报国务院批准。

2. 必须进行招标的工程建设项目的规模标准

上述(1)~(3)条规定范围内的项目，其勘察、设计、施工、监理以及与工程建设有关的重要设备、材料等的采购达到下列标准之一的，必须招标：

(一)施工单项合同估算价在 400 万元人民币以上；
(二)重要设备、材料等货物的采购，单项合同估算价在 200 万元人民币以上；
(三)勘察、设计、监理等服务的采购，单项合同估算价在 100 万元人民币以上。

同一项目中可以合并进行的勘察、设计、施工、监理以及与工程建设有关的重要设备、材料等的采购，合同估算价合计达到前款规定标准的，必须招标。

3. 可以不进行招标的建设工程项目

《工程建设项目施工招标投标办法》中规定，有下列情形之一的，经该办法规定的审批部门批准，可以不进行施工招标：

(一)涉及国家安全、国家秘密、抢险救灾或者属于利用扶贫资金实行以工代赈需要使用农民工等特殊情况，不适宜进行招标的；
(二)施工主要技术采用不可替代的专利或者专有技术；
(三)已通过招标方式选定的特许经营项目投资人依法能够自行建设；
(四)采购人依法能够自行建设；
(五)在建工程追加的附属小型工程或者主体加层工程，原中标人仍具备承包能力，并且其他人承担将影响施工或者功能配套要求；
(六)国家规定的其他情形。

【案例 4-1】

空军某部根据国防需要，须在北部地区建设一处雷达生产厂，军方原拟订在与其合作过的施工单位中通过招标选择一家，可是由于合作单位多达 20 家，军方为遵守保密规则，于是再次决定在这 20 家施工单位内选择 3 家军方施工单位投标。

问题：
(1) 上述招标人的做法是否符合《招标投标法》中的规定？
(2) 在何种情形下，经批准可以进行邀请招标？

4.1.3 建设工程招投标的法律制度

工程招投标法律体系是指全部现行的与工程招投标活动有关的法律法规和政策规定等组成的有机整体。我国现已基本形成了一个以《招标投标法》为主，相关基本法律及相关法规、条例规章为辅的关于工程招标投标的法律制度。按照法律效力的不同，可将其分为五个层次。

1. 工程招投标相关的法律

这是指由国家最高权力机关全国人民代表大会及其常务委员会制定并修改，由国家主席签署颁布的工程招投标相关的主席令。除《招标投标法》外，涉及工程招投标的法律还有《中华人民共和国政府采购法》(以下简称《政府采购法》)，以及与之相关的《建筑法》、民法典等。

2. 工程招投标相关的行政法规

这是指由国家最高行政机关国务院依据宪法和法律制定并修改，由国务院总理签署颁布的工程招投标相关的国务院令或国务院规范性文件。如《中华人民共和国招标投标法实施条例》(国务院令第 613 号)、《国务院办公厅关于进一步规范招投标活动的若干意见》(国办发〔2004〕56 号)、《国家重大项目稽查办法》(国发办〔2000〕54 号)等。

3. 工程招投标相关的地方性法规

这是指地方有立法权的地方人大颁布与工程招投标相关的地方性法规。如《广西壮族自治区实施〈中华人民共和国招标投标法〉办法》(广西壮族自治区人民代表大会常务委员会公告第 15 号)。

4. 工程招投标相关的规章

这是指由国务院有关部门颁发的有关招标投标的部门规章以及有立法权的地方人民政府颁发的地方性招标投标规章。如《工程建设项目招标范围和规模标准规定》(国家计委令第 3 号)、《评标委员会和评标方法暂行规定》(七部委第 12 号令)、《工程项目施工招标投标办法》(国家发展和改革委员会令第 30 号)、《招标公告发布暂行办法》(国家计委令第 4 号)、《房屋建筑和市政基础设施工程施工分包管理办法》(建设部令第 124 号)、《湖北省招标投标管理办法》(湖北省人民政府令第 306 号)等。

5. 工程招投标相关的标准文本、范本

这是指行政主管部门和地方政府各部门颁发的工程招投标相关的标准文本。如《〈标准施工招标资格预审文件〉和〈标准施工招标文件〉试行规定》(七部委第 56 号令)、《关于印发简明标准施工招标文件和标准设计施工总承包招标文件的通知》(发改法规〔2011〕3018 号)、《自治区住房城乡建设厅关于印发广西壮族自治区房屋建筑和市政工程施工招标文件范本(2019 年版)的通知》(桂建发〔2019〕4 号)。

4.2　建设工程项目招标

4.2.1　建设施工工程招标条件及程序

1. 建设工程招标的条件

建设工程招标必须具备一定的条件。《招标投标法》第九条对招标项目应满足的基本条件作出了总体规定：招标项目按照国家有关规定需要履行项目审批手续的，应当先履行审批手续，取得批准；招标人应当有进行招标项目的相应资金或者资金来源已经落实，并应当在招标文件中如实载明。

根据 2013 年 4 月修订的《工程建设项目施工招标投标办法》，依法必须招标的工程建设项目，应当具备下列条件才能进行施工招标：
(一)招标人已经依法成立；
(二)初步设计及概算应当履行审批手续的，已经批准；
(三)有相应资金或资金来源已经落实；
(四)有招标所需的设计图纸及技术资料。

2. 建设工程招标的程序

招标程序主要包括：招标人办理审批手续，发布招标公告或投标邀请书，进行资格预审，编制与发售招标文件，组织现场考察和召开标前会议等环节。

1) 招标人办理审批手续

批准建设的建设工程项目只有在具备一定的条件后，才能进行招标，这些条件主要由三方面组成：一是已落实建设资金，二是已履行相关审批手续，三是必要的准备工作已完成。

建设工程项目具备必要的条件后，招标人可向当地行政主管部门或其招标办事机构提出招标申请，经审查批准后，方可开展招标活动。

2) 招标人发布招标公告或投标邀请书

招标人采用公开招标方式的，应当发布招标公告。必须依法进行招标项目的招标公告，应当通过指定的报刊、信息网络或者其他媒体发布。招标人采用邀请招标方式的，应当向三个以上具备承担招标项目能力、资信良好的特定法人或者其他组织发出投标邀请书。

招标公告图片

招标公告或投标邀请书应当载明招标人的名称和地址、招标项目的性质、数量、实施地点和时间以及获取招标文件的办法等事项。

3) 招标人对投标人的资格审查

招标人可以根据招标项目本身的要求，在招标公告或者投标邀请书中，要求潜在投标人提供有关资质证明文件和业绩情况，并对潜在投标人进行资格审查。国家对投标人的资格条件有规定的，依照其规定。招标人不得以不合理的条件限制或者排斥潜在投标人，不得对潜在投标人实行歧视待遇。

招标人对潜在投标人的资格审查主要是审查投标人的财务能力、机械设备条件、技术水平、施工经验、工程信誉及法律资格等方面的有关情况，以剔除不适合承拍或履行合同的潜在投标人或投标人。一般来说，资格审查可分为资格预审和资格后审。资格预审是在投标前对潜在投标人进行的审查；资格后审是在投标后(一般是在开标后)对投标人进行的资格审查。目前，在招标实践中，招标人经常采用的是资格预审程序。

4) 编制与发售招标文件

招标人应当根据招标项目的特点和需要编制招标文件。招标文件应当包括招标项目的技术要求，对投标人资格审查的标准、投标报价要求和评标标准等所有实质性要求和条件以及拟签订合同的主要条款。国家对招标项目的技术、标准有规定的，招标人应当按照规定在招标文件中提出相应的要求。招标项目需要划分标段、确定工期的，招标人应当合理划分标段、确定工期，并在招标文件中载明。招标文件不得要求或者标明特定的生产供应者以及含有倾向或者排斥潜在投标人的其他内容。

对于已经通过资格预审的投标人，招标人应当向其发售招标文件。

招标人对已发出的招标文件进行必要的澄清或者修改的,应当在招标文件要求提交投标文件截止时间至少 15 日前,以书面形式通知所有招标文件收受人。该澄清或者修改的内容为招标文件的组成部分。招标人应当确定投标人编制投标文件所需要的合理时间。但是,依法必须进行招标的项目,自招标文件开始发出之日起至投标人提交投标文件截止之日止,最短不得少于 20 日。

5) 招标人组织现场考察

招标人应在投标须知规定的时间组织投标人自费进行现场考察。设置此程序的目的,一方面让投标人了解工程项目的现场情况、自然条件、施工条件以及周围环境条件,以便于编制投标书;另一方面要求投标人通过自己的实地考察确定投标的原则和策略,避免合同履行过程中投标人以不了解现场情况为由推卸应承担的合同责任。

6) 招标人召开标前会议

投标人研究招标文件和现场考察后会以书面形式提出某些质疑问题,招标人可以及时给予书面解答,也可以留待标前会议上解答。当对某一投标人提出的问题给予书面解答时,所回答的问题必须发送给每一位投标人以保证招标的公开和公平,但不必说明问题的来源。

标前会议的记录和各种问题的统一解释或答复,常被视为招标文件的组成部分,均应整理成书面文件分发给每一位投标人。

4.2.2 资格预审文件的编制

招标人在发出招标公告或者投标邀请书之前,先发出资格预审的公告或者邀请,要求潜在投标人提交资格预审的申请及相关证明材料,经过资格预审合格后,方可参加正式的投标竞争。

资格预审时,招标人不得以不合理的条件限制、排斥潜在投标人,不得对潜在投标人实行歧视待遇。任何单位和个人不得以行政手段或者其他不合理方式限制投标人的数量。

资格预审后,招标人应当向资格预审合格的潜在投标人发出资格预审合格通知书,告知获取招标文件的时间、地点和方法,并同时向其他资格预审不合格的潜在投标人告知资格预审结果。资格预审不合格的潜在投标人不得参加投标。

1. 资格预审文件

资格预审文件包括资格预审文件的组成、澄清及修改。

(1) 资格预审文件由资格预审公告、申请人须知、资格审查方法、资格预审申请文件格式、项目建设概况以及对资格预审文件的澄清和修改构成。

(2) 资格预审文件的澄清。要明确申请人提出澄清的时间、澄清问题的表达形式,招标人的回复时间和回复方式,以及申请人对收到答复的确认时间及方式。

(3) 资格预审文件的修改。明确招标人对资格预审文件进行修改、通知的方式及时间,以及申请人确认的方式及时间。

(4) 对资格预审文件的异议。资格预审申请人或者其他利害关系人对资格预审文件有异议的,应当在提交资格预审申请文件截止时间 2 日前提出。招标人应当自收到异议之日起 3 日内作出答复;作出答复前,应当暂停招标投标活动。

招标投标异议

(5) 资格预审申请文件的编制。招标人应在本处明确告知申请人,资格预审申请文件的组成内容、编制要求、装订及签字盖章要求。

(6) 资格预审申请文件的提交。招标人一般在这部分明确资格预审申请文件应按统一的规定要求进行密封和标识,并在规定的时间和地点提交。对于没有在规定地点、截止时间前提交的申请文件,应拒绝接收。

(7) 资格审查。国有资金占控股或者主导地位的依法必须进行招标的项目,由招标人依法组建的资格审查委员会进行资格审查;其他招标项目可由招标人自行进行资格审查。

(8) 通知和确认。明确审查结果的通知时间及方式,以及通过资格预审申请人的回复方式及时间。

(9) 纪律与监督。对资格预审期间的纪律、保密、投诉以及对违纪的处置方式进行规定。

2. 资格预审方法

资格预审的方法有合格制和有限数量制两种,分别适用于不同的条件。

(1) 合格制:一般情况下,应当采用合格制,凡符合资格预审文件规定资格审查标准的申请人均通过资格预审,即取得相应的投标资格。

(2) 有限数量制:当潜在投标人过多时,可采用有限数量制。招标人在资格预审文件中应规定资格审查标准和程序,明确通过资格预审的申请人数量 N 个,并应明确第 N 名得分相同时的处理办法。资格审查委员会按照资格预审文件中规定的审查标准和程序,对通过初步审查和详细审查的资格预审申请文件进行量化打分,按得分由高到低的顺序确定通过资格预审的申请人。通过资格预审的申请人不得超过资格审查办法前附表规定的数量。

4.2.3 招标文件的编制

1. 招标文件的构成

按照有关招标投标法律法规与规章的规定,招标文件一般由以下七项基本内容构成。
(1) 招标公告或投标邀请书。
(2) 投标人须知(含投标报价和对投标人的各项投标规定与要求)。
(3) 评标标准和评标方法。
(4) 技术条款(含技术标准、规格、使用要求以及图纸等)。
(5) 投标文件格式。
(6) 拟签订合同主要条款和合同格式。
(7) 附件和与其他要求投标人提供的材料。

各类招标文件都应包括一般构成的七项基本内容。而针对不同类型项目的招标文件的内容构成,有关部委又结合行业具体特点作出了一些特殊规定。

2. 招标文件的编制

1) 依法编制招标文件,满足招标人使用要求

招标文件编制应当依照和遵守《招标投标法》的规定,应当符合国家相关法律法规,文件的各项技术标准应符合国家强制性标准,满足招标人要求。

2) 合理划分标段或标包

按照《工程建设项目施工招标投标办法》规定,施工招标项目需要划分标段、确定工

期的，招标人应当合理划分标段、确定工期，并在招标文件中载明。对工程技术上紧密相连、不可分割的单位工程不得分割标段。招标人不得以不合理的标段或工期，限制或者排斥潜在投标人或者投标人。按照《工程建设项目货物招标投标办法》规定，招标货物需要划分标包的，招标人应合理划分标包，确定各标包的交货期，并在招标文件中如实载明。

3) 明确规定具体而详细的使用与技术要求

对确属无法精确拟定技术规格的货物招标项目，可按《工程建设项目货物招投标办法》第 31 条规定，商请招标人采用两阶段招标程序的方法解决，而且应当按照规定只有在先达成一个统一的技术规格后再编制招标文件。

两阶段招标

4) 规定的实质性要求和条件用醒目方式标明

《机电产品国际招标投标实施办法》规定，对招标文件中的重要商务和技术条款(参数)要加注星号(*)，并注明若不满足任何一条星号(*)的条款(参数)将导致废标。

5) 规定的评标标准和评标方法不得改变，并且应当公开规定评标时除价格以外的所有评标因素

《工程建设项目施工招标投标办法》等规定，招标文件应当明确规定评标时除价格以外的所有评标因素，以及如何将这些因素量化或者据以进行评估。在评标过程中，不得改变招标文件中规定的评标标准、方法和中标条件。评标标准和评标方法不仅要作为实质性条款列入招标文件，而且还要强调在评标过程中不得改变。

6) 明确投标人是否可以提交投标备选方案以及对备选投标方案的处理办法

招标人可以要求投标人在提交符合招标文件规定要求的投标文件外，提交备选投标方案，但应当在招标文件中作出说明，并提出相应的评审和比较办法，不符合中标条件的投标人的备选投标方案不予考虑。

7) 规定投标人编制投标文件所需的合理时间，载明招标文件最短发售期

按照《招标投标法》第二十四条规定，依法必须招标项目自招标文件开始发出之日起至投标人提交投标文件截止之日止不得少于 20 日。

按照《工程建设项目勘察设计招标投标办法》第十二条和《工程建设项目施工招标投标办法》第十五条规定，招标文件应明确"自招标文件开始发出之日起至停止发出之日止，最短不得少于 5 个工作日"。

3. 招标文件的澄清与修改

《招标投标法》第二十三条规定，招标人对已发出的招标文件进行必要的澄清或者修改的，应当在招标文件要求提交投标文件截止时间至少 15 日前，以书面形式通知所有招标文件收受人。

对政府采购项目投标和开标截止时间、投标和开标地点的修改，至少应当在招标文件要求提交投标文件的截止时间 3 日前进行，并以书面形式通知所有购买招标文件的收受人，在财政部门指定的政府采购信息发布媒体上发布更正公告。

4.2.4 招标标底和招标控制价的编制

1. 招标标底的编制

标底是建筑安装工程造价的表现形式之一，是指由招标人自行编制的，或者是委托具

有编制标底资格和能力的中介机构代理编制,并按规定报经审定的招标工程的预期价格,在建筑工程招标投标过程中起着至关重要的作用。

1) 招标标底的编制依据

招标标底的编制依据,与施工图预算的编制依据基本相同。根据《建设工程施工招标文件范本》规定,标底的编制依据主要包括以下几个方面。

(1) 招标文件的商务条款。

(2) 工程施工图纸、工程量计算规则。

(3) 施工现场地址、水文、地上情况的有关资料。

(4) 施工方案或施工组织设计。

(5) 现行工程预算定额、工期定额、工程项目计价及取费标准、国家或地方价格调整文件规定等。

(6) 招标时建筑安装材料及设备的市场价格。

2) 招标标底文件的主要内容

(1) 标底的综合编制说明。

(2) 标底价格审定书、标底价格计算书、带有价格的工程量清单、现场因素、各种施工措施的测算明细以及采用固定价格工程的风险系数测算明细等。

(3) 主要材料用量。

(4) 标底附件,如各项交底纪要,各种材料及设备的价格来源,现场的地质、水文、地上情况的有关资料,编制标底价格所依据的施工方案或施工组织设计等。

3) 招标标底的编制方法

目前,我国建设工程施工招标标底主要采用工料单价法和综合单价法来编制。

(1) 工料单价法:工料单价法是以分部分项工程量的直接工程费(人工费、材料费、机械费)与措施费汇总为直接费,直接费汇总后另加间接费、利润、税金生成建筑安装工程造价。

采用工料单价法编制标底的主要特点:只考虑预算定额的工、料、机消耗标准及预算价格,并据此确定工程量清单的单价与合价。至于措施费、间接费、利润等有关文件规定的调价、材料差价、设备价、现场因素费用、施工技术措施费、赶工措施费,以及采用固定价格的工程所测算的风险金、税金等的费用,则计入其他相应标底价格计算表中。

(2) 综合单价法:综合单价就是各分项工程的单价,包括人工费、材料费、机械费、管理费、利润、风险。综合单价确定后,再与各分项工程量相乘,并计算有关文件规定的调价、利润、税金以及采用固定价格的风险金等全部费用,然后汇总得到标底。

2. 招标控制价的编制

招标控制价是指招标人根据国家或省级行业建设主管部门颁发的有关计价依据和办法,及拟定的招标文件和招标工程量清单,结合工程具体情况编制的招标工程的最高投标限价。国有资金投资的工程建设项目应实行工程量清单招标,并应编制招标控制价。

在建设工程招投标活动中,招标控制价的编制是工程招标中一个重要的环节。招标控制价应由具有编制能力的招标人,或受其委托具有相应资质的工程造价咨询人编制。

1) 招标控制价的编制依据

(1)《建设工程工程量清单计价规范》(GB 50500—2013)。

(2) 国家或省级、行业建设主管部门颁发的计价定额和计价办法。

(3) 建设工程设计文件及相关资料。
(4) 招标文件中的工程量清单及有关要求。
(5) 与建设项目相关的标准、规范、技术资料。
(6) 工程造价管理机构发布的工程造价信息，工程造价信息没有发布的参照市场价。
(7) 其他的相关资料。

2) 招标控制价的编制方法

(1) 分部分项工程费的确定。分部分项工程费应根据招标文件中的分部分项工程量清单项目的特征描述及有关要求，按《建设工程工程量清单计价规范》(GB 50500—2013)的相关规定确定综合单价计算。综合单价中应包括招标文件中要求投标人承担的风险费用。招标文件提供了暂估单价的材料，按暂估的单价计入综合单价。

(2) 措施项目费的确定。措施项目费应根据招标文件中的措施项目清单按《建设工程工程量清单计价规范》(GB 50500—2013)的相关规定计价。

(3) 其他项目费的确定。其他项目费应按下列规定计价：①暂列金额应根据工程特点，按有关计价规定估算。②暂估价中的材料单价应根据工程造价信息或参照市场价格估算；暂估价中的专业工程金额应分不同专业，按有关计价规定估算。③计日工应根据工程特点和有关计价依据计算。④总承包服务费应根据招标文件列出的内容和要求估算。

(4) 规费和税金的确定。规费和税金应按《建设工程工程量清单计价规范》(GB 50500—2013)的相关规定计算。

(5) 招标控制价的备查。招标控制价应在招标时公布，不应上调或下浮，招标人应将招标控制价及有关资料报送工程所在地工程造价管理机构备查。投标人经复核认为招标人公布的招标控制价未按照规范的规定进行编制的，应在开标前5日内向招标投标监督机构或(和)工程造价管理机构投诉。招标投标监督机构应会同工程造价管理机构对投诉进行处理，发现确有错误的，应责成招标人修改。

4.2.5 组织现场勘查和投标预备会

1. 现场踏勘

现场踏勘是指招标人组织投标人对项目实施现场的经济、地理、地质、气候等客观条件和环境进行的现场调查。其对投标人全面了解招标项目情况，减少可能的争议具有重要的意义。招标人在投标人须知说明的时间统一组织投标人进行施工现场踏勘。《中华人民共和国招标投标法实施条例》中有如下规定。

(1) 招标人按招标公告规定的时间、地点组织投标人踏勘项目现场。
(2) 投标人承担自己踏勘现场发生的费用。
(3) 除招标人的原因外，投标人自行负责在踏勘现场中所发生的人员伤亡和财产损失。
(4) 招标人在踏勘现场中介绍的工程场地和相关的周边环境情况，供投标人在编制投标文件时参考，招标人不对投标人据此作出的判断和决策负责。

2. 投标预备会

投标预备会是招标人组织召开的目的在于澄清招标文件中的疑问，解答投标人对招标文件和勘查现场中所提出的疑问或问题的会议。《中华人民共和国招标投标法实施条例》

中有如下规定。

(1) 招标人按投标人须知说明的时间和地点召开投标预备会，澄清投标人提出的问题。

(2) 投标人应在招标公告规定的时间前，以书面形式将提出的问题送达招标人，以便招标人在会议期间澄清。

(3) 投标预备会后，招标人在招标公告规定的时间内，将对投标人所提问题的澄清，以书面方式通知所有购买招标文件的潜在投标人。该澄清内容为招标文件的组成部分。

4.3 建设工程项目投标

4.3.1 建设工程投标概述及程序

投标是指投标人(或承包商)依据有关规定和招标人拟定的招标文件参与竞争，按照招标文件的要求，在规定的时间内向招标人填报投标函并争取中标，以获得建设工程承包权的经济法律活动。建设工程项目投标是建筑施工企业取得工程施工合同的主要途径，投标文件就是对招标发出的要约的承诺。投标人一旦提交了投标文件，就必须在招标文件规定的期限内信守其承诺，不得随意退出投标竞争。因为投标是一种法律行为，所以投标人必须承担中途反悔撤出的经济损失和法律责任。

1. 建设工程项目投标的组织

投标人进行工程投标，不仅比报价的高低，还要比技术、经验、实力和信誉。特别是在当前国际承包市场中，越来越多的工程项目是技术密集型项目，势必要给承包商带来两方面的挑战：一方面是技术上的挑战，要求承包商具有先进的施工技术，能够完成高、新、尖、难工程；另一方面是管理上的挑战，要求承包商具有先进的现代化组织管理水平，能够以较低价中标，靠管理和索赔获利。因此，进行工程投标，需要有专门的机构和人员负责组织和管理投标活动的全过程。

为迎接技术和管理方面的挑战，在竞争中取胜，投标人的投标班子应该由以下三种类型的人才组成。

(1) 经营管理类人才。经营管理类人才是指制定和贯彻经营方针与规划、负责工作的全面筹划和安排、具有决策能力的人员，包括经理、副经理、总工程师、总经济师等具有决策权的人员，以及其他经营管理人才。

(2) 专业技术类人才。专业技术类人才是指建筑师、结构工程师、设备工程师等各类专业技术人员，他们应具备熟练的专业技能、丰富的专业知识，能从本公司的实际技术水平出发，制定投标用的专业实施方案。

(3) 商务金融类人才。商务金融类人才是指概预算、财务、合同、金融、保函、保险等方面的人才，在国际工程投标竞争中这类人才的作用尤其重要。

2. 建设工程项目投标的程序

投标的程序指投标过程中各项活动的步骤及相关的内容，反映各工作环节的内在联系和逻辑关系。工程施工投标的程序如图4-1所示。

招标的程序

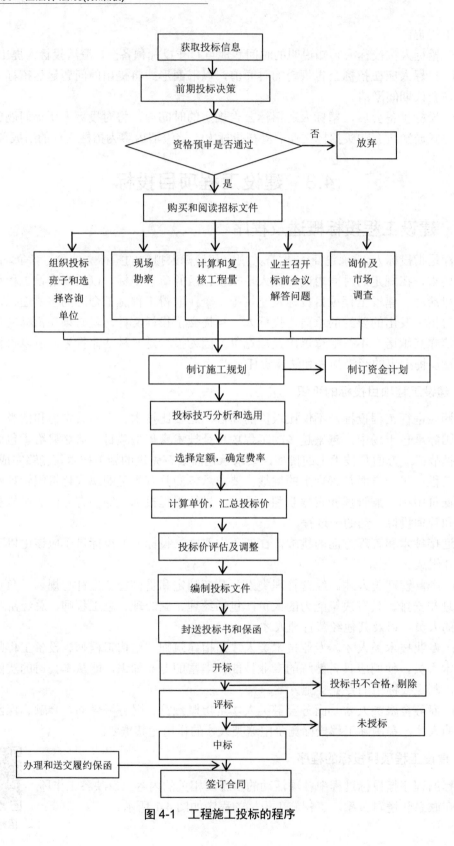

图 4-1 工程施工投标的程序

4.3.2 建设工程投标前的准备工作

1. 准备和提交资格预审资料

在工程招投标活动中,投标人准备资格预审资料或编制投标文件的时间通常比较紧,因此,投标人平时要注意相关资料的整理和积累,以便按时、符合要求地填写资格预审申请资料。资格预审资料填写时至少应做好以下工作。

(1) 注意资格预审有关资料的积累工作。
(2) 加强资格预审文件的分析。
(3) 做好递交资格预审申请后的跟踪工作。

2. 通过资格预审后,购买招标文件

投标人通过资格预审接到招标人的投标邀请书或资格预审通过通知书,就表明其已具备并获得参加该项目投标的资格,如果决定参加投标,就应按招标单位规定的日期和地点凭邀请书或通知书及有关证件购买招标文件。

3. 分析招标文件

分析招标文件,重点应该放在投标人须知、合同条件、设计图纸、工程范围以及工程量清单上。作为一名有经验的专家,施工投标中要注意将招标文件中的各项规定和过去承担过的项目合同逐一进行比较,发现其规定上的差异,并逐条做好记录。例如,技术规范中的质量标准和过去合同中的规定相比有什么提高,合同条款中关于各种风险的规定与过去相比有什么差异等。

4. 标前调查、现场考察

投标人在投标决策的前期阶段应对拟投标项目所在的地区进行较为深入、全面的调查研究。现场踏勘主要是指去工地现场进行考察,招标单位一般要在招标文件中注明现场考察的时间和地点,在文件发出后就应安排投标者进行现场考察的准备工作。招标人也可不组织现场踏勘。

施工现场考察是投标者必须经过的投标程序。按照国际惯例,投标者提出的报价单一般被认为是在现场考察的基础上编制的。一旦报价单提出之后,投标者就无权因为现场勘察不周、情况了解不细或因素考虑不全面而提出修改投标、调整报价或补偿等要求。

5. 参加标前会议

标前会议也称标前预备会,投标人在参加标前会议之前,应事先将分析招标文件时发现的各类问题整理成书面文件,寄给招标人并要求其给予书面答复或在标前会议上予以解释和澄清。参加标前会议应注意以下几点。

(1) 对工程内容范围不清的问题应提请解释、说明,但不要提出修改设计方案的要求。
(2) 如招标文件中的图纸、技术规范存在相互矛盾之处,可请求说明以何者为准,但不要轻易提出修改技术要求。
(3) 对含混不清、容易产生歧义的合同条款,可以请求给予澄清、解释,但要提出改变合同条件的要求。

(4) 注意提问技巧，注意不使竞争对手从自己的提问中获悉本公司的投标设想和施工方案。

(5) 招标人或咨询工程师在标前会议上对所有问题的答复均应发出书面文件，并作为招标文件的组成部分，投标人不能仅凭口头答复来编制自己的投标文件。

4.3.3　投标文件的编制与递交

《招标投标法》对投标文件规定，投标人应当按照招标文件的要求编制投标文件。投标文件应当对招标文件提出的实质性要求和条件作出响应。招标项目属于建设施工的，投标文件的内容应当包括拟派出的项目负责人与主要技术人员的简历、业绩和拟用于完成招标项目的机械设备等。对于工程施工、货物和服务，因招标的要求相差较大，所以投标文件的组成也各异。

1. 工程施工投标文件的组成

工程施工的复杂性决定了工程施工投标文件的复杂性。根据国家发改委等九部委发布的《标准施工招标文件范本》，施工投标文件应包括下列内容。

(1) 投标函及投标函附录。
(2) 法定代表人身份证明或附有法定代表人身份证明的授权委托书。
(3) 联合体协议书(如果有，就提供)。
(4) 投标保证金。
(5) 已标价工程量清单。
(6) 施工组织设计。
(7) 项目管理机构。
(8) 拟分包项目情况表。
(9) 资格审查资料。
(10) 投标人须知前附表中规定的其他材料。

投标文件图片

投标保证金的相关规定

2. 编制投标文件的注意事项

(1) 编制建设工程投标文件必须使用招标人提供的投标文件表格式。投标人填写投标文件表格时，凡要求填写的空格，必须填写，否则视为放弃意见。实质性内容未填写，如工期、质量、价格未填，将作为无效标书处置。

(2) 编制投标文件正本一份，副本按招标文件要求份数编制，并注明"投标文件正本""投标文件副本"字样；当正本与副本出现不一致时，以正本为准。

(3) 投标文件正本、副本应按招标文件要求打印或书写。

(4) 投标文件应由投标方的法定代表人签字盖章，并加盖法人印章。

(5) 投标文件应反复校核，确保无误。按招标人要求修改的错误，应由投标文件原签字人签字并加盖印章证明。

(6) 投标文件应保密。

(7) 投标人应按规定密封、送达标书。

3. 投标文件的递交

投标文件编制完成，经核对无误，由投标人的法定代表人签字密封，派专人在投标截止日前送到招标人指定地点，并取得收讫证明。

投标人在规定的投标截止日期前，在递送标书后，可用书面形式向招标人递交补充、修改或撤回其投标文件的通知。在投标截止日后撤回投标文件，投标保证金不能退还。

递送投标文件不宜太早，因市场情况在不断变化，投标人需要根据市场行情及自身情况对投标文件进行修改。递送投标文件的时间在招标人接收投标文件截止日前2天为宜。

4.4 建设工程项目开标、评标、定标和签约

4.4.1 建设工程项目开标

不管是公开招标还是邀请招标，都应举行开标会议，以体现招标的公平、公正与公开原则。开标应该在招标文件确定的提交投标文件截止时间的同一时间公开进行；开标地点应当是招标文件中预先确定的地点。开标由招标人主持，邀请所有投标人参加。开标时，由投标人或者其推选的代表检查投标文件的密封情况，也可以由招标人委托的公证机构检查并公证。确认无误后，由工作人员当众拆封，宣读投标人名称、投标价格和投标文件的其他主要内容。招标人在招标文件要求提交投标文件的截止时间前收到的所有投标文件，开标时都应当当众予以拆封、宣读。开标过程应当记录，并存档备查。

开标现场图片

在开标时，投标文件出现下列情形之一的，应当作为无效投标文件，不得进入评标。

(1) 逾期送达的或者未送达指定地点的。

(2) 投标文件未按照招标人要求予以密封的。

(3) 投标文件中的投标函未加盖投标人的企业及企业法定代表人印章的，或者企业法定代表人委托代理人没有合法、有效的委托书(原件)及委托代理人印章的。

(4) 投标文件关键内容字迹模糊、没有办法辨认的。

(5) 投标人递交两份或多份内容不同的招标文件，或在一份招标文件中对同一招标项目报有两个或多个报价，且未声明哪一个有效(按招标文件规定提交备选投标方案的除外)。

(6) 投标人名称或组织机构与资格预审时不一致的。

(7) 投标人没有按照招标文件的要求提供投标保函或者投标保证金的。

(8) 组成联合体投标的，投标文件未附联合体各方共同投标协议的。

联合体投标的特点

4.4.2 建设工程项目评标

评标是评标委员会按照招标文件确定的评标标准和方法，依据平等竞争、公正合理的原则对投标文件优劣进行评审和比较，以便最终确定中标人。

为确保评标委员会成员能够客观、公正、实事求是地提出评审意见，防止评标环节发生腐败现象，《招标投标法》第四十四条为评标委员会成员设置了三条行为规则，即应当客观、公正地履行职务，遵守职业道德，对所提

评标委员会的组成

出的评审意见承担个人责任；不得私下接触投标人，不得收受投标人的财物或者其他好处；不得透露对投标文件的评审和比较、中标候选人的推荐情况以及与评标有关的其他情况。

1. 评标工作程序

小型工程由于承包工作内容较为简单，合同金额不大，可以采用即开、即评、即定的方式由评标委员会及时确定中标人。实质性要求和条件响应存在重大偏差的，应予淘汰。大型工程项目的评标因为评审内容复杂、涉及面宽，通常需分成初评和详评两个阶段进行。

1) 初评

评标委员会以招标文件为依据，审查各投标书是否为响应性投标，确定投标书的有效性。

2) 详评

详评通常分为两个步骤进行。首先对各投标书进行技术和商务方面的审查，评定其合理性，以及若将合同授予该投标人在履行过程中可能给招标人带来的风险。评标委员会认为必要时可以单独约请投标人对标书中含义不明确的内容作必要的澄清或说明，但澄清或说明不得超出投标文件的范围或改变投标文件的实质性内容。澄清内容也要整理成文字材料，作为投标书的组成部分。在对标书进行审查的基础上，评标委员会比较各个投标书的优劣，并编写评标报告。

2. 评标报告

《招标投标法》规定："评标委员会完成评标后，应当向招标人提出书面评标报告，并推荐合格的中标候选人。"

评标报告，是评标委员会经过对各投标书评审后向招标人提出的结论性报告，作为定标的主要依据。评标报告应包括评标情况说明、对各个合格投标书的评价、推荐合格的中标候选人(1~3个)等内容。如果评标委员会经过评审，认为所有投标都不符合招标文件的要求，可以否决所有投标。依法必须进行招标的项目的所有投标被否决的，招标人应当重新进行招标。

4.4.3 建设工程项目定标

定标必须遵循平等竞争、择优选定的原则，按照规定的程序，从评标委员会推荐的中标候选人中择优选定中标人，并与其签订建设工程承包合同。在确定中标人前，招标人不得与投标人就投标价格、投标方案等实质性内容进行谈判。依法必须进行招标的项目，招标人应当自确定中标人之日起15日内，向有关行政监督部门提交招标投标情况的书面报告。

招标投标情况书面报告的内容如下所述。

(1) 招标投标基本情况。包括招标范围、招标方式、资格审查、开标评标过程、定标方式及定标的理由等。

(2) 相关的文件资料。招标公告或投标邀请书、投标报名表、资格预审文件、招标文件、评标报告、标底(可以不设)、中标人的投标文件等。委托代理招标的应附招标代理委托合同。

建设行政主管部门自收到书面报告之日起 5 日内未通知招标单位在招标活动中有违法

行为的，招标单位可以向中标人发出中标通知书。

4.4.4 建设工程项目签约

1. 确定中标人

招标人可以授权评标委员会直接确定中标人，也可以依据评标委员会推荐的中标候选人确定中标人。评标委员会一般按照择优的原则推荐1～3名中标候选人。

确定中标人后，招标人在招标文件规定的投标有效期内以书面形式向中标人发出中标通知书，同时将中标结果通知未中标的投标人。

2. 履约担保

(1) 在签订合同前，中标人应按招标文件中规定的金额、担保形式和履约担保格式向招标人提交履约担保。联合体中标的，其履约担保由牵头人递交，并应符合招标文件规定的金额、担保形式和招标文件规定的履约担保格式要求。

(2) 中标人不能按招标文件要求提交履约担保的，视为放弃中标，其投标保证金不予退还，给招标人造成的损失超过投标保证金数额的，中标人还应当对超过部分予以赔偿。

3. 合同订立

(1) 招标人和中标人应当在投标有效期内以及中标通知书发出之日起30日之内，根据招标文件和中标人的投标文件订立书面合同。中标人无正当理由拒签合同的，招标人可取消其中标资格，其投标保证金不予退还；给招标人造成的损失超过投标保证金数额的，中标人还应当对超过部分予以赔偿。

(2) 发出中标通知书后，招标人无正当理由拒签合同的，招标人向中标人退还投标保证金；给中标人造成损失的，还应当赔偿损失。

(3) 法规规定需要向有关行政监督部门备案、核准或登记的，应办理相关备案手续。

【案例4-2】

某工程是依法必须招标的工程，建设单位采用公开招标方式选择监理单位承担施工监理任务，招标过程中发生如下事件。

事件1：编制监理招标文件时，建设单位提出投标人除应具备规定的工程监理资质条件外，还必须满足下列条件。①具有工程招标代理资质；②不得组成联合体投标；③已在工程所在地行政辖区内进行工商注册登记；④属于混合股份制企业。

事件2：经评审，评标委员会推荐了3名中标候选人，并进行了排序。建设单位在收到评标报告5日后公示了中标候选人，同时与中标候选人协商，要求重新报价。中标候选人拒绝了建设单位的要求。

问题：

(1) 逐条指出事件1中建设单位针对投标人提出的条件是否妥当，并说明理由。

(2) 事件2中建设单位的做法是否存在不妥之处，并说明理由。

4.5 建设工程招标投标中的法律责任

为维护国家利益、社会公共利益和招标投标当事人的合法权益，规范招标投标活动，保证工程项目质量，我国以法律的形式规范工程招标投标的各个过程，在建设工程招标投标活动中的违法行为应承担一定的法律责任。《招标投标法》对从事招标投标活动的单位和个人的法律责任给出了明确的规定。

4.5.1 招标人、投标人和中标人的法律责任

1. 招标人的法律责任

(1) 必须进行招标的项目而不招标的，将必须进行招标的项目化整为零或者以其他任何方式规避招标的，责令限期改正，可以处项目合同金额 5‰以上 10‰以下的罚款；对全部或者部分使用国有资金的项目，可以暂停项目执行或者暂停资金拨付；对单位直接负责的主管人员和其他直接责任人员依法给予处分。

(2) 招标人以不合理的条件限制或者排斥潜在投标人的，对潜在投标人实行歧视待遇的，强制要求投标人组成联合体共同投标的，或者限制投标人之间竞争的，责令改正，可以处 1 万元以上 5 万元以下的罚款。

(3) 依法必须进行招标的项目的招标人向他人透露已获取招标文件的潜在投标人的名称、数量或者可能影响公平竞争的有关招标投标的其他情况的，或者泄露标底的，给予警告，可以并处 1 万元以上 10 万元以下的罚款；对单位直接负责的主管人员和其他直接责任人员依法给予处分；构成犯罪的，依法追究刑事责任。影响中标结果的，中标无效。

(4) 依法必须进行招标的项目，招标人违反规定，与投标人就投标价格、投标方案等实质性内容进行谈判的，给予警告，对单位直接负责的主管人员和其他直接责任人员依法给予处分。影响中标结果的，中标无效。

(5) 招标人在评标委员会依法推荐的中标候选人以外确定中标人的，依法必须进行招标的项目在所有投标被评标委员会否决后自行确定中标人的，中标无效。责令改正，可以处中标项目金额 5‰以上 10‰以下的罚款；对单位直接负责的主管人员和其他直接责任人员依法给予处分。

(6) 招标人与中标人不按照招标文件和中标人的投标文件订立合同的，或者招标人、中标人订立背离合同实质性内容的协议的，责令改正；可以处中标项目金额 5‰以上 10‰以下的罚款。

2. 投标人的法律责任

《招标投标法》对投标人的法律责任给出了明确的规定。

(1)《招标投标法》第五十三条规定，投标人相互串通投标或者与招标人串通投标的，投标人以向招标人或者评标委员会成员行贿的手段谋取中标的，中标无效，处中标项目金额 5‰以上 10‰以下的罚款，对单位直接负责的主管人员和其他直接责任人员处单位罚款数额 5%以上 10%以下的罚款；有违法所得的，并处没收违

串通投标的行为

法所得；情节严重的，取消其1年至2年内参加依法必须进行招标的项目的投标资格并予以公告，直至由工商行政管理机关吊销营业执照；构成犯罪的，依法追究刑事责任；给他人造成损失的，依法承担赔偿责任。

(2)《招标投标法》第五十四条规定，投标人以他人名义投标或者以其他方式弄虚作假，骗取中标的，中标无效，给招标人造成损失的，依法承担赔偿责任；构成犯罪的，依法追究刑事责任。依法必须进行招标的项目的投标人有以上所列行为尚未构成犯罪的，处中标项目金额5‰以上10‰以下的罚款，对单位直接负责的主管人员和其他直接责任人员处单位罚款数额5%以上10%以下的罚款；有违法所得的，并处没收违法所得；情节严重的，取消其1年至3年内参加依法必须进行招标的项目的投标资格并予以公告，直至由工商行政管理机关吊销营业执照。

3. 中标人的法律责任

(1) 中标人将中标项目转让给他人的，将中标项目肢解后分别转让给他人的，违反《招标投标法》规定将中标项目的部分主体、关键性工作分包给他人的，或者分包人再次分包的，转让、分包无效，处转让、分包项目金额5‰以上10‰以下的罚款；有违法所得的，并处没收违法所得；可以责令停业整顿；情节严重的，由工商行政管理机关吊销营业执照。

(2) 中标人不履行与招标人订立的合同的，履约保证金不予退还，给招标人造成的损失超过履约保证金数额的，还应当对超过部分予以赔偿；没有提交履约保证金的，应当对投标人的损失承担赔偿责任。

(3) 中标人不按照与招标人订立的合同履行义务，情节严重的，取消其2年至5年内参加依法必须进行招标的项目的投标资格并予以公告，直至由工商行政管理机关吊销营业执照。因不可抗力不能履行合同的，不适用前两款规定。

【案例4-3】

某政府投资的工程，采用无标底公开招标方式选定施工单位，工程实施中发生了下列事件。请阅读具体事件，并回答相应问题。

事件1：工程招标时，A、B、C、D、E、F、G共7家投标单位通过资格预审，并在投标截止时间前提交了投标文件。评标时，发现A投标单位的投标文件虽加盖了公章，但没有投标单位法定代表人的签字，只有法定代表人授权书中被授权人的签字(招标文件中对是否可由被授权人签字没有具体规定)；B投标单位的投标报价明显高于其他投标单位的投标报价，分析其原因是施工工艺落后；C投标单位以招标文件规定的工期380天作为投标工期，但在投标文件中明确表示，如果中标合同工期按定额工期400天签订；D投标单位投标文件中的总价金额汇总有误。

事件2：经评标委员会评审，推荐G、F、E投标单位为前3名中标候选人。在中标通知书发出前，建设单位分别找G、F、E投标单位重新报价，以价格低者为中标单位，按原投标报价签订施工合同后，建设单位与中标单位再以新报价签订协议书作为实际履行合同的依据。

问题：

(1) 事件1中，A、B、C、D投标单位的投标文件是否有效？请说明理由。

(2) 事件2中，建设单位的要求违反了招标投标有关法律的哪些具体规定？

4.5.2　招标代理机构和评标委员会成员的法律责任

1. 招标代理机构的法律责任

《招标投标法》规定，招标代理机构违反本法规定，泄露应当保密的与招标投标活动有关的情况和资料的，或者与招标人、投标人串通损害国家利益、社会公共利益或者他人合法权益的，处5万元以上25万元以下的罚款，对单位直接负责的主管人员和其他直接责任人员处单位罚款数额5%以上10%以下的罚款；有违法所得的，并处没收违法所得；情节严重的，禁止其1年至2年内代理依法必须进行招标的项目并予以公告，由工商行政管理机关吊销营业执照；构成犯罪的，依法追究刑事责任。给他人造成损失的，依法承担赔偿责任。以上所列行为影响中标结果的，中标无效。

2. 评标委员会成员的法律责任

《招标投标法》规定，评标委员会成员收受投标人的财物或者其他好处的，评标委员会成员或者参加评标的有关工作人员向他人透露对投标文件的评审和比较、中标候选人的推荐以及与评标有关的其他情况的，给予警告，没收收受的财物，可以并处3 000元以上5万元以下的罚款，对有所列违法行为的评标委员会成员取消担任评标委员会成员的资格，不得再参加任何依法必须进行招标的项目的评标；构成犯罪的，依法追究刑事责任。

4.5.3　国家机关及工作人员的法律责任

1. 有关行政监督部门的法律责任

有关行政监督部门不依法履行职责，对违反《招标投标法》和《招标投标法实施条例》的行为不依法查处，或者不按照规定处理投诉、不依法公告对投标当事人违法行为的行政处理决定的，对直接负责的主管人员和其他直接责任人员依法给予处分。

项目审批、核准部门和有关行政监督部门的工作人员徇私舞弊、滥用职权、玩忽职守，构成犯罪的，依法追究刑事责任。

2. 国家工作人员的法律责任

国家工作人员利用职务便利，以直接或者间接、明示或者暗示等任何方式非法干涉招标投标活动，有下列情形之一的，依法给予记过或者记大过处分；情节严重的，依法给予降级或者撤职处分；情节特别严重的，依法给予开除处分；构成犯罪的，依法追究刑事责任。

(1) 要求对依法必须进行招标的项目不招标，或者要求对依法应当公开招标的项目不公开招标。

(2) 要求评标委员会成员或者招标人以其指定的投标人作为中标候选人或者中标人，或者以其他方式非法干涉评标活动，影响中标结果。

(3) 以其他方式非法干涉招标投标活动。

案例分析

课堂思政案例

"11·24"江西丰城电厂特别重大事故中的串标行为

2016年11月24日,江西丰城发电厂三期扩建工程发生冷却塔施工平台坍塌特大事故,造成73人死亡、2人受伤,直接经济损失达10 197.2万元。

事故发生后,丰城电厂冷却塔坍塌事故串通招投标犯罪嫌疑人刘某随即潜逃至马来西亚,企图躲避法律制裁。经中国驻马来西亚使馆积极协调和中马两国警方携手努力,犯罪嫌疑人刘某被顺利抓获,并被遣返回国。

2020年4月24日,江西省宜春市中级人民法院和丰城市人民法院、奉新县人民法院、靖安县人民法院对江西丰城发电厂"11·24"冷却塔施工平台坍塌特大事故所涉9件刑事案件进行了公开宣判,对28名被告人和1个被告单位依法进行判处。

本 章 小 结

本章主要对建设工程招标投标的概念、招标投标活动的基本原则、必须招标项目的范围和规模、招标的主要类别及组织形式、投标文件的组成、评标委员会的组成、开标的程序、废标的概念、中标后的相关规定、建设工程招标投标的法律责任等内容进行了阐述。

实 训 练 习

一、单项选择题

1. 在招标活动的基本原则中,依法必须进行招标的项目的招标公告,必须通过国家指定的报刊、信息网络或者其他公共媒介发布,这体现了(   )。
   A. 公开原则   B. 公平原则   C. 公正原则   D. 诚实信用原则
2. 根据《工程建设项目招标范围和规模标准规定》的规定,属于工程建设项目招标范围的工程建设项目,施工单项合同估算价在(   )万元人民币以上的,必须进行招标。
   A. 100   B. 200   C. 300   D. 400
3. 按照《招标投标法》及相关规定,必须进行施工招标的工程项目是(   )。
   A. 施工企业在其施工资质许可范围内自建自用的工程
   B. 属于利用扶贫资金实行以工代赈需要使用农民工的工程
   C. 施工主要技术采用不可替代的专利或者专有技术的工程
   D. 经济适用房工程
4. 从发放招标文件起至接受投标文件止,不得少于(   )天。
   A. 10   B. 15   C. 20   D. 30
5. 施工项目招标,招标文件开始出售的时间为3月20日,停止出售的时间为3月30日,提交投标文件的截止时间为4月25日,评标结束的时间为4月30日,则投标有效期开始的时间为(   )。
   A. 3月20日   B. 3月30日   C. 4月25   D. 4月30日

二、多项选择题

1. 下列可以不进行招标的项目是（　　）。
   A. 中国农业银行投资建设的项目　　B. 保密工程
   C. 抢险救灾等特殊情况下的工程项目　　D. 使用扶贫资金的项目
   E. 涉及国家安全的项目

2. 如果以下工程均属于必须招标的工程建设项目范围，则其中必须招标的有（　　）。
   A. 施工单项合同，估算价为 300 万元
   B. 普通设备采购，单项合同估算价为 240 万元
   C. 设计服务采购，单项合同估算价为 120 万元
   D. 勘查服务采购，单项合同估算价为 31 万元，项目总投资额为 3 500 万元
   E. 监理服务采购，单项合同估算价为 29 万元，项目总投资额为 5 100 万元

3. 根据《招标投标法》，评标委员会人员组成中应满足（　　）。
   A. 总人数为 5 人以上的单数　　B. 必须有政府主管部门的人员参加评标
   C. 技术经济专家不得少于总人数的三分之二
   D. 技术经济专家不得少于 3 人　　E. 技术经济专家须在 5 人以上

4. 在投标有效期内，招标人要完成（　　）等工作。
   A. 资格审查　　B. 评标　　C. 投标修改
   D. 定标　　E. 与中标人签订合同

5. 下列关于评标的说法中，符合我国招标投标法关于评标有关规定的有（　　）。
   A. 招标人应当采取必要的措施，保证评标在严格保密的情况下进行
   B. 评标委员会完成评标后，应当向招标人提出书面评标报告并决定合格的中标候选人
   C. 招标人可以授权评标委员会直接确定中标人
   D. 经评标委员会评审，认为所有投标都不符合招标文件要求的，可以否决所有投标
   E. 任何单位和个人不得非法干预、影响评标的过程和结果

三、案例分析

某省重点工程项目由于工程复杂、技术难度高，一般施工队伍难以胜任，于是建设单位便自行决定采取邀请招标方式，于某年 9 月 28 日向通过资格预审的 A、B、C、D、E 5 家施工企业发出了投标邀请书。这 5 家施工企业均接受了邀请，并于规定时间购买了招标文件。按照招标文件的规定，10 月 18 日下午 4 时为提交投标文件的截止时间，10 月 21 日下午 2 时在建设单位办公大楼第二会议室开标。A、B、D、E 施工企业均在此截止时间之前提交了投标文件，但 C 施工企业却因中途堵车，于 10 月 18 日下午 5 时才将投标文件送达。10 月 21 日下午 2 时，当地招投标监管机构在该建设单位办公大楼第二会议室主持了开标。

问题：
(1) 该建设单位自行决定采取邀请招标的做法是否合法？为什么？
(2) 建设单位是否可以接受 C 施工企业的投标文件？为什么？
(3) 开标应当由谁主持？

第 4 章实训练习答案

实训工作单

班级		姓名		日期	
教学项目	建设工程招标投标				
任务	掌握建设工程招投标的基本程序及相关规定	学习途径	案例、扩展图片、音频或者课外内容自行查找相关书籍		
学习目标	掌握建设工程招投标基本程序				
学习要点					
学习记录					
评语			指导老师		

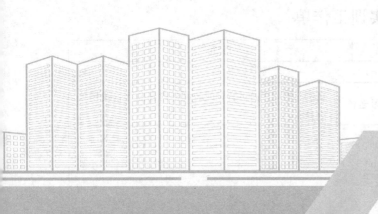

第 5 章　建设工程合同法规

※ 【学习目标】

1. 了解建设工程合同的概念;
2. 熟悉建设工程合同订立、履行、变更、转让等内容;
3. 掌握无效合同、效力待定合同、可变更可撤销合同的内容;
4. 了解建设工程合同的违约责任。

第 5 章案例答案

※ 【思政目标】

通过对本章最后课堂思政案例买卖合同中中介人的如实告知义务的学习、研讨,植入公平、法治、爱岗、敬业等社会主义核心价值观,培育学生的权利意识、规则意识、诚实守信的契约精神。贯彻落实本课程思政培养的思想品德标准、专业技术能力、科学素养、专业思维和方法、职业道德和职业素养等五个指标点,切实发挥本课程的思政教育功能。

※【教学要求】

本章要点	掌握层次	相关知识点
合同概述	1.了解合同的概念和特征； 2.熟悉合同的种类； 3.熟悉建设工程合同	1.合同的概念； 2.合同的种类
合同的订立	1.了解合同订立的原则和合同关系主体； 2.掌握合同签订的过程； 3.熟悉合同的条款； 4.掌握合同缔约过失责任	1.合同订立的原则和合同关系主体； 2.要约、要约邀请、承诺； 3.合同条款及合同缔约过失责任
合同的效力	1.掌握有效合同、无效合同的概念； 2.掌握效力待定合同、可撤销可变更合同的概念	1.有效合同、无效合同的概念； 2.效力待定合同、可撤销可变更合同的概念
合同的履行	1.了解合同履行的原则； 2.掌握合同条款不明确时的履行； 3.熟悉合同履行过程中的抗辩权	1.合同条款不明确时的履行； 2.合同履行过程中的抗辩权
合同的变更、终止、转让与解除	掌握合同的变更、终止、转让与解除	合同的变更、终止、转让与解除

※【项目案例导入】

2020年2月，甲、乙双方签订一份价值4万元的铝合金型材购销合同。合同约定乙方向甲方提供4万元的铝合金型材，交货日期为同年4月份，交货方式为乙方送货，甲方预付定金8 000元，违约金为5%，合同中对型材的规格、质量等有明确要求。合同签订后，甲方依约交付了定金。而届时乙方却未能交货，经甲方多次派人催促(差旅费花费500元)，双方同意延期至同年6月份交货，届时乙方只交付了2万元的型材。甲方收货后，即存放在仓库并继续催货。8月份，甲方从仓库取货使用，发现型材规格不符合合同要求，遂要求退货，并要求解除未履行部分的合同；乙方既不同意退货，亦不同意解除未履行部分的合同。甲方因急需用材，从其他单位另行购进了4万元的同种型料，后甲方诉至法院。

【问题导入】
(1) 乙方已履行部分能否退货？请说明理由。
(2) 合同未履行部分能否解除？请说明理由。
(3) 定金如何处理？
(4) 乙方应承担哪些违约责任？

5.1 合同概述

在工程建设领域，招标投标与合同管理是改革开放初期的两项重要改革内容。在市场经济建设中，两者是相辅相成的，缺一不可。招标投标能够体现建筑市场交易中的公平、公开、公正原则。合同则是招标投标竞争内容的明确化。通过招标投标和订立合同，可以保证工程建设能够更好地完成。

5.1.1 合同的概念

合同又称契约。从广义上说，合同是指以确定权利、义务为内容的协议，它不仅包括私法上的合同(即民事合同)，还包括行政合同和劳动合同。狭义的合同专指民事合同，它是设立、变更、终止民事权利义务关系的协议。《民法典》第三篇合同第一章第四百六十四条规定："合同是民事主体之间设立、变更、终止民事法律关系的协议。婚姻、收养、监护等有关身份关系的协议，适用有关该身份关系的法律规定；没有规定的，可以根据其性质参照适用本编规定。"

合同中所确立的权利、义务，必须是当事人依法可以享有的权利和能够承担的义务，这是合同具有法律效力的前提。在建设工程合同中，发包人必须拥有已经合法立项的项目，承包人必须具有承担承包任务的相应能力。如果在订立合同的过程中有违法行为，当事人不仅达不到预期的目的，还要根据违法情况承担相应的法律责任。如在建设工程合同中，当事人如果是通过欺诈、胁迫等手段订立的合同，则应当承担相应的法律责任。

5.1.2 合同的特征

(1) 合同是一种法律行为。合同依法成立，不履行合同就应承担法律责任。

(2) 合同的当事人法律地位平等。合同当事人无论是法人，还是自然人或其他组织，在法律地位上都是平等的，双方自愿协商，任何一方不得将自己的观点、主张强加给另一方。

(3) 合同是两个或两个以上当事人意思表示一致的法律行为。合同的成立必须有两个或两个以上当事人，当事人不仅要作出意思表示，而且意思表示必须是一致的。

(4) 合同是当事人的合法行为。依法签订的合同受法律的保护，相反，违反法律法规强制性规定签订的合同无效，当事人还要承担相应的法律责任。

5.1.3 合同的种类

《民法典》第三篇合同第二分编将合同分为19类：买卖合同；供用电、水、气、热力合同；赠与合同；借款合同；保证合同；租赁合同；融资租赁合同；保理合同；承揽合同；建设工程合同；运输合同；技术合同；保管合同；仓储合同；委托合同；物业服务合同；行纪合同；中介合同；合伙合同。《民法典》第三篇合同第二分编典型合同对每一类合同都作了较为详细的规定。

合同的形式

根据合同的法律特征，按照不同的标准，可以将合同作如下分类。

1. 有名合同与无名合同

根据法律是否明文规定了合同的名称，可以将合同分为有名合同与无名合同。

有名合同(又称典型合同)，是指法律上已经确定了一定的名称及具体规则的合同，如建设工程合同等。

合同的分类

无名合同(又称非典型合同)，是指法律上尚未确定名称与规则的合同。无名合同当事人可以自由决定合同的内容，即使当事人订立的合同不属于有名合同的范围，只要不违背法律的禁止性规定和社会公共利益，就仍然是有效的。

2. 双务合同与单务合同

双务合同是当事人双方相互享有权利和相互负有义务的合同。大多数合同都是双务合同，如建设工程合同。单务合同是指合同当事人双方并不相互享有权利、负有义务的合同，如赠与合同。

3. 诺成合同与实践合同

诺成合同是当事人意思表示一致即可成立的合同。实践合同则要求在当事人意思表示一致的基础上，还必须交付标的物或者其他给付义务的合同。现在的经济生活中，大部分合同都是诺成合同。这种合同分类的目的在于确立合同的生效时间。

4. 要式合同与不要式合同

法律要求必须具备一定形式和手续的合同称为要式合同。法律不要求具备一定形式和手续的合同称为不要式合同。

5. 有偿合同与无偿合同

有偿合同是指合同当事人双方任何一方均须给予另一方相应权益方能取得自己利益的合同。而无偿合同的当事人一方无须给予相应权益即可从另一方取得利益。在市场经济中，绝大部分合同都是有偿合同。

6. 主合同与从合同

主合同是指不依赖其他合同而独立存在的合同。从合同是以主合同的存在为存在前提的合同。主合同的无效、终止将导致从合同的无效、终止，但从合同的无效、终止不能影响主合同。担保合同就是典型的从合同。

5.1.4　建设工程合同

《民法典》第七百八十八条规定："建设工程合同是承包人进行工程建设，发包人支付价款的合同。建设工程合同包括工程勘察、设计、施工合同。"第七百八十九条规定："建设工程合同应当采用书面形式。"

工程建设一般经过勘察、设计、施工等过程，因此，建设工程合同的发包人是业主或者业主委托的管理机构，而承担勘察、设计、建筑安装任务的勘察人、设计人、施工人是工程承包人。建设工程合同包括建设工程勘察合同、建设工程设计合同、建设工程施工合同。需要说明的是，采购合同属于买卖合同，监理合同属于委托合同，这两者均不属于建设工程合同。

建设工程合同实质上是一种特殊的承揽合同。《民法典》第三篇合同第十八章建设工程合同第八百零八条规定："本章没有规定的，适用承揽合同的有关规定。"

5.2 合同的订立

5.2.1 合同订立的原则

合同规定了当事人法律地位平等原则，订立合同自愿原则、公平原则、诚实信用原则和合法原则。

1. 平等原则

《民法典》第四条规定："民事主体在民事活动中的法律地位一律平等。"合同当事人的法律地位平等，享有民事权利和承担民事义务的资格是平等的，因此，在订立合同中，双方当事人的意思表示必须是完全自愿的，不能是在强迫和压力下所作出的非自愿的意思表示。

建设工程合同是平等主体之间的法律行为，发包人与承包人的法律地位平等，只有订立建设工程合同的当事人平等协商，才有可能订立出意思表示一致的协议。

2. 自愿原则

《民法典》第五条规定："民事主体从事民事活动，应当遵循自愿原则，按照自己的意思设立、变更、终止民事法律关系。"合同当事人通过协商，自愿决定和调整相互的权利义务关系。自愿原则体现了民事活动的基本特征，是民事关系区别于行政法律关系、刑事法律关系的特有原则。民事主体合法的民事权利可以抗御非正当行使的国家权力，也不受其他民事主体的非法干预。

自愿的原则有以下几层含义：第一，合同当事人有订立或者不订立合同的自由；第二，合同当事人有权选择合同相对人；第三，合同当事人有权决定合同内容；第四，合同当事人有权自由决定合同形式，即合同当事人有权决定是否订立合同，有权选择与谁订立合同，有权拟定或者接受合同条款，有权以书面或者口头的形式订立合同。当然，合同的自愿原则应受到法律限制，这种限制对于不同的合同而言有所不同，需要说明的是，由于建设工程合同的重要性，法律法规对建设工程合同的干预较多，对当事人的合同自愿的限制也较多。建设工程合同内容中的质量条款，必须符合国家的质量标准；建设工程合同的形式必须是书面形式，当事人没有选择的权利。

3. 公平原则

《民法典》第六条规定："民事主体从事民事活动，应当遵循公平原则，合理确定各方的权利和义务。"在合同的订立和履行中，合同当事人应当正当行使合同权利和履行合同义务，兼顾他人利益，维系当事人的利益均衡。在双务合同中，一方当事人在享有权利的同时，也要承担相应义务，取得的利益要与付出的代价相适应。合同双方当事人之间的权利义务要公平合理，大体上平衡，强调一方给付与对方给付之间的等值性，合同上的负担和风险的合理分配。

建设工程合同也不例外，如果建设工程合同显失公平，则属于可变更或者可撤销的合同。

4. 诚实信用原则

《民法典》第七条规定："民事主体从事民事活动应当遵循诚信原则，秉持诚实，恪守承诺。"这是市场经济活动中形成的道德规则。

在交易活动(订立和履行合同)中要讲究信用，信守诺言，诚实不欺。诚实信用原则要求当事人在订立、履行合同，以及合同终止后的全过程中，都要诚实守信，相互协作。

对于建设工程合同，不论是发包人还是承包人，在行使权利时都应当充分尊重他人和社会的利益，忠实地履行约定的义务。如在招标投标阶段，招标文件和投标文件中都应当如实说明自己和项目的情况；在合同履行阶段，合同当事人双方都应当相互协作，如发生不可抗力时，应当相互告知，并尽量减少损失。

5. 合法原则

《民法典》第八条规定："民事主体从事民事活动，不得违反法律，不得违背公序良俗。"这要求合同当事人双方应遵守法律法规和公序良俗原则。该原则要求当事人在订立、履行合同时，不但应当遵守法律、行政法规，而且应当尊重社会公德，不得扰乱社会经济秩序，损害社会公共利益。

5.2.2 合同关系主体

合同法律关系的主体，是参加合同法律关系、享有相应权利、承担相应义务的当事人。合同法律关系的主体可以是自然人、法人或其他组织。

(1) 自然人。自然人是指基于出生而成为民事法律关系主体的有生命的人。作为合同法律关系主体的自然人，其必须具备相应的民事权利能力和民事行为能力。公民与自然人在法律地位上是平等的。

(2) 法人。法人是指具有民事权利能力和民事行为能力，依法独立享有民事权利和承担民事义务的组织。法人是与自然人相对应的概念，是法律赋予社会组织具有人格的一项制度。

(3) 其他组织。法人以外的其他组织也可以成为合同法律关系的主体，主要包括法人的分支机构，不具备法人资格的联营体、合伙企业、个人独资企业等。这些组织应当是合法成立、有一定的组织机构和财产，但又不具备法人资格的组织。

5.2.3 合同的签订

《民法典》第四百七十一条规定："当事人订立合同，采取要约、承诺方式或者其他方式。"

1. 要约

《民法典》第四百七十二条规定："要约是希望和他人订立合同的意思表示，该意思表示应当符合下列规定：(一)内容具体确定；(二)表明经受要约人承诺，要约人即受该意思表示约束。"具体地讲，要约必须是特定人的意思表示，必须以缔结合同为目的。要约必须是对相对人发出的行为，必须由相对人承诺，虽然相对人可能是不特定的多数人。另外，要约必须具备合同的一般条款。在招标投标活动中，投标文件属于要约。发出要约的人称为要约人，接受要约的人称为受要约人。

合同订立的一般程序

1) 要约的生效

要约的生效是指要约开始发生法律效力。自要约生效起，其一旦被有效承诺，合同即告成立。

《民法典》第四百七十四条规定，要约生效的时间适用本法第一百三十七条的规定："以对话方式作出的意思表示，相对人知道其内容时生效。以非对话方式作出的意思表示，到达相对人时生效。以非对话方式作出的采用数据电文形式的意思表示，相对人指定特定系统接收数据电文的，该数据电文进入该特定系统时生效；未指定特定系统的，相对人知道或者应当知道该数据电文进入其系统时生效。当事人对采用数据电文形式的意思表示的生效时间另有约定的，按照其约定。"

2) 要约的撤回与撤销

要约的撤回是指在要约发生法律效力之前，要约人使其不发生法律效力而取消要约的行为。《民法典》第四百七十五条规定："要约可以撤回"。要约的撤回适用本法第一百四十一条的规定："行为人可以撤回意思表示。撤回意思表示的通知应当在意思表示到达相对人前或者与意思表示同时到达相对人。"

要约的撤销是指要约在发生法律效力之后，要约人欲使其丧失法律效力而取消该项要约的意思表示。为了保护当事人的利益，《民法典》第四百七十六条规定，要约可以撤销，但是有下列情形之一的除外：(一)要约人确定了承诺期限或者以其他形式明示要约不可撤销；(二)受要约人有理由认为要约是不可撤销的，并已经为履行合同作了合理准备工作。

《民法典》第四百七十七条规定："撤销要约的意思表示以对话方式作出的，该意思表示的内容应当在受要约人作出承诺之前为受要约人所知道；撤销要约的意思表示以非对话方式作出的，应当在受要约人作出承诺之前到达受要约人。"

2. 要约邀请

《民法典》第四百七十三条规定："要约邀请是希望他人向自己发出要约的意思表示。拍卖公告、招标公告、招股说明书、债券募集办法、基金招募说明书、商业广告和宣传、寄送的价目表等为要约邀请。商业广告和宣传的内容符合要约条件的，构成要约。"

要约邀请并不是合同成立过程中的必经过程，它是当事人订立合同的预备行为，在法律上无须承担责任。这种意思表示的内容往往不确定，不含有合同得以成立的主要内容，也不含相对人同意后受其约束的表示。

要约邀请

3. 承诺

《民法典》第四百七十九条规定："承诺是受要约人同意要约的意思表示。即受要约人同意接受要约的条件以成立合同的意思表示。一般而言，要约一经承诺并送达要约人，合同即告成立。"

承诺必须符合一定条件才能发生法律效力。承诺必须具备如下条件。

(1) 承诺必须由受要约人作出。非受要约人向要约人作出的接受要约的意思表示是一种要约，而非承诺。

(2) 承诺只能向要约人作出。承诺不能向非要约人作出，因为非要约人根本没有与其订立合同的意愿。

承诺延误

(3) 承诺的内容应当与要约的内容一致。受要约人对要约的内容作出实质性变更的，视为新要约。

(4) 承诺必须在承诺期限内发出。超过期限，除要约人及时通知受要约人该承诺有效外，视为新要约。

5.2.4 合同的条款

合同的内容由当事人约定，这是合同自由的重要体现。合同的内容一般包括以下条款。

1. 当事人的名称或者姓名和住所

合同主体包括自然人、法人和其他组织。明确合同主体，对了解合同当事人的基本情况，履行合同和确定诉讼管辖具有重要的意义。自然人的姓名是指经户籍登记管理机关核准登记的正式用名。自然人的住所是指自然人有长期居住的意愿和事实的处所，即经常居住地。法人、其他组织的名称是指经登记主管机关核准登记的名称，如公司的名称以企业营业执照上的名称为准。法人、其他组织的住所是指它们的主要营业地或者主要办事机构所在地。当然，作为一种国家干预较多的合同，国家对建设工程合同的当事人有一些特殊的要求，如要求施工企业作为承包人时必须具有相应的资质等级。

2. 标的

标的是合同当事人双方权利、义务共同指向的对象。它可能是实物(如生产资料、生活资料、动产、不动产等)、行为(如工程承包、委托)或服务性工作(如劳务、加工)、智力成果(如专利、商标、专有技术)等。如工程承包合同，其标的是完成工程项目。标的是合同必须具备的条款。无标的或标的不明确，合同就不能成立，也无法履行。

3. 数量

数量是衡量合同标的多少的尺度，以数字和计量单位表示。没有数量或数量的规定不明确，则当事人双方权利义务的多少、合同是否完全履行都无法确定。数量必须严格按照国家规定的法定计量单位填写，以免当事人产生不同的理解。施工合同中的数量主要体现的是工程量的大小。

4. 质量

质量是标的的内在品质和外观形态的综合指标。签订合同时，必须明确质量标准。合同对质量标准的约定应当是准确而具体的，对于技术上较为复杂的和容易引起歧义的词语标准，应当加以说明和解释。对于强制性的标准，当事人必须执行，合同约定的质量不得低于该强制性标准。对于推荐性的标准，国家鼓励采用。当事人没有约定质量标准的，如果有国家标准，则依国家标准执行；如果没有国家标准，则依行业标准执行；如果没有行业标准，则依地方标准执行；如果没有地方标准，则依企业标准执行。由于建设工程中的质量标准大多是强制性的质量标准，故当事人的约定不能低于这些强制性的标准。

5. 价款或报酬

价款或报酬是当事人一方向交付标的的另一方支付的货币。标的物的价款由当事人双方协商，但必须符合国家的物价政策，劳务酬金也是如此。合同条款中应写明有关银行结算和支付方法的条款。价款或报酬在勘察、设计合同中体现为勘察设计费，在监理合同中则体现为监理费，在施工合同中则体现为工程款。

6. 合同期限、履行地点和方式

合同期限是指履行合同的期限，即从合同生效到合同结束的时间。履行地点是指合同标的物所在地，如以承包工程为标的的合同，其履行地点是工程计划文件所规定的工程所在地。

由于一切经济活动都是在一定的时间和空间内进行的，离开具体的时间和空间，经济活动是没有意义的，因此，合同中应非常具体地规定合同期限和履行地点。

7. 违约责任

违约责任是合同一方或双方因过失不能履行或不能完全履行合同责任而侵犯了另一方权利时所应负的责任。违约责任是合同的关键条款之一。如果没有规定违约责任，则合同对双方难以形成法律约束力，难以确保合同圆满履行，发生争执时也难以解决。

8. 解决争议的方法

在合同履行过程中不可避免地会发生争议，为使争议发生后能够有一个双方都能接受的解决办法，应当在合同条款中对此作出规定。如果当事人希望通过仲裁作为解决争议的最终方式，则必须在合同中约定仲裁条款，因为仲裁是以自愿为原则的。

5.2.5 合同缔约过失责任

1. 缔约过失责任的概念

缔约过失责任也称契约责任或者缔约过失中的损害赔偿责任，是指在合同订立过程中，一方违背其依据诚实信用原则和法律规定所承担的义务致另一方的信赖利益遭受损失时，应当承担损害赔偿责任。

《民法典》第五百条确立了缔约过失责任制度，当事人在订立合同过程中有下列情形之一，给对方造成损失的，应当承担赔偿责任：(一)假借订立合同，恶意进行磋商；(二)故意隐瞒与订立合同有关的重要事实或者提供虚假情况；(三)有其他违背诚实信用原则的行为。缔约过失责任实质上是诚实信用原则在缔约过程中的体现，它既不同于违约责任，也有别于侵权责任，是一种独立的责任。

2. 缔约过失责任的构成

缔约过失责任是针对合同尚未成立应当承担的责任，其成立必须具备一定的条件，否则将极大地损害当事人协商订立合同的积极性。

(1) 缔约一方有损失。损害事实是构成民事赔偿责任的首要条件，如果没有损害事实的存在，也就不存在损害赔偿责任。缔约过失责任的损失是一种信赖利益的损失，即缔约人信赖合同有效成立，但因法定事由发生，致使合同不成立、无效或被撤销等而造成的损失。

(2) 缔约当事人有过错。承担缔约过失责任一方应当有过错，包括故意行为和过失行为导致的后果责任。这种过错主要表现为违反先合同义务。所谓先合同义务，是指自缔约人双方为签订合同而互相接触磋商开始，但合同尚未成立，逐渐产生的注意义务(或称附随

义务),包括协助、通知、照顾、保护、保密等义务,自要约生效时开始产生。

(3) 合同尚未成立。这是缔约过失责任有别于违约责任的最重要原因。合同一旦成立,当事人应当承担的是违约责任或者合同无效的法律责任。

(4) 缔约当事人的过错行为与该损失之间有因果关系。缔约当事人的过错行为与该损失之间有因果关系,即该损失是由违反先合同义务引起的。

【案例 5-1】

2019 年 8 月 8 日,某建筑公司向某水泥厂发放了一份购买水泥的要约,要约中明确规定承诺期限为 2019 年 8 月 12 日 12:00。为保证工作的快捷高效,要约中同时约定了采用电子邮件方式作出承诺并提供了电子信箱。水泥厂接到要约后经过研究,同意出售给建筑公司水泥,水泥厂 2019 年 8 月 12 日 11:30 给建筑公司发出了同意出售水泥的电子邮件。但是,由于建筑公司所在地区的网络出现故障,直到当天 15:30 才收到邮件。

问题:

该承诺是否有效?

5.3 合同的效力

5.3.1 有效合同

1. 合同生效的条件

《民法典》第五百零二条规定:"依法成立的合同,自成立时生效。但是法律另有规定或者当事人另有约定的除外。"合同的成立只意味着当事人之间已经就合同的内容达成一致,但是合同能否产生法律效力还要看它是否符合法律规定。合同生效是指已经成立的合同因符合法律规定而受到法律保护,并能够产生当事人所预想的法律结果。

《民法典》第一百四十三条规定,具备下列条件的民事法律行为有效:

(一)行为人具有相应的民事行为能力;

(二)意思表示真实;

(三)不违反法律、行政法规的强制性规定,不违背公序良俗。

2. 合同生效的时间

(1) 合同生效时间的一般规定。一般来说,依法成立的合同,自成立时生效。具体地讲:口头合同自受要约人承诺时生效;书面合同自当事人双方签字或者盖章时生效;法律规定应当采用书面形式的合同,当事人虽然未采用书面形式,但已经履行全部或者主要义务的,可以视为合同有效。

(2) 附条件和附期限合同的生效时间。当事人可以对合同生效约定附条件或者约定附期限。附条件的合同,包括附生效条件的合同和附解除条件的合同两类。附生效条件的合同,自条件成就时生效;附解除条件的合同,自条件成就时失效。当事人为了自己的利益不正当阻止条件成就的,视为条件已经成就;不正当促成条件成就的,视为条件不成就。附期限的合同,包括附生效期限的合同和附终止期限的合同。附生效期限的合同,自期限届至时生效;附终止期限的合同,自期限届满时失效。

附条件合同的成立与生效不是同一时间，合同成立后虽然并未开始履行，但任何一方不得撤销要约和承诺，否则应承担缔约过失责任，赔偿对方因此而受到的损失；合同生效后，当事人双方必须忠实履行合同约定的义务，如果不履行或未正确履行义务，应按违约责任条款的约定追究责任。一方不正当地阻止条件成就，视为合同已生效，同样要追究其违约责任。

5.3.2 无效合同和无效免责条款

1. 无效合同

无效合同是指当事人违反了法律规定的条件而订立的，国家不承认其效力，不给予法律保护的合同。无效合同从订立之时起就没有法律效力，不论合同履行到什么阶段，合同被确认无效后，这种无效的确认要追溯到合同订立时。

有下列情形之一的，合同无效。

(1) 《民法典》第一百四十四条规定："无民事行为能力人实施的民事法律行为无效。"

(2) 《民法典》第一百四十六条规定："行为人与相对人以虚假的意思表示实施的民事法律行为无效。"

(3) 《民法典》第一百五十三条规定："违反法律、行政法规的强制性规定的民事法律行为无效。但是，该强制性规定不导致该民事法律行为无效的除外。违背公序良俗的民事法律行为无效。"

(4) 《民法典》第一百五十四条规定："行为人与相对人恶意串通，损害他人合法权益的民事法律行为无效。"

2. 无效合同中的免责条款

无效合同免责条款是指当事人双方在合同中事先约定的、旨在限制或免除其未来责任的条款。

《民法典》第五百零六条规定，合同中的下列免责条款无效：

(一)造成对方人身伤害的；

(二)因故意或者重大过失造成对方财产损失的。

5.3.3 效力待定合同

效力待定合同又称效力未定合同，是指法律效力尚未确定，尚待有权利的第三方为一定意思表示来最终确定效力的合同。效力待定合同主要有以下几种情况。

(1) 限制民事行为能力人订立的合同。无民事行为能力人不能订立合同，限制行为能力人一般情况下也不能独立订立合同。限制民事行为能力人订立的合同，经法定代理人追认以后，合同有效。限制民事行为能力人的监护人是其法定代理人。相对人可以催告法定代理人在 1 个月内予以追认，法定代理人未作表示的，视为拒绝追认。合同被追认之前，善意相对人有撤销的权利。撤销应当以通知的方式作出。

(2) 无权代理订立的合同。代理人没有代理权(即自始不存在被代理人的授权)、超越代理权(被代理人有授权但代理人的行为不在授权之列)、代

效力待定合同

视频：效力待定合同

理权终止(指定的代理事项完结、代理期限届满、被代理人撤回授权)后以被代理人名义订立的合同,只有经过被代理人的追认,才对被代理人发生法律效力,即合同生效;如果被代理人不追认,代理人所签合同对被代理人不发生效力,由行为人承担法律责任。可见,无权代理订立的合同对被代理人是否有效,关键取决于被代理人是否追认。

(3) 无处分权人订立的合同。处分权是所有权内容的核心,是所有权最基本的权能,指对物进行处置、决定物的命运的权能。如承租人未经出租人同意擅自转租,保管人擅自将储存物变卖,这种无处分权的人处分他人财产订立的合同,为效力待定合同,但"经权利人追认或者无处分权的人订立合同后取得处分权的,该合同有效"。如保管人将变卖储存物的货款交给货主,货主收取而无异议的,或处分财产时尚无处分权,事后由于继承、合并、买卖或赠与等方式取得了处分权的,合同均为有效。

(4) 表见代理人订立的合同。"表见代理"是善意相对第三人通过被代理人的行为足以相信无权代理人具有代理权的代理。基于此项信赖,该代理行为有效。善意第三人与无权代理人进行的交易行为(订立合同),其后果由被代理人承担。表见代理的规定,其目的是保护善意的第三人。在现实生活中,较为常见的表见代理是采购员或者推销员拿着盖有单位公章的空白合同文本,超越授权范围与其他单位订立合同。此时其他单位如果不知采购员或者推销员的授权范围,即为善意第三人。此时订立的合同有效。

表见代理

(5) 法人或其他组织的法定代表人、负责人越权订立的合同。法人或其他组织的法定代表人、负责人超越权限订立的合同,除相对人知道或应当知道其超越权限以外,该代表行为有效。

5.3.4 可撤销、可变更合同

可变更或可撤销的合同,是指欠缺生效条件,但一方当事人可依照自己的意思使合同的内容变更或者使合同的效力归于消灭的合同。如果合同当事人对合同的可变更或可撤销发生争议,那么只有人民法院或者仲裁机构有权变更或者撤销合同。可变更或可撤销的合同不同于无效合同,当事人提出请求是合同被变更、撤销的前提,人民法院或者仲裁机构不得主动变更或者撤销合同。当事人如果只要求变更,人民法院或者仲裁机构不得撤销其合同。

有下列情形之一的,为可变更或可撤销合同。

(1) 《民法典》第一百四十七条规定:"基于重大误解实施的民事法律行为,行为人有权请求人民法院或者仲裁机构予以撤销。"

撤销权的消灭

(2) 《民法典》第一百四十八条规定:"一方以欺诈手段,使对方在违背真实意思的情况下实施的民事法律行为,受欺诈方有权请求人民法院或者仲裁机构予以撤销。"

(3) 《民法典》第一百四十九条规定:"第三人实施欺诈行为,使一方在违背真实意思的情况下实施的民事法律行为,对方知道或者应当知道该欺诈行为的,受欺诈方有权请求人民法院或者仲裁机构予以撤销。"

(4) 《民法典》第一百五十条规定:"一方或者第三人以胁迫手段,使对方在违背真实意思的情况下实施的民事法律行为,受胁迫方有权请求人民法院或者仲裁机构予以撤销。"

(5)《民法典》第一百五十一条规定:"一方利用对方处于危困状态、缺乏判断能力等情形,致使民事法律行为成立时显失公平的,受损害方有权请求人民法院或者仲裁机构予以撤销。"

【案例 5-2】

A 企业没有建筑施工企业资质,与某建设单位签订了一工程的承包合同,合同约定工程造价为 1 503 万元,2018 年 12 月 5 日竣工。工程按期竣工后,经验收不合格,A 企业进行了修复,后经验收仍不合格,于是某建设单位拒绝支付工程价款。2019 年 2 月 6 日,A 企业诉至法院,要求建设单位支付工程价款。

问题:

本案中合同是否有效?本案应如何处理?

5.4 合同的履行

5.4.1 合同履行概述

合同履行是指当事人双方按照合同规定的标的、数量、质量、价款或酬金、履行期限、履行地点和履行方式等,全面地完成各自承担的义务。合同的内容是债权人的权利和债务人的义务。债务人履行了自己的义务,债权人实现了自己的权利,合同的内容就得到了实现,合同也就得到了履行。

合同担保

如果当事人只完成了合同规定的部分义务,则称为合同的部分履行,或不完全履行合同;如果完全没有履行合同规定的义务,则称为合同未履行,或不履行合同。合同的履行以有效的合同为前提和依据,因为无效合同从订立之时起就不具备法律效力,不存在合同履行的问题。合同履行是该合同具有法律约束力的首要表现。

5.4.2 合同履行的原则

《民法典》第五百零九条规定:"当事人应当按照约定全面履行自己的义务。当事人应当遵循诚实信用原则,根据合同的性质、目的和交易习惯履行通知、协助、保密等义务。"即合同履行应遵循以下原则。

1. 全面履行原则

当事人应当按照约定全面履行自己的义务,即按合同约定的标的、价款、数量、质量、地点、期限、方式等全面履行各自的义务。按照约定履行自己的义务,既包括全面履行合同义务,也包括正确适当地履行合同义务。合同有明确约定的,应当依约定履行。但是,合同约定不明确并不意味着合同无须全面履行,或约定不明确部分可以不履行。

2. 诚实信用原则

诚实信用原则要求人们在市场交易中讲究信用、恪守诺言、诚实无欺,在不损害他人经济利益的前提下追求自己的利益。这一原则对于一切合同及合同履行的各个方面均适用。

5.4.3 合同条款不明确时的履行

《民法典》第五百一十条规定："合同生效后，当事人就质量、价款或者报酬、履行地点等内容没有约定或者约定不明确的，可以协议补充；不能达成补充协议的，按照合同有关条款或者交易习惯确定。"按照合同有关条款或者交易习惯确定，一般只适用于部分常见条款欠缺或者不明确的情况。如果仍不能确定合同是如何履行的，《民法典》第五百一十一条又作了进一步规定。

因此，当合同内容约定不明确无法全面正确适当履行时，可采取下列六项具体措施。

(1) 质量要求不明确的，按照强制性国家标准履行；没有强制性国家标准的，按照推荐性国家标准履行；没有推荐性国家标准的，按照行业标准履行；没有国家标准、行业标准的，按照通常标准或者符合合同目的的特定标准履行。

(2) 价款或者报酬不明确的。按照订立合同时履行地的市场价格履行；依法应当执行政府定价或者政府指导价的，依照规定履行。建设工程施工合同中，合同履行地为工程所在地。因此，约定不明确时，应当执行工程所在地的市场价格。

(3) 履行地点约定不明确，给付货币的，在接受货币一方所在地履行；交付不动产的，在不动产所在地履行；其他标的，在履行义务一方所在地履行。

(4) 履行期限不明确的，债务人可以随时履行，债权人也可以随时要求履行，但是应当给对方必要的准备时间。

(5) 履行方式约定不明确的，按照有利于实现合同目的的方式履行。(这是一个相对模糊的概念，需要当事人各方遵循诚实信用原则来履行，最终还是要更好地实现合同目的。)

(6) 履行费用的负担约定不明确的，由履行义务的一方负担；因债权人原因增加的履行费用，由债权人负担。

5.4.4 合同履行过程中的抗辩权

抗辩权，是指在双务合同履行中合同的当事人双方都应当履行自己的债务，一方有依法对抗对方要求或否认对方权利主张的权利。《民法典》第五百二十五、五百二十六、五百二十七条分别规定了同时履行抗辩权、后履行抗辩权、先履行抗辩权。

1. 同时履行抗辩权

《民法典》第五百二十五条规定：当事人互负债务，没有先后履行顺序的，应当同时履行。一方在对方履行之前有权拒绝其履行要求。一方在对方履行债务不符合约定时，有权拒绝其相应的履行要求。

同时履行抗辩权的适用条件如下所述。

(1) 基于同一双务合同产生互负的债务，只有在同一双务合同中才能产生同时履行抗辩权。

(2) 双方互负的债务均已届清偿期，且没有先后履行顺序；只有在当事人双方的债务同时到期时才可能产生同时履行抗辩权。

(3) 当事人另一方未履行债务或未提出履行债务，或者履行不适当。

(4) 当事人双方的给付义务是可能履行的义务，倘若对方所负债务已经没有履行的可能，则不发生同时履行抗辩问题，当事人可依照法律规定解除合同。

2. 后履行抗辩权

《民法典》第五百二十六条规定："当事人互负债务，有先后履行顺序，应当先履行一方未履行的，后履行一方有权拒绝其履行要求。先履行一方履行债务不符合约定的，后履行一方有权拒绝其相应的履行要求。"如材料供应合同按照约定由供货方先行交付订购的材料后，采购方再行付款结算，若合同履行过程中供贷方交付的材料质量不符合约定的标准，采购方有权拒付材料款。

行使后履行抗辩权需满足以下条件。

(1) 由同一双务合同产生互负的债务。

(2) 合同中约定了履行的顺序。

(3) 应当先履行的合同当事人没有履行债务或者没有正确履行债务。

(4) 应当先履行的对价给付是可能履行的义务。

3. 先履行抗辩权

先履行抗辩权，又称不安抗辩权，是指合同中约定履行的顺序，合同成立后履行的一方发生了财务状况恶化等情况，先履行合同的一方在对方未履行或者提供担保前有权拒绝先为履行。设立不安抗辩权的目的在于，预防合同成文后情况发生变化而损害合同先履行一方的利益。

《民法典》第五百二十七条规定，应当先履行债务的当事人，有确切证据证明对方有下列情形之一的，可以中止履行：(一)经营状况严重恶化；(二)转移财产、抽逃资金，以逃避债务；(三)丧失商业信誉；(四)有丧失或者可能丧失履行债务能力的其他情形。当事人没有确切证据中止履行的，应当承担违约责任。

行使先履行抗辩权需满足以下条件。

(1) 基于同一双务合同而互负债务。

(2) 负有先履行义务的一方当事人才能享有先履行抗辩权。

(3) 后给付另一方当事人的履行能力明显降低，有不能履行的实际风险。

5.5 合同的变更、终止、转让与解除

5.5.1 合同的变更

合同变更是指当事人对已经发生法律效力，但尚未履行或者尚未完全履行的合同，双方依法对合同的内容进行修订或调整所达成的协议。当事人对合同变更的内容约定不明确的，推定为未变更。

《民法典》第五百四十三条规定："当事人协商一致，可以变更合同。"

(1) 合同的变更须经当事人双方协商一致。如果双方当事人就变更事项达成一致意见，当事人应当按照变更后的内容履行合同。如果一方当事人未经对方同意就改变合同的内容，不仅变更的内容对另一方没有约束力，其做法还是一种违约行为，应当承担违约责任。

(2) 合同变更须遵循法定的程序。法律、行政法规规定变更合同事项应当办理批准、

登记手续的，应当依法办理相应手续。如果没有履行法定程序，即使当事人已协议变更了合同，其变更内容也不发生法律效力。

(3) 对合同变更内容约定不明确的推定为未变更。合同变更的内容必须明确约定。如果当事人对于合同变更的内容约定不明确，则将被推定为未变更，任何一方不得要求对方履行约定不明确的变更内容。

5.5.2 合同的终止

合同终止，是指合同关系不再存在，合同当事人之间的债权债务关系终止，当事人不再受合同关系的约束。合同的终止也就是合同效力的完全终结。合同终止是随着一定法律事实发生而发生的，与合同中止不同之处在于，合同中止只是在法定的特殊情况下，当事人暂时停止履行合同，当这种特殊情况消失以后，当事人仍然承担履行的义务；而合同终止是合同关系的消灭，不可能恢复。

《民法典》第五百五十七条规定，有下列情形之一的，合同的权利义务终止：(一)债务已经履行；(二)债务相互抵消；(三)债务人依法将标的物提存；(四)债权人免除债务；(五)债权债务同归于一人；(六)法律规定或者当事人约定终止的其他情形。

合同终止，合同中债权的担保及其他从属的权利，随合同终止而同时消灭，如为担保债权而设定的保证、抵押权或者质权，事先在合同中约定的利息或者违约金因此而消灭。但合同的权利义务终止，不影响合同中结算与清理条款的效力。合同无效、被撤销或者终止的，不影响合同中独立存在的有关解决争议方法的条款的效力。

《民法典》第五百五十八条规定："债权债务终止后，当事人应当遵循诚实信用原则，根据交易习惯履行通知、协助、保密、旧物回收等义务。"

5.5.3 合同的转让

合同的转让，是指当事人一方将合同的权利和义务转让给第三人，由第三人接受权利和承担义务的法律行为。合同转让可以部分转让，也可以全部转让。随着合同的全部转让，原合同当事人之间的权利和义务关系消灭，与此同时，在未转让一方当事人和第三人之间形成新的权利义务关系。

1. 债权转让

债权转让是指合同当事人将合同中的权利全部或部分转让给第三方的行为。转让合同权利的当事人称为让与人，接受转让的第三人称为受让人。《民法典》第五百四十五、五百四十六条规定了权利不得转让的情形和债权人转让权利的条件。

(1) 不得转让的情形：①根据债权性质不得转让；②按照当事人约定不得转让；③依照法律规定不得转让。

(2) 债权人转让权利的条件：债权人转让权利的，应当通知债务人。未经通知，该转让对债务人不发生效力。除非受让人同意，否则债权人转让权利的通知不得撤销。

2. 债务转让

债务转让是指债务人将合同的义务全部或部分地转移给第三人的行为。《民法典》第五百五十一条规定了债务人转让合同义务的条件：债务人将债务全部或部分转让给第三人，应当经债权人同意。

3. 债权债务一并转让

债权债务一并转让是指当事人一方将债权债务一并转让给第三人，由第三人接受这些债权债务的行为。

《民法典》第五百五十五条规定："当事人一方经对方同意，可以将自己在合同中的权利和义务一并转让给第三人。"由此可见，经对方同意是同时转让的一个必要条件。因为同时转让包含了债务转移，而债务转移要征得债权人的同意。

《民法典》第五百五十六条规定："合同的权利和义务一并转让的，适用债权转让、债务转移的有关规定。"

债权债务的概括转移的条件如下。

(1) 转让人与承受人达成合同转让协议。这是债权债务的概括转移的关键。如果承受人不接受该债权债务，则无法发生债权债务的转移。

(2) 原合同必须有效。

(3) 原合同为双务合同。

(4) 符合法定的程序。

5.5.4 合同的解除

合同的解除是指在合同没有履行或没有完全履行之前，因订立合同所依据的主、客观情况发生变化，致使合同的履行成为不可能或不必要，依照法律规定的程序和条件，合同当事人的一方或者协商一致后的双方终止原合同法律关系。

合同解除可分为约定解除和法定解除。

(1) 约定解除。约定解除是当事人通过行使约定的解除权或者双方协商决定而进行的合同解除。《民法典》第五百六十二条规定："当事人协商一致，可以解除合同。当事人可以约定一方解除合同的事由。解除合同的事由发生时，解除权人可以解除合同。"

(2) 法定解除。法定解除是解除条件直接由法律规定的合同解除。当法律规定的解除条件具备时，当事人可以解除合同。它与合同约定解除权的解除都具备一定解除条件时，由一方行使解除权；区别则在于解除条件的来源不同。

《民法典》第五百六十三条规定，有下列情形之一的，当事人可以解除合同：①因不可抗力致使不能实现合同目的；②在履行期限届满之前，当事人一方明确表示或者以自己的行为表明不履行主要债务；③当事人一方迟延履行主要债务，经催告后在合理期限内仍未履行；④当事人一方迟延履行债务或者有其他违约行为致使不能实现合同目的；⑤法律规定的其他情形。

【案例 5-3】

兴达公司与山川厂于某年 12 月 30 日签订了一份财产租赁合同。合同规定兴达公司租用山川厂 5 台翻斗车运输土方，租赁期为 1 年，租金必须按月付清，逾期未付，承租人承担滞纳金；超过 30 天仍不付清租金的，出租方有权解除合同。次年 2 月 1 日兴达公司接车后未付租金,山川厂两次书面通知兴达公司按约付租金,并言明逾期将依约解除合同。但兴达公司仍未付。同年 6 月 10 日,山川厂单方通知解除与兴达公司的合同,并向兴达公司提起诉讼,要求赔偿其损失 12 000 元。

问题:
(1) 山川厂是否有权解除合同?
(2) 山川厂的损失应由谁承担?

5.6 合同的违约责任

5.6.1 违约责任的概念

违约责任(又称违反合同的民事责任),是指合同当事人因违反合同义务所承担的责任。《民法典》第五百七十七条规定,当事人一方不履行合同义务或者履行合同义务不符合约定的,应当承担继续履行、采取补救措施或者赔偿损失等违约责任。

违约责任特征包括:①违约责任的产生是以合同当事人不履行合同义务为条件的;②违约责任具有相对性;③违约责任主要具有补偿性,即旨在弥补或补偿因违约行为造成的损害后果;④违约责任可以由合同当事人约定,但约定不符合法律要求的,将会被宣告无效或被撤销;⑤违约责任是民事责任。

5.6.2 违约责任的构成

当事人承担违约责任的条件,是指当事人承担违约责任应当具备的要件。承担违约责任的条件采用严格责任原则,只要当事人有违约行为,即当事人不履行合同或者履行合同不符合约定的条件,就应当承担违约责任。需要说明的是,违反合同而承担的违约责任,是以合同有效为前提的。无效合同从订立之时起就不具备法律效力,所以谈不上违约责任的问题,但对部分无效合同中有效条款的不履行,仍应承担违约责任。

合同争议的处理

例如,我国《建设工程施工合同(示范文本)》通用条款中对施工合同的违约责任作了以下规定。

当发生下列情况时,作为业主违约:①业主不按时支付预付工程款;②业主不按合同约定支付工程款,导致施工无法进行;③业主无正当理由不支付工程竣工结算价款;④业主不履行合同义务或不按合同约定履行义务的其他情况。

当发生下列情况时,作为承包商违约:①承包商不按照协议书约定的竣工日期或工程师同意顺延的工期竣工;②因承包商的原因致使工程质量达不到协议书约定的质量标准;③承包商不履行合同义务或不按合同约定履行义务的其他情况。

5.6.3 违约责任的归责原则

所谓归责,就是将责任归属于某人;所谓归责原则,就是将责任归属于某人的正当理由。为了妥当地平衡行为人的行为自由和受害人的法益保护这两个价值,避免有违约方绝对承担违约责任所导致的风险不合理分配,《民法典》作了一些相关规定。

1. 违约责任的免除和减轻

《民法典》第五百九十条第一款规定，当事人一方因不可抗力不能履行合同的，根据不可抗力的影响，部分或者全部免除责任，但是法律另有规定的除外。

《民法典》第五百九十二条规定，当事人都违反合同的，应当各自承担相应的责任。当事人一方违约造成对方损失，对方对损失的发生有过错的，可以减少相应的损失赔偿额。

同时，《民法典》在具体的典型合同中也规定了免责或者减责事由。比如第八百二十三条第一款规定，承运人应当对运输过程中旅客的伤亡承担赔偿责任；但是，伤亡是旅客自身健康原因造成的或者承运人证明伤亡是旅客故意、重大过失造成的除外。

2. 具体合同类型中的特殊归责和免责事由

《民法典》在一些具体的典型合同中规定了特殊的归责事由。比如，第六百六十条第二款规定，依据该条第一款规定应当交付的赠与财产因赠与人故意或者重大过失致使毁损、灭失的，赠与人应当承担赔偿责任。

《民法典》在一些具体的典型合同中也规定了特殊的免责事由。例如，第八百三十二条规定，承运人对运输过程中货物的毁损、灭失承担赔偿责任。但是，承运人证明货物的毁损、灭失是因不可抗力、货物本身的自然性质或者合理损耗以及托运人、收货人的过错造成的，不承担赔偿责任。

3. 允许当事人约定免责或限制责任

根据自愿原则，《民法典》承认当事人之间自愿协商一致的免责或者限责条款的效力，仅在特殊情况下限制这些条款的效力。

5.6.4 违约责任的承担形式

1. 继续履行

继续履行，是指由于当事人一方的过错造成违约事实发生，并向对方支付违约金或赔偿金之后，合同未经解除，仍然不失去其法律效力，也即并不因违约人支付违约金或赔偿金而免除其继续履行合同的义务。合同的继续履行，既是实际履行原则的体现，也是一种违约责任，它可以实现双方当事人订立合同时要达到的实际目的。

《民法典》第五百八十条规定，当事人一方不履行非金钱债务或者履行非金钱债务不符合约定的，对方可以要求履行，但有下列情形之一的除外：①法律上或者事实上不能履行；②债务的标的不适于强制履行或者履行费用过高；③债权人在合理期限内未要求履行。

2. 采取补救措施

采取补救措施，是指在当事人违反合同的事实发生后，为防止损失发生或者扩大，而通过由违反合同一方依照法律规定或者约定采取的修理、更换、重新制作、退货、减少价格或者报酬等措施，来给债权人弥补或者挽回损失的责任形式。建设工程合同中，采取补救措施是施工单位承担违约责任常用的方法。例如，在合同履行过程中，业主或监理工程师发现，承包商的部分工程施工质量不符合合同约定的质量标准，可以要求承包商对该工程进行返修或者返工。承包商的返修或返工行为就是一种补救措施。

《民法典》第五百八十二条规定,履行不符合约定的,应当按照当事人的约定承担违约责任。对违约责任没有约定或者约定不明确,依照《民法典》第五百一十条的规定仍不能确定的,受损害方根据标的的性质以及损失的大小,可以合理选择要求对方承担修理、重作、更换、退货、减少价款或者报酬等违约责任。

3. 赔偿损失

《民法典》第五百八十三条规定:"当事人一方不履行合同义务或者履行合同义务不符合约定的,在履行义务或者采取补救措施后,对方还有其他损失的,应当赔偿损失。"当事人一方违反经济合同的赔偿责任,应当赔偿另一方因此所受到的损失,包括财产的毁损、灭失、减少和为减少损失所发生的费用以及按照合同约定履行可以获得的利益。但违约一方的损失赔偿不得超过它订立合同时应当预见到的损失。法律法规规定责任限额的,依照法律法规的规定承担责任。当事人也可以在合同中约定因违约而产生的损失赔偿额的计算方法。

赔偿损失金应在明确责任后 10 日内偿付,否则按逾期付款处理。所谓明确责任,在实践中有两种情况:一是由双方自行协商明确各自的责任;二是由合同仲裁机关或人民法院明确责任。日期的计算,前者以双方达成协议之日起计算,后者以调解书送达之日起或裁决书、审判书生效之日起计算。

4. 支付违约金

《民法典》第五百八十五条规定:"当事人可以约定一方违约时应当根据违约情况向对方支付一定数额的违约金,也可以约定因违约产生的损失赔偿额的计算方法。约定的违约金低于造成的损失的,人民法院或者仲裁机构可以根据当事人的请求予以增加;约定的违约金过分高于造成的损失的,人民法院或者仲裁机构可以根据当事人的请求予以适当减少。当事人就迟延履行约定违约金的,违约方支付违约金后,还应当履行债务。"但是,违约金与赔偿损失不能同时采用。

5. 行定金罚则

《民法典》第五百八十六条规定:"当事人可以约定一方向对方给付定金作为债权的担保。定金合同自实际交付定金时成立。定金的数额由当事人约定,但是不得超过主合同标的额的百分之二十,超过部分不产生定金的效力。实际交付的定金数额多于或者少于约定数额的,视为变更约定的定金数额。"

《民法典》第五百八十七条规定:"债务人履行债务的,定金应当抵作价款或者收回。给付定金的一方不履行债务或者履行债务不符合约定,致使不能实现合同目的的,无权请求返还定金;收受定金的一方不履行债务或者履行债务不符合约定,致使不能实现合同目的的,应当双倍返还定金。"

《民法典》第五百八十八条规定:"当事人既约定违约金,又约定定金的,一方违约时,对方可以选择适用违约金或者定金条款。定金不足以弥补一方违约造成的损失的,对方可以请求赔偿超过定金数额的损失。"

案例分析

课堂思政案例

案例一：积极型欺诈

案情：刘某为了让孩子上重点中学，求购学区房。

中介公司宣称该房属于"学区房"，保证可以让孩子上区重点中学。房屋过户后，刘某发现该房并非学区房，而是紧邻学区房的房子，遂拒绝向中介公司支付中介费，并要求撤销房屋买卖合同。

案例二：隐瞒型欺诈

案情：房主、中介故意隐瞒"凶宅"实情。

2020年12月，张某委托中介公司提供中介服务向王某购买房屋，双方签订《北京市房屋买卖合同》，并完成房款交付及过户手续。后来，张某得知2019年涉案房屋内发生过非正常死亡，一名女子曾在涉案房屋厕所中自杀身亡。

本章小结

本章主要对建设工程合同法律制度的概念、原则、建设工程合同的订立过程，无效合同、效力待定合同、可变更可撤销合同的内容，合同的履行、变更、转让、终止及建设工程合同的违约责任与纠纷处理等内容进行了阐述。

实训练习

一、单项选择题

1. 合同的主体是(　　)。
    A. 法人　　　B. 法人和其他组织　　　C. 自然人　　　D. 自然人、法人和其他组织
2. 施工招标的广告属于(　　)。
    A. 要约　　　B. 有效承诺　　　C. 无效承诺　　　D. 要约邀请
3. 由于当事人的疏忽合同内未约定履行期限，事后双方又没能就履行期限的时间达成一致形成补充协议，则(　　)。
    A. 可视为无效合同
    B. 按可撤销合同对待
    C. 债权人可以随时要求履行，但应给对方必要准备时间
    D. 债权人要求履行时，债务人可以拒绝履行
4. 当事人行使不安抗辩权的法律效果是(　　)。
    A. 终止合同　　　　　　　　B. 解除合同
    C. 中止履行合同　　　　　　D. 恢复履行合同
5. 债务人决定将合同中的义务转让给第三人时，(　　)。
    A. 应当经债权人同意

B. 无须经债权人同意，但应通知债权人
C. 无须经债权人同意，但应办理公证手续
D. 无须经债权人同意，也无须通知债权人

二、多项选择题

1. 属于无效合同的情况包括(　　)。
   A. 一方以欺诈的手段订立合同损害对方当事人的利益
   B. 显失公平订立的合同
   C. 合同标的实现损害社会公共利益
   D. 与对方恶意串通损害第三人利益
   E. 一方乘人之危订立显失公平的合同损害对方合法权益
2. 缔约过失责任的构成必须具备的条件包括(　　)。
   A. 缔约一方有损失　　B. 缔约一方有违约行为　　C. 缔约当事人有过错
   D. 一方违反先合同义务　　E. 合同已经生效
3. 当事人在订立合同过程中有(　　)情形之一，给对方造成损失的，应当承担损害赔偿责任。
   A. 假借订立合同，恶意进行磋商
   B. 故意隐瞒与订立合同有关的重要事实或者提供虚假情况
   C. 有其他违背诚实原则的行为
   D. 不正当地使用商业秘密
   E. 不接受对方合理条件导致合同未能成立
4. 《民法典》第四百七十六条规定，有(　　)情况之一的要约不得撤销。
   A. 要约人确定了承诺期限或者以其他形式明示要约不可撤销
   B. 合同的内容为不可撤销的
   C. 受要约人通知要约人为不可撤销的
   D. 受要约人有理由认为要约是不可撤销的，并已经为履行合同做了准备工作
   E. 要约按期到达受要约人的
5. 合同履行中，承担违约责任的方式包括(　　)。
   A. 继续履行　　B. 采取补救措施　　C. 赔偿损失
   D. 返还财产　　E. 追缴财产，收归国有

三、案例分析

甲商场准备于某年10月1日开张。为了尽可能多地吸引客源，甲商场印制了大量的广告彩页，派人在城市的各个街道发放。广告将商场出售的各种商品的名称、品牌、图案详尽地列出，并作了下述说明："为了庆祝本商场开张，10月1日至10月3日本店全场价格优惠，具体商品价格请见本广告内页。数量有限，售完为止，欢迎广大顾客惠顾。"成年人乙发现广告将某品牌化妆品的价格标为128元，而这种化妆品在其他的几个商店都要卖到2 000多元。15岁中学生丙发现这个商场的电脑很便宜。10月1日，乙到甲商场购买了10瓶某品牌化妆品，在付款时商场发现广告将该化妆品的价格印错，实际价格为1 280元，遂要求乙补足价款，遭到乙的拒绝。10月2日，丙到甲商场购买了价格为12 000元的电脑

一台，其家长知道后要求商场退货，遭到商场的拒绝。

问题：

(1) 甲商场广告的法律性质是什么？

(2) 甲、乙之间合同的性质是什么？应如何处理？

(3) 甲、丙之间合同的性质是什么？应如何处理？

第5章实训练习答案

实训工作单

班级		姓名		日期	
教学项目	建设工程合同法规				
任务	学习合同签订的过程及相关概念	学习途径	案例、扩展图片、音频或者课外自行查找相关书籍		
学习目标	掌握要约、要约邀请、承诺及合同效力的相关概念				
学习要点					
学习记录					
评语				指导老师	

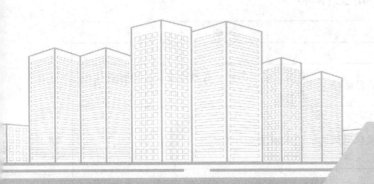

第 6 章　建设工程勘察设计法律法规

※【学习目标】

1. 了解建设工程勘察设计法律法规的基本知识；
2. 掌握建设工程勘察设计文件的编制；
3. 了解建设工程勘察设计的质量监督管理和相应的法律责任；
4. 掌握建设工程的抗震和施工图设计文件的审查。

第 6 章案例答案

※【思政目标】

　　深化课程思政建设，梳理本章蕴含的思想政治教育元素和建设法规标准。讲授时引入凤凰县沱江大桥垮塌违法违规建设重大生产安全责任事故，以反面案例分析帮助学生理解相关的建筑法律法规，在对工程案例分析的同时对学生进行警示教育，使其严格按照国家法律法规和基本建设规律办事，培养其知法、守法、遵法的意识。

第 6 章 建设工程勘察设计法律法规

※ 【教学要求】

本章要点	掌握层次	相关知识点
建设工程勘察设计法律法规的基本知识	了解建设工程勘察设计法律法规的基本知识	法律法规
建设工程勘察设计文件的编制	掌握建设工程勘察设计文件的编制	勘察设计文件的编制
建设工程勘察设计的质量监督管理和相应的法律责任	掌握建设工程勘察设计的质量监督管理和相应的法律责任	质量监督管理
掌握建设工程的抗震和施工图设计文件的审查	掌握建设工程的抗震和施工图设计文件的审查	工程抗震

※ 【项目案例导入】

2019 年 10 月 14 日，某区人民法院立案受理了原告 A 工程技术集团有限公司与被告 B 药业有限公司建设工程设计合同纠纷一案。A 公司诉称，2018 年 9 月 7 日，B 药业公司与 A 公司签订《建设工程设计合同》，约定了 B 药业公司委托 A 公司设计 B 药业公司滦南分公司工程等事宜。合同签订后，A 公司按照 B 药业公司要求设计方案总图及施工图。2018 年 9 月至 11 月，A 公司陆续将原施工图、重新设计总方案和重新设计的施工图交付 B 药业公司，并由 B 药业公司指定的审图机构审查通过。但经 A 公司多次催要，截至起诉之日，B 药业公司仍拖欠应支付工程设计费。请求法院判令 B 药业公司支付 A 公司首次设计费、第二次设计费和施工图设计费等，本案诉讼费由 B 药业公司承担。

【问题导入】

试分析上述案件违反了哪些规定？

6.1 建设工程勘察设计法规概述

6.1.1 建设工程勘察设计的概念

建设工程勘察，是指为满足工程建设的规划、设计、施工、运营及综合治理等的需要，对地形、地质及水文等状况进行测绘、勘探测试，并提供相应成果和资料的活动。

建设工程设计，是指根据建设工程的要求，对建设工程所需的技术、经济、资源环境等条件进行综合分析、论证，编制建设工程设计文件的活动。在工程建设的各个环节中，勘察是先行，而设计是整个工程建设的灵魂。从事建设工程勘察、设计活动，应坚持先勘察、后设计、再施工的原则，这对保证建设工程质量和效益是至关重要的。

项目设计质量

6.1.2 建设工程勘察设计的基本原则

建设工程勘察设计是一项技术性和政策性都很强的活动，建设工程勘察设计的基本原则包括以下六个方面。

(1) 建设工程勘察、设计应当与社会、经济发展水平相适应，做到经济

勘察设计质量的内涵

效益、社会效益和环境效益相统一。

(2) 贯彻经济社会发展规划、城乡规划和产业政策。

(3) 综合利用能源，满足环保要求。

(4) 从事建设工程勘察、设计活动，应当坚持先勘察、后设计、再施工的原则。

(5) 建设工程勘察、设计单位应当在其资质等级许可的范围内进行建设工程勘察、设计，严格执行工程建设强制性标准，并对建设工程勘察、设计的质量负责。

(6) 国家鼓励在建设工程勘察、设计活动中采用先进技术、先进工艺、先进设备、新型材料和现代管理方法。

6.1.3 建设工程勘察设计企业从业资质管理

资质又称为资格认证，在建设工程领域，它是由相应的行政主管部门颁发给从业单位和个人能够证明其具有从事某项活动资格的官方证明文件。为了确保单位的技术条件和人员的从业素质能够满足建设工程勘察设计工作的需要，国家设定了相应的准入条件，对从事建设工程勘察设计活动的单位和人员实行资质或资格管理制度。

1. 工程勘察的资质管理

根据实施的《建设工程勘察设计资质管理规定》第五条的规定，工程勘察资质分为工程勘察综合资质、工程勘察专业资质、工程勘察劳务资质。工程勘察综合资质只设甲级，取得该资质的企业，可承接各专业(海洋工程勘察除外)、各等级工程勘察业务。工程勘察专业资质设甲级和乙级，根据工程性质和技术特点，部分专业可设丙级。取得该专业资质的企业，可以承接相应等级相应专业的工程勘察业务。工程勘察劳务资质不分等级，取得该资质的企业，可以承接岩土工程治理、工程钻探、凿井等工程勘察劳务业务。

工程勘察设计企业个人从业资质管理

2. 工程设计的资质管理

《建设工程勘察设计资质管理规定》第六条规定，工程设计资质分为工程设计综合资质、工程设计行业资质、工程设计专业资质和工程设计专项资质。工程设计综合资质只设甲级，取得该资质的企业，可以承接各行业、各等级的建设工程设计业务。工程设计行业资质、工程设计专业资质、工程设计专项资质均设甲、乙两个级别。其中，取得工程设计行业资质的企业，可以承接相应行业、相应等级的工程设计业务及本行业范围内同级别的相应专业、专项(设计施工一体化资质除外)工程设计业务；取得工程设计专业资质的企业，可以承接本专业相应等级的专业工程设计业务及同级别的相应专项工程设计业务(设计施工一体化资质除外)；取得工程设计专项资质的企业，可以承接本专项相应等级的专项工程设计业务。此外，建设工程专业资质还可以设丁级。

工程设计资质等级

3. 勘察设计资质的申请与审批

1) 审批机构

工程勘察设计单位的资格，实行国家和地方两级审批制度。甲、乙级单位的资格，由全国工程勘察设计资格审定委员会审批，其办事机构设在住房和城乡建设部。其中，乙级单位的资格在全国工程勘察设计资格审定委员会宏观控制的数量范围内，由国务院有关行业主管部门或地方省级工程勘察设计资格审定委员会审批，并颁发住房和城乡建设部统一盖章的证书；丙级单位的资格，由省、自治区、直辖市工程勘察设计资格审定委员会审批，其办事机构在各省、自治区、直辖市人民政府授权的综合管理勘察设计工作的行政主管部门。计划单立市勘察设计主管部门，管理力量较强、机构较健全的，经住房和城乡建设部批准后，享有与省级相同的资格。

2) 审批程序

申请证书的单位，需填写申请表，其办理程序根据申请级别的不同而有一定的差别，具体内容如下。

申请甲、乙级证书的单位，按照隶属关系报国务院主管部门或省、自治区、直辖市主管勘察设计工作的部门进行初审；然后，由初审部门报送所申请行业归口管理的国务院主管部门，经行业管理部门组织专家审查，并签署意见后，报全国工程勘察设计资格审定委员会审定。对审定合格的单位，由住房和城乡建设部颁发资格证书。

申请丙、丁级证书的单位，其申请表统一送单位所在地的市一级人民政府建设行政主管部门审查，经审查后上报省、自治区、直辖市主管勘察设计工作的部门颁发资格证书，并将取得证书单位名单抄送住房和城乡建设部和国务院有关行业主管部门备案。

6.1.4 建设工程勘察设计从业人员资格管理

1. 工程勘察设计从业人员的资格管理

参照国际惯例，我国对工程勘察设计从业人员的资格管理主要是通过注册执业资格制度来进行的。按照国家有关规定，从事建设工程勘察、设计活动的专门工作人员必须通过国家统一资格考试，获得从事建设工程勘察、设计从业人员执业资格并经国家注册，方可执业。同一名从业人员只能接受一个建设工程勘察、设计单位的聘用从事建设工程勘察、设计工作。勘察设计行业执业注册资格分为注册工程师、注册建筑师和注册景观设计师三大类。

1) 注册工程师

注册工程师，是指经考试取得中华人民共和国注册工程师资格证书(以下简称资格证书)，并按照本规定注册，取得中华人民共和国注册工程师注册执业证书(以下简称注册证书)和执业印章，从事建设工程勘察、设计及有关业务活动的专业技术人员。按专业类别不同，我国将注册工程师分为土木、结构、公用设备、电气、机械、化工、电子工程、航天航空、农业、冶金等17个专业。目前，我国17个专业中的部分专业开展了注册工程师考试。注册工程师的注册证书和执业印章的有效期为3年。

注册工程师享有的执业权利包括依法从事执业活动、保管和使用本人注册证书和印章，接受继续教育，获得报酬等。注册工程师应当履行的执业业务包括：遵守法律、法规和有关规定；严格执行工程建设标准规范，保证执业活动成果质量；保守在执业中知悉的国家秘密和商业秘密、技术秘密；努力提高执业水平等。

2) 注册建筑师

注册建筑师是指经全国统一考试合格后，依法登记注册，取得《中华人民共和国一级注册建筑师证书》或《中华人民共和国二级注册建筑师证书》，在一个建筑单位内执行注册建筑师业务的人员。

3) 注册景观设计师

注册景观设计师主要从事风景园林设计、城市及小区景观设计和广场设计等。目前，我国的注册景观设计师制度还处于论证阶段，不少培训机构开展的所谓注册景观设计师培训只能获得国家劳动部颁发的《注册景观设计师职业资格证书》和中国建筑设计研究院颁发的《中国景观设计专业合格证书》，这与我们通常所说的注册景观设计师是不相同的。

2. 勘察设计从业人员的执业管理

无论是注册工程师还是注册建筑师，取得执业资格只是其能够以勘察设计专业技术人员的身份进入这一行业的前提条件。而取得勘察、设计资格证书的人员，应当受聘于一个具有建设工程勘察、设计资质的单位，经注册后方可从事相应的执业活动，不得同时在两个或两个以上单位(包括工程勘察、设计、施工等单位)受聘或者执业。这是为了加强勘察设计从业人员管理、维护勘察设计市场秩序而作出的强制性规定。注册工程师、注册建筑师等从业人员享有在规定范围内从事执业活动，同时负有遵守法律法规和有关管理规定等义务。一旦违反上述规定，将按情节轻重被处以警告、罚款、没收违法所得，暂缓注册及撤销注册等处罚，直至被追究刑事责任。

勘察设计相关知识

6.1.5 建设工程勘察设计的发包与承包制度

建设工程勘察、设计依法实行招标发包或者直接发包。建设工程勘察、设计应当依照《招标投标法》的规定，实行招标发包。依照《招标投标法》的规定，必须进行招标发包的项目包括：大型基础设施、公用事业等关系社会公共利益、公共安全的项目；全部或者部分使用国有资金投资或者国家融资的项目；使用国际组织或者外国政府贷款、援助资金的项目。

1. 直接发包

下列建设工程的勘察、设计，经有关主管部门批准，可以直接发包。

(1) 采用特定的专利或者专有技术的。
(2) 对建设工程的艺术造型有特殊要求的。
(3) 国务院规定的其他建设工程的勘察、设计。

发包人不得将建设工程勘察、设计业务发包给不具有相应勘察、设计资质等级的建设工程勘察、设计单位。发包人可以将整个建设工程的勘察、设计发包给一个勘察、设计单位；也可以将建设工程的勘察、设计分别发包给几个勘察、设计单位。除建设工程主体部分的勘察、设计外，经发包人书面同意，承包人可以将建设工程其他部分的勘察、设计再分包给其他具有相应资质等级的建设工程勘察、设计单位。

建设工程勘察、设计发包人与承包人，应当执行国家规定的建设工程勘察、设计程序。建设工程勘察、设计发包人与承包人应当签订建设工程勘察、设计合同。建设工程勘察、设计发包人与承包人应当执行国家有关建设工程勘察、设计费的管理规定。承包人必须在建设工程勘察、设计资质证书规定的资质等级和业务范围内承揽建设工程勘察、设计业务。建设工程勘察、设计单位不得将所承揽的建设工程勘察、设计转包。

2. 设计招标投标及承包发包管理

设计招标投标除应遵守《招标投标法》以外，还应遵守建设部发布实施的《建筑工程设计招标投标管理办法》。该办法旨在规范建筑工程设计市场，优化建筑工程设计，促进设计质量的提高。凡符合《工程建设项目招标范围和规模标准规定》的各类房屋建筑工程，其设计招标投标均适用该办法。其中相关的内容如下。

1) 关于招标方式的选择

(1) 建筑工程设计招标依法可以公开招标或者邀请招标。

(2) 建筑工程的设计，采用特定专利技术、专用技术，或者建筑艺术造型有特殊要求的，经有关部门批准，可以直接发包。

(3) 招标人具备下列条件的，可以自行组织招标：①有与招标项目工程规模及复杂程度相适应的工程技术、工程造价、财务和工程管理人员，具备组织编写招标文件的能力；②有组织评标的能力。招标人不具备前款规定条件的，应当委托具有相应资格的招标代理机构进行招标。

2) 设计招标投标管理

(1) 招标行政管理。国务院建设行政主管部门负责全国建筑工程设计招标投标的监督管理。县级以上地方人民政府建设行政主管部门负责本行政区域内建筑工程设计招标投标的监督管理。

依法必须招标的建筑工程项目，招标人自行组织招标的，应当在发布招标公告或者发出招标邀请书 15 日前，持有关材料到县级以上地方人民政府建设行政主管部门备案；招标人委托招标代理机构进行招标的，招标人应当在委托合同签订后 15 日内，持有关材料到县级以上地方人民政府建筑行政主管部门备案。

备案机关应当在接受备案之日起 5 日内进行审核，发现招标人不具备自行招标条件、代理机构无相应资格、招标前期条件不具备、招标公告或者招标邀请书有重大瑕疵的，可以责令招标人暂时停止招标活动，备案机关逾期未提出异议的，招标人可以实施招标活动。

(2) 招标实施注意事项。公开招标的，招标人应当发布招标公告。邀请招标的，招标人应当向三个以上设计单位发出招标邀请书。招标公告或者招标邀请书应当载明招标人的名称和地址、招标项目的基本要求、投标人的资质要求以及获取招标文件的办法等事项。

(3) 招标文件的内容。招标文件内容主要包括：①工程名称、地址、占地面积、建筑面积等；②已批准的项目建议书或者可行性研究报告；③工程经济技术要求；④城市规划管理部门确定的规划控制条件和用地红线图；⑤可供参考的工程地质、水文地质、工程测量等建设场地勘察成果报告；⑥供水、供电、供气、供热、环保、市政道路等方面的基础资料；⑦招标文件答疑、踏勘现场的时间和地点；⑧投标文件编制要求及评标原则；⑨投标文件送达的截止时间；⑩拟签订合同的主要条款；⑪未中标方案的补偿办法。

招标文件一经发出，招标人不得随意变更。确需进行必要的澄清或者修改的，应当在提交投标文件截止日期 15 日前，书面通知所有招标文件接收人。招标人要求投标人提交投标文件的时限为：特级和一级建筑工程不少于 45 日；二级以下建筑工程不少于 30 日；进行概念设计招标的，不少于 20 日。

3) 投标

投标人应当具有与招标项目相适应的工程设计资质。境外设计单位参加国内建筑工设计投标的，应当经省、自治区、直辖市人民政府建设行政主管部门批准。投标人应当按照招标文件、建筑方案设计文件编制深度规定的要求编制投标文件；进行概念设计招标的，应当按照招标文件要求编制投标文件。投标文件应当具有相应资格的注册建筑师签章，加盖单位公章。

4）评标

建设工程勘察、设计方案评标，应当以投标人的业绩、信誉和勘察、设计人员的能力以及勘察、设计方案的优劣为依据，进行综合评定。建设工程勘察、设计的招标人应当在评标委员会推荐的候选方案中确定中标方案。但是建设工程勘察、设计的招标人认为评标委员会推荐的候选方案不能最大限度满足招标文件规定的要求的，应当依法重新招标。

评标由评标委员会负责。评标委员会由招标人代表和有关专家组成。评标委员会人数一般为5人以上单数，其中技术方面的专家不得少于成员总数的2/3。投标人或者与投标人有利害关系的人员不得参加评标委员会。国务院建设行政主管部门，省、自治区、直辖市人民政府建设行政主管部门应当建立建筑工程设计评标专家库。

评标委员会应当在符合城市规划、消防、节能、环保的前提下，按照投标文件的要求，对投标设计方案的经济、技术、功能和造型等进行比选、评价，确定符合招标文件要求的最优设计方案。评标委员会应当在评标完成后，向招标人提出书面评标报告。采用公开招标方式的，评标委员会应当向招标人推荐2~3个中标候选方案。采用邀请招标方式的，评标委员会应当向招标人推荐1~2个中标候选方案。

5）定标

招标人根据评标委员会的书面评标报告和推荐的中标候选方案，结合投标人的技术力量和业绩确定中标方案。招标人也可以委托评标委员会直接确定中标方案，招标人认为评标委员会推荐的所有候选方案均不能最大限度满足招标文件规定要求的，应当依法重新招标。

招标人应当在中标方案确定之日起7日内，向中标人发出中标通知，并将中标结果通知所有未中标人。依法必须进行招标的项目，招标人应当在中标方案确定之日起15日内，向县级以上地方人民政府建设行政主管部门提交招标投标情况的书面报告。对达到招标文件规定要求的未中标方案，公开招标的，招标人应当在招标公告中明确是否给予未中标单位经济补偿及补偿金额；邀请招标的，应当给予未中标单位经济补偿，补偿金额应当在招标邀请书中明确。招标人应当在中标通知书发出之日起30日内与中标人签订工程设计合同。确需另择设计单位承担施工图设计的，应当在招标公告或招标邀请书中明确。招标人、中标人使用未中标方案的，应当征得提交方案的投标人同意并付给其使用费。

【案例6-1】

甲工厂与乙勘察设计单位签订了《厂房建设设计合同》，委托乙完成厂房建设初步设计，约定设计期限为付定金后60天，设计费用按国家标准计算。另约定，若甲要求增加工作内容，则费用增加10%，合同并未对基础资料的提供进行约定。甲付定金后，只提供了设计任务书，没有其他资料。乙收集相关资料，于第77天交付设计成果，要求甲按约定增加设计费用。甲以合同没有约定提供资料为由，拒绝增加设计费用，并要求乙就完成合同逾期进行违约赔偿。双方协商不成，乙方起诉甲方。法院判定甲方按国家标准支付设计费用给乙方，乙方存在违约按合同规定支付甲方违约金。

文中所涉及当事人包括甲工厂与乙勘察设计单位，甲与乙签订了《厂房建设设计合同》，所以它们之间是民事合同法律关系。

问题：
(1) 甲、乙两方签订的合同是否合法有效？
(2) 甲方应不应当给乙方增加设计费用？
(3) 乙方属不属于逾期违约？应不应该对甲方进行赔偿？

6.2 工程建设标准的制定与实施

6.2.1 工程建设标准的概念

标准是指对重复性事物和概念所做的统一性规定。它以科学技术和实践经验的综合成果为基础，经有关方面协商一致，由主管机构批准，以特定形式发布，作为共同遵守的准则和依据。建设工程行业内所说的工程建设标准是指对基本建设中各类工程的勘察、规划、设计、施工、安装、验收等需要协调统一的事项所制定的标准。

制定和实施各项工程建设标准，并逐步使其各系统的标准形成相辅相成、共同作用的完整体系(即实现工程建设标准化)是实现现代化建设的重要手段，也是我国建设领域现阶段一项重要的经济、技术政策。它可以保证工程建设的质量及安全生产，全面提高工程建设的经济效益、社会效益和环境效益。

随着我国的建设工程走向世界以及科技的进步，工程建设标准也在不断地提高和改进，我们在建设过程中应该严格按照高标准来要求自己，使我国的建设达到世界先进水平。

6.2.2 工程建设标准的特点

工程建设标准的特点，取决于工程建设所具有的特殊性，主要包括工程建设活动的复杂性、工程本身的复杂性和重要性，以及工程受自然环境、社会环境影响大的特性。

1. 综合性强

工程建设综合性强的特点主要反映在以下两个方面。

(1) 工程建设标准的内容的综合性：工程建设标准需要应用各领域的科技成果，经过综合分析，才能制定出来。例如《建筑设计防火规范》，其内容不仅包括了民用建筑设计的各个方面应当采取的防火安全措施，而且也包括了各类工业建筑中应当采取的一系列安全防火措施。在制定标准时，需要就各个不同领域的科学技术成果和经验教训，进行综合分析，具体分解，并需要保证标准的综合成果达到安全可靠的目的。

(2) 制定工程建设标准需要考虑的因素是综合性的，这些因素不仅包括技术条件，而且也包括经济条件和管理水平。以《民用建筑室内环境污染控制规范》为例，技术水平定高了，应当说对减少室内环境污染有利，但市场上是否有足够的高标准的建筑材料和装修材料满足实际工程的需要？即使部分工程能够在市场上采购到相应的高标准的建筑材料和装修材料，投资者、使用者的经济条件能否承受得了？目前的施工条件、检验手段等能否满足要求？这就需要进行综合分析，全面衡量，统筹兼顾，以求在可能的条件下获取最佳的效果。可以说，经济、技术安全及管理等诸多现实因素相互的制约，也是造成工程建设标准综合性强的一个重要原因，如果不综合考虑这些因素，工程建设标准就很难在实际中得到有效的贯彻执行。

2. 政策性强

工程建设政策性强的主要原因有以下五个方面。

(1) 工程建设的投资量大。我国每年用于基本建设的投资约占国家财政总支出的30%，其中大部分用于工程建设，因此，各项技术标准的制定应十分慎重，需要适应相应阶段国家的经济条件。例如，对民用住宅建筑的标准稍加提高，即使每平方米造价增加几元钱，年投资就会增加几千亿元。控制投资是政策性很强的事项，工程建设技术标准首先要控制恰当。

(2) 工程建设要消耗大量的资源(包括各种原材料、能源和土地等)，直接影响环境保护、生态平衡和国民经济的可持续发展，标准的水平需要适度控制，不允许任意不恰当地提高标准。

(3) 工程建设直接关系到人民生命财产的安全，关系到人体健康和公共利益，但安全、健康和公共利益也并非越高越好，还需要考虑经济上的合理性和可能性。安全、健康和公共利益以合理为度，工程建设标准对安全健康、公共利益与经济之间的关系进行了统筹兼顾。

(4) 工程建设标准化的效益，尤其是强制性标准的效益，不能单纯着眼于经济效益，还必须考虑社会效益。例如有关抗震、防火、防爆、环境保护、改善人民生活和劳动条件等方面的各种技术标准，首先要考虑的是社会效益。

(5) 工程建设要考虑百年大计。一项工程使用年限少则几十年，多则百年以上。因此，工程建设技术标准在工程的质量、设计的基准等方面，需要考虑这一因素，并提出相应的措施或技术要求。

3. 受自然环境影响大

标准是科学技术和实践经验的综合成果，必须结合国情来制定，符合具体的自然环境条件和现阶段的经济实力、科学技术水平。在一般情况下，对工程建设方面的国际标准或国外先进标准的直接引进、采用是应该争取的，这样有利于与国际接轨，但实际上国际通用的工程建设技术标准为数有限。从我国现行的工程建设技术标准状况来看，都是考虑了幅员辽阔的因素。首先，在技术标准的分级上设置了地方标准一级，充分体现了对自然环境条件影响的重视；其次，针对一些特殊的自然条件，专门制定了相应的技术标准，如黄土地区、冻土地区及膨胀土地区的建筑技术规范等。

6.2.3 工程建设标准的种类

工程建设标准从不同的角度可有不同的分类。

1. 按标准的内容分类

工程建设标准按标准的内容可分为技术标准、经济标准和管理标准三类。技术标准是企业在进行建设中必须满足的工程技术要求；经济标准是在建设过程中控制资源，节约财力，避免浪费，特别是保证不可再生资源的节约使用；管理标准是在建设过程中合理管理，保证建设按要求顺利进行的需要。

2. 按适用范围分类

工程建设标准按适用范围可分为国家标准、行业标准、地方标准和企业标准。工程建设国家标准是指在全国范围内统一的技术要求。如通用的质量标准，通用的术语符号、代号、建筑模数等。我们通常称之为国标。

工程建设行业标准，是指在工程建设活动中，在全国某个行业范围内统一的技术要求。如行业专用的质量标准，专用的术语符号、代号，专用的实验、检验、评定方法等。

工程建设地方标准，是指在工程建设活动中，根据当地的气候、地质、资源、环境等条件，在省、自治区、直辖市范围内提出统一的技术要求。它不得低于相应的国家标准或行业标准。一般由当地的建设主管部门提出。

工程建设企业标准，是指工程建设活动中，企业内部统一的技术要求。它也不得低于国家地方的标准，它是上级标准的补充和依据自身企业特点的具体化标准。国家鼓励企业制定的企业标准优于国家、行业、地方标准，国家鼓励企业制定的标准具体化、技术化，好的企业标准经过实践后，可以被国家、行业、地方标准所吸收和采纳。

3. 按执行效力分类

工程建设标准按执行效力可分为强制性标准和推荐性标准。强制性标准是指必须执行的标准，如工程建设勘察、规划、设计、施工及验收等通用的综合标准和质量标准等。推荐性标准是指当事人自愿采用的标准，凡是强制性标准以外的标准皆为推荐性标准。国家把标准分为强制性和推荐性两种，既可以在关键部位保证建设质量，又可以在一般部位允许企业创新改革，以使标准更加完善。

4. 按使用阶段分类

工程建设标准按使用阶段可分为设计标准和施工及验收标准。工程建设设计标准是工程设计中必须遵守的标准。施工标准是指施工操作程序及其技术要求的标准。验收标准是指检验、接收竣工工程项目的规程、办法与标准。建筑工程设计标准又可分为如下标准。

(1) 建筑设计基础标准：房屋建筑术语、建筑统一模数、建筑物等级划分等。

(2) 建筑设计通用标准：建筑采光、照明、节能、防火、防爆、防腐、隔声、环保、卫生等方面的设计标准规范。

(3) 建筑结构设计通用标准：包括建筑荷载、地基基础设计规范，建筑结构抗震设计规范，各类建筑结构(钢结构、木结构、砖石结构、钢筋混凝土结构)设计规范，特种结构(塔架、烟囱、水池、筒仓、人防地下室)设计规范等。

(4) 建筑工程设计专用标准：如旅馆、住宅设计规范，无黏结预应力钢筋混凝土设计规程等。

(5) 相关专业设计标准：如给水排水、采暖通风、电器弱电、设备等方面的标准规范。

6.2.4　建设工程勘察设计标准的制定

建设工程勘察设计的国家标准，是指为了在全国范围统一技术要求和国家需要控制的技术要求所制定的标准。国家标准由国务院建设行政主管部门负责制订计划、组织草拟、审查批准，由国务院标准化行政主管部门和国务院建设行政主管部门联合发布。

建设工程勘察设计的行业标准，是指对没有国家标准，而又需要在全国某个行业范围内统一技术要求所制定的标准。行业标准由建设行政主管部门负责编制本行业标准的计划、组织草拟、审查批准和发布。

建设工程勘察设计的地方标准，是指没有国家标准、行业标准，而又需要在某个地区范围内统一技术要求所制定的标准。地方标准由各地的建设行政主管部门根据当地的气象、地质、资源等特殊情况的技术要求制定。

建设工程勘察设计企业标准，是指没有国家标准、行业标准、地方标准，而企业为了组织生产需要在企业内部统一技术要求所制定的标准。企业标准是企业自己制定的，只适用于企业内部，作为本企业组织生产的依据，而不能作为合法交货、验收的依据。

建设工程勘察设计强制标准，是指在建设工程勘察设计过程中必须遵守的标准。

建设工程勘察设计推荐性标准，是指在建设工程勘察设计过程中鼓励适用的标准。

由于国家标准、行业标准分为强制性标准和推荐性标准，因此，上述标准的制定遵照国家标准或行业标准的制定方式进行。

6.2.5　建设工程勘察设计标准的实施

对于强制性标准而言，凡是从事建设工程勘察的部门、单位和个人，都必须严格执行。对于不符合强制性标准的工程，从项目建议书开始便不予立项，可行性研究报告不予审批。不按强制性标准规范施工，质量达不到合格标准的工程不得验收。国务院各行政主管部门制定建设工程勘察设计行业标准时，不得擅自更改强制性国家标准。

建设工程的勘察、规划、设计、科研和施工单位必须加强工程建设标准化管理，对工程建设标准的实施进行经常性检查，并按隶属关系向上级建设行政主管部门报告标准的实施情况，各级建设行政主管部门应当对所属企业单位实施标准的监督管理。

工程质量监督机构和安全机构，应当根据现行的建设工程勘察设计强制性标准，对工程建设质量和安全进行监督。对于推荐性标准而言，需要由工程建设单位与建设工程勘察设计单位在签订工程承包合同中予以确认，因此，该标准的实施通常由建设单位委托的监理单位或其他单位以工程合同为依据进行。

6.3　建设工程勘察设计文件

6.3.1　勘察设计文件的编制

1. 建设工程勘察设计文件编制的依据

根据《建设工程勘察设计管理条例》第二十五条的规定，编制建设工程勘察、设计文件，应当以下列规定为依据：项目批准文件；城市规划；工程建设强制性标准；国家规定的建设工程勘察、设计深度要求。此外，对于铁路、交通、水利等专业建设工程，还应当以专业规划的要求为依据。

2. 建设工程勘察设计文件编制的基本要求

建设工程勘察设计文件编制得好坏直接决定了工程设计的质量和水平。其基本要求主要包括：贯彻经济、社会发展规划和产业政策、城乡规划的要求；综合利用各种自然资源，满足环境保护要求；采用新技术、新工艺、新材料、新设备；注意建设工程的美观性、实用性和协调性。

3. 工程勘察设计原则

工程勘察设计是工程建设的主导环节，对工程建设的质量、投资效益起着决定性的作用。勘察设计得好坏最根本地决定了整个工程的作用和实际效果，其技术水平和指导思想对城市建设的发展也会产生重大影响。为保证工程设计的质量和水平，使建设工程设计与社会经济发展水平相适应，真正做到经济效益、社会效益和环境效益相统一，相关法规规定，工程勘察设计必须遵循以下主要原则。

工程勘察设计原则

1) 贯彻经济规划、社会发展规划、城乡规划和产业政策

经济、社会发展规划及产业政策，是国家某一时期的建设目标和指导方针，工程设计必须贯彻其精神；城市规划、村庄和集镇规划一经批准公布，即成为工程建设必须遵守的规定，工程设计活动也必须符合其要求。

2) 综合利用资源，满足环保要求

工程设计中，要充分考虑矿产、能源、水、农、林、牧、渔等资源的综合利用。要因地制宜，提高土地利用率。要尽量利用荒地、劣地，不占或少占耕地。工业项目中，要选用耗能少的生产工艺和设备；民用项目中，要采取节约能源的措施，提倡区域集中供热，重视余热利用。城市的新建、扩建和改建项目，应配套建设节约用水设施。在工程设计时，还应积极改进工艺，采取行之有效的技术措施，防止粉尘、毒物、废水、废气、废渣、噪声、放射性物质及其他有害因素对环境的污染，要进行综合治理和利用，使设计符合国家环保标准。

3) 遵守工程建设技术标准

工程建设中有关安全、卫生和环境保护等方面的标准都是强制性标准，进行工程设计时必须严格遵守。

4) 采用新技术、新工艺、新材料和新设备

工程设计应当广泛吸收国内外先进的科研和技术成果，结合我国的国情和工程实际情况，积极采用新技术、新工艺、新材料和新设备，以保证建设工程的先进性和可靠性。

建筑既要有实用功能，又要能美化城市，给人们提供精神享受。公共建筑和住宅设计应巧于构思，造型新颖，独具特色，但又与周围环境相协调，并能够保护自然景观。同时，还要满足功能适用、结构合理的要求。在公共建筑方面，特别强调要求"以人为本"的设计思想，必须对残障人士给予照顾，对弱势群体的关心要体现在具体的设计中。

5) 重视技术和经济效益的结合

采用先进的技术，可提高生产效率，增加产量，降低成本，但往往会增加建设成本和建设工期。因此，要注重技术和经济效益的结合，从总体上全面考虑工程的经济效益、社会效益和环境效益。在具体工程时，有时这些新的要求会增加一次性投入成本，但在后期的使用过程中是会体现出优势的。这种情况需要相关部门的有力扶持和帮助，使我国的建设水平提高，使整个社会效益提高。

4. 建设工程勘察设计文件编制的程序

1) 建设工程勘察设计文件的编制

编制建设工程勘察文件，应当真实、准确，满足建设工程规划、选址、设计、岩土治理和施工的需要。因此，建设工程勘察设计单位应在对工程现场的地形、地质、水文和周边环境进行测绘、勘探、试验的基础上，以真实、准确为原则进行建设工程勘察设计文件的编制。

2) 建设工程勘察设计文件的审批

建设工程勘察设计单位完成勘察设计文件的编制后必须得到有关部门的审批才能实施。勘察设计文件一经批准，将作为工程建设的主要依据，不得任意修改。确需修改建设工程勘察、设计文件的，可由原建设工程勘察、设计单位修改，也可经原建设工程勘察、设计单位书面同意，由建设单位委托其他具有相应资质的建设工程勘察、设计单位修改。

6.3.2 设计阶段和内容

1. 工程设计阶段的确定

设计阶段可根据建设项目的复杂程度而定。一般可以把项目分为如下三个规模。

(1) 一般建设项目。一般建设项目的设计可按初步设计和施工图设计两阶段进行。

(2) 技术复杂的建设项目。技术上复杂的建设项目，可增加技术设计阶段，即按初步设计、技术设计、施工图设计三个阶段进行。

(3) 存在总体部署问题的建设项目。一些牵涉面广的项目，如大型矿区、油田、林区、垦区、联合企业等，存在总体开发部署等重大问题，这时在进行一般设计前还可进行总体规划设计或总体设计。

2. 各设计阶段的内容和相应的深度

1) 总体设计

总体设计一般由文字说明和图纸两部分组成。其内容包括建设规模、产品方案、原料来源、工艺流程概况、主要设备配备、主要建筑物及构筑物、公用和辅助工程、"三废"治理及环境保护方案、占地面积估计、总图布置及运输方案、生活区规划、生产组织和劳动定员估计、工程进度和配合要求、投资估算等。

总体设计的深度应满足开展下述工作的要求：初步设计、主要大型设备、材料的预安排、土地征用谈判等。现在总体设计中往往还对建设经济的指标有明确要求。

2) 初步设计

初步设计一般应包括以下有关文字说明和图纸：设计依据、设计指导思想、产品方案、各类资源的用量和来源、工艺流程、主要设备选型及配置、总图运输、主要建筑物和构筑物、公用及辅助设施、新技术采用情况、主要材料用量、外部协作条件、占地面积和土地利用情况、综合利用和"三废"治理、生活区建设、抗震和人防措施、生产组织和劳动定员、各项技术经济指标、建设顺序和期限、总概算等。

初步设计的深度应满足以下要求：设计方案的比选和确定、主要设备材料订货、土地征用、基建投资的控制、施工招标文件的编制、施工图设计的编制、施工组织设计的编制、施工准备和生产准备等。

3) 技术设计

技术设计的内容，由有关部门根据工程的特点和需要自行制定。其深度应能满足确定设计方案中重大技术问题和有关实验、设备制造等方面的要求。

4) 施工图设计

施工图设计，应根据已获批准的初步设计进行。其深度应能满足以下要求：设备材料的安排和非标准设备的制作与施工、施工图预算的编制、施工要求等，并应注明建设工程合理使用年限。

6.4 建设工程抗震

6.4.1 震级和烈度

震级是地震时所释放出能量大小的等级，一般用来形容地震的大小。我国和世界上大多数国家通常使用里氏震级，它是根据地震仪记录的地面振动位移，按一定的物理和数学公式推算出来的。烈度是地面及房屋等建(构)筑物受地震破坏的程度。我国将地震烈度划分为12度。

3度：少数人有感，仪器能记录到。

4~5度：睡觉的人会惊醒，吊灯摆动。

6度：器皿倾倒，房屋轻微损坏。

7~8度：房屋破坏，地面有裂缝；大多数人会仓皇出逃，摇晃颠簸，行走困难。

9~10度：桥梁、水坝损坏，房屋倒塌，地面损坏严重；坐立不稳；行走、骑车的人会摔倒。

11~12度：毁灭性的破坏。

震级与烈度的关系，打个比方，震级相当于原子弹的当量，而烈度就相当于原子弹在不同距离点造成的破坏程度。一般而言，距离震中越近，地震产生的危坏越大，烈度也就越高；距离震中越远，地震产生的危坏越小，烈度就越低。震级提高一级，能量增加30多倍。比如，一次8级地震相当于发生了30多次7级地震，约1 000次6级地震。

6.4.2 地震灾害类别

1) 振动破坏

地震波引起的地面振动，通过基础传到建筑物，引起建筑物本身的振动，当振动强度超过极限，或者当建筑物自振周期与地震的周期相一致而产生共振时，就会造成建筑物的破坏。在强震的作用下，建筑物破坏和倒塌的震害是造成人员伤

地震

亡的主要原因。众多震害实例表明，地基对震害有直接影响。

2) 地面破坏

当地震的强度超过表层岩(土)强度时，地面会产生永久变形。地面破坏可导致建筑物或构筑物的地基失效，从而使建筑物或构筑物受到破坏形成灾害。

3) 次生灾害

地震次生灾害对人类的危害也是十分严重的。首先是地震火灾，地震使房屋倒塌，火源失控而引起大火的事件是很多的。同时，震后消防系统受损，社会秩序混乱，并且火灾很难得到有效的控制。

4) 诱发灾害

即由地震灾害引起的各种社会性的灾害，如常见的瘟疫和饥荒等。诱发灾害容易出现经济失调、停工停产、社会秩序混乱，以及由于人们的心灵创伤和惊恐而造成的一些灾害。

6.4.3 产生建筑震害的原因

建(构)筑物倒塌是造成人员伤亡和财产损失的主要原因之一。造成建(构)筑物倒塌的主要原因有以下几种。

(1) 没按抗震设防要求设计。破坏性地震并不是经常性发生的，我国目前抗震设防的准则是：小震不坏、中震可修、大震不倒。各地的建筑工程都要按照相应的抗震设防要求进行抗震设计。不按要求进行抗震设防的工程在地震荷载作用下将遭到破坏。

(2) 建在活断层上。构造地震的发生，一般是活断层错位而产生的，建在活断层上的建筑物自然会遭到破坏。

(3) 位于软弱地基上。

(4) 抗震设计不合理。

(5) 不按标准施工。

6.4.4 建筑物的抗震加固

建筑物抗震加固改造可进一步分类。

1) 建(构)筑物的纠倾工程

不符合抗震鉴定
要求的建筑的
处理对策

由于地震或土质松软等各种原因，建筑物在建设或地震过程中发生不均匀沉降，造成建筑的倾斜，因此，事后要对这些建筑进行纠倾工作，常用的纠倾方法有迫降法、顶升法、预留法、浸水纠倾法等。人们不断地尝试采用合适的方法对倾斜的建(构)筑物进行纠倾扶正，但由于建(构)筑物倾斜和场地条件的复杂性，不同的纠倾方法和加固措施也不同，从而促进了这门纠倾技术的发展。

2) 增层改造与托换工程

增层改造是一项利多弊少的工作，由于不占用更多的土地，可以在地震加固工程中对原有建筑物做加层改造，这样既扩大了使用面积，投资也较少，所以，现在有不少单位采用增层改造的方法。增层改造包括直接增层、外套增层、室内增层、地下增层等方法，当被增层建筑物基础不能满足上部结构的荷重时，可将基础加固进行托换桩体或托换承台，将托换结构与上部结构进行托换连接。

3) 结构加固改造工程

结构加固是一项量大面广的工作，建筑物在地震中造成损坏或年久失修，建筑的移位、纠倾增层、改造都需要进行建筑物的结构加固，加固范围一般分为建筑物的整体性加固、结构构件的加固、既有建筑物的裂缝修补等，结构加固的形式包括钢筋混凝土结构加固、钢结构加固和砌体结构的加固等，常用的加固方法有增大原结构的截面、外包钢加固、预应力加固、改变原受力体系加固、原构件外部粘贴碳纤维布加固及水泥灌浆或喷射修补加固等。总之，结构加固内容广泛，方法多种多样。

4) 地基基础加固与地基处理工程

当地震发生后，根据它的外观反应大致可归纳为上部建筑物的墙体开裂，建筑物下沉过大，基础的断裂或拱起，地基滑动、地基液化、湿陷等。地基基础加固包括地基处理和既有建筑物地基基础的加固两大类。地基处理是为了提高地基承载力，改善其土地变性性质或渗透性质而采取的人工处理地基的方法，如强夯法，强夯置换法，排水固结法(又称预压法)，振冲法，石灰桩、土桩、灰土桩法，深层搅拌法和高压喷射注浆法、灌浆法和化学处理，水泥粉煤灰碎石桩以及冻土地基采用热桩技术处理地基等。既有建筑物的基础加固常用方法有加大基础底面积，采用微型桩、注浆加固地基等。总之，要因地制宜按地基土的性质、土层构造的特点，采用不同形式的地基基础加固方法。

5) 建(构)筑物的沉降控制

由于地下水位变化或地震后的液化等其他因素，引起建(构)筑物的过量沉降以及地基基础发生严重损坏时要对其及时进行沉降控制或加固处理。城市地面沉降是一种新的灾害，确切资料显示，我国出现地面沉降的城市已有50余座，绝大部分集中在沿海地区及长江三角洲地区。造成过量沉降的主要原因是地下水的超量开采，这些建(构)筑物都是建在软土地基上。由于软土地基的地基强度低，而地基强度的破坏，相对地基变形是一种突发性事件，破坏前的先兆十分短促，对人类的生命财产威胁很大。为此，对建(构)筑物的沉降控制、预防和处治应该做到有章可循、有法可治、有措施可防。

6.4.5　建筑抗震设防分类

抗震设计规范根据建筑物使用功能的重要性将其分为甲类、乙类、丙类、丁类四个抗震设防类别。甲类建筑指的是重大建筑工程和地震时可能发生严重次生灾害的建筑；乙类建筑是指地震时使用功能不能中断或需尽快恢复的建筑；丙类建筑应属于除甲、乙、丁类以外的一般建筑；丁类建筑应属于抗震次要建筑。

甲类建筑在地震破坏后会产生巨大的社会影响或造成巨大的经济损失。严重次生灾害指地震破坏后可能引发水灾、火灾、爆炸、剧毒或强腐蚀性物质大量泄漏和其他严重次生灾害。按照抗震设防类别应划分为甲类的建筑，如三级特等医院的住院部、医技楼、门诊部；承担研究、中试和存放剧毒的高危险传染病病毒任务的疾病预防与控制中心的建筑或其区段等。

乙类建筑遭遇地震破坏后会产生较大社会影响或造成相当大的经济损失，包括城市的重要生命线工程和人流密集的多层的大型公共建筑等。城市重要生命线包括：交通工程(包括铁路、公路、港口、机场等)；通讯工程(包括广播、电视、通信等)；电力工程(包括变电站、电力枢纽、电厂等)；供气、供油工程(包括油气输送管网、储气罐、煤气厂等)；供水工程；卫生工程(包括医疗救护、环卫设施、排水管网、污水处理设施等)。

抗震设防类别划分为丙类的建筑就是一般的建筑物，如住宅、公寓以及写字楼等。在城市里，绝大部分的建筑都是丙类建筑。

丁类建筑一般为储存物品价值低、人员活动少、无次生灾害的单层仓库等，地震引起的社会影响和经济损失轻微。

6.4.6 抗震设防标准

甲类建筑抗震要求，当抗震设防烈度为6~8度时，应符合本地区抗震设防烈度提高一度的要求；当抗震设防烈度为9度时，应符合比9度抗震设防更高的要求。

乙类建筑抗震要求，一般情况下，当抗震设防烈度为6~8度时，应符合本地区抗震设防烈度提高一度的要求；当抗震设防烈度为9度时，应符合比9度抗震设防更高的要求，地基基础的抗震措施，应符合有关规定。

对较小的乙类建筑，当其结构改用抗震性能较好的结构类型时，允许仍按本地区抗震设防烈度的要求采取抗震措施。

丙类建筑，地震作用和抗震措施均应符合本地区抗震设防烈度的要求。

丁类建筑，一般情况下，地震作用仍应符合本地区抗震设防烈度的要求，抗震措施允许比本地区抗震设防烈度的要求适当降低，但当抗震设防烈度为6度时，不应降低。

城市抗震防灾规划编制应当达到下列基本目标：当遭受多遇地震时，城市一般功能正常；当遭受相当于抗震设防烈度的地震时，城市一般功能及生命线系统基本正常，重要工矿企业能正常或者很快恢复生产；当遭受罕遇地震时，城市功能不瘫痪，要害系统和生命线工程不遭受严重破坏，不发生严重的次生灾害。

6.5 施工图设计文件审查

6.5.1 施工图文件审查的概念

施工图设计文件审查是指国务院建设行政主管部门和省、自治区、直辖市人民政府建设行政主管部门依法认定的设计审查机构，根据国家的法律法规、技术标准与规范，对施工图设计文件结构安全和强制性标准、规范执行情况等技术方面进行的独立审查。它是政府主管部门对建筑工程勘察设计质量监督管理的重要环节，是基本建设必不可少的程序，工程建设各方必须认真贯彻执行。

建设单位应当将施工图设计文件报县级以上人民政府建设行政主管部门或者其他有关部门审查。县级以上人民政府建设行政主管部门或者交通、水利等有关部门应对施工图设计文件中涉及公共利益、公众安全、工程建设强制性标准的内容进行审查。未经审查批准的施工图设计文件，不得使用。

6.5.2 施工图审查的范围和内容

1. 施工图审查的范围

凡属建筑工程设计等级分级标准中的各类新建、改建、扩建的建设工程项目均须进行施工图审查。各地的具体审查范围，由各省、自治区、直辖市人民政府建设行政主管部门确定。按规定应进行施工图审查而未审查或经审查不合格的施工图，一律不得使用。

2．施工图审查的内容

施工图审查的主要内容如下所述。

(1) 建筑物的稳定性与安全性，包括地基基础及结构主体的安全。
(2) 是否符合消防、节能、环保、抗震、卫生、人防等有关强制性标准、规范。
(3) 是否达到规定的施工图设计深度的要求。
(4) 是否损害公共利益。

施工图审查的目的是维护社会公共利益，保护社会公众的生命财产安全，因此，施工图审查主要涉及社会公众利益、公众安全方面的问题。至于设计方案在经济上是否合理、技术上是否保守、设计方案是否可以改进等这些主要只涉及业主利益的问题，是属于设计咨询范畴的内容，不属于施工图审查的范围。当然，在施工图审查中如发现这方面的问题，也可提出建议，由业主自行决定是否进行修改。如业主另行委托，也可进行这方面的审查。

6.5.3 施工图审查机构

施工图审查是一项专业性和技术性都非常强的工作一般政府公务员难以完成，所以必须由政府主管部门审定批准的审查机构来承担，它是具有独立法人资格的公益性中介组织。符合下列条件的机构方可承担施工图审查工作：具有独立的法人资格；具有符合设计审查条件的工程技术人员。不同级别的审查单位有不同的人员配备要求；有固定的工作场所，注册资金不少于 20 万元；有健全的技术管理和质量保证体系。审查人员应熟练掌握国家和地方现行的强制性标准、规范。设计审查人员必须具备的条件如下所述。

(1) 具有 10 年以上结构设计工作经历，独立完成过 5 项 2 级以上(含 2 级)项目工程设计。
(2) 获准注册的一级注册结构工程师，并具有高级工程师职称。
(3) 年满 35 周岁且不超过 65 周岁。
(4) 有独立工作能力，并有一定的语言文字表达能力。
(5) 有良好的职业道德。

凡符合上述条件的直辖市、计划单列市、省会城市的设计审查机构，由省、自治区、直辖市建设行政主管部门初审后，报国务院建设行政主管部门审批，并颁发施工图设计审查许可证；其他城市的设计审查机构由省级建设行政主管部门审批，并颁发施工图设计审查许可证。取得施工图设计审查许可证的机构，方可承担审查工作。

施工图审查单位是一个独立法人的单位，它必须承担相关的责任。随着市场化进程的加快，多个审查单位同时存在，共同竞争是发展趋势，国家行政管理和行业管理部门慢慢放弃指定审查单位的方法，采用市场竞争的方式来发展审查行业是必然的。同时，审查单位不是一个单纯的企业单位，它还肩负着对国家法规、规范、标准的修正和反馈的义务。

因此，对审查单位资质的管理有一定的复杂性，还需要我们在今后认真对待和研究，使得我国的工程施工图审查制度越来越完善。建设单位或设计单位对审查机构作出的审查报告有重大分歧意见时，可由建设单位或设计单位向所在省、自治区、直辖市人民政府建设行政主管部门提出复查申请，省、自治区、直辖市人民政府建设行政主管部门组织专家论证并得出复查结果。

6.5.4 施工图审查的程序

1. 施工图审查的报送

在施工图完成后，建设单位应将施工图连同该项目批准、立项的文件或初步设计批准文件及主要的初步设计文件一起报送建设行政主管部门，由建设行政主管部门委托有关审查机构进行审查。

施工图审查包括消防、环保、抗震、卫生等内容，这涉及不同行政主管部门的业务范围，为简化手续，提高办事效率，凡需进行消防、环保、抗震等专项审查的项目，应当逐步做到有关专业审查与结构安全性审查统一报送、统一受理，通过有关专项审查后，由建设行政主管部门统一颁发设计审查批准书。

2. 施工图审查的要求

(1) 审查机构审查结束后，应向建设行政主管部门提交书面的项目施工图审查报告，报告应由审查人员签字，审查机构盖章。

(2) 对于审查合格的项目，建设行政主管部门收到审查报告后，应及时向建设单位通报审查结果，并颁发施工图审查批准书；对于审查不合格的项目，审查机构提出书面意见，并将施工图退回建设单位，交由设计单位修改后，重新报送。

(3) 审查机构在收到审查材料后，应在一定期限范围内完成审查工作，并提出工作报告。目前规定的具体审查期限为：一般项目 20 个工作日；特级、一级项目 30 个工作日；重大及技术复杂项目可适当延长。

(4) 施工图一经审查批准，不得擅自修改。如遇特殊情况需要进行涉及审查主要内容的修改时，必须重新报请原审批部门委托审查机构审查，并经批准后方能实施。

(5) 施工图审查所需经费，由施工图审查机构向建设单位收取。

3. 对审查结果有争议的解决途径

建设单位或设计单位对审查机构作出的审查报告有重大分歧意见时，可由建设单位或设计单位向所在省、自治区、直辖市人民政府建设行政主管部门提出复查申请，由省、自治区、直辖市人民政府建设行政主管部门组织专家论证并得出复查结果。

6.5.5 施工图审查各方的责任

设计文件质量责任是在出现设计文件质量问题时，设计单位和设计人员承担直接责任，设计审查单位和设计审查人员承担间接的监督责任。如当设计质量存在问题而造成损失时，业主只能向设计单位和设计人员追责，审查机构和审查人员在法律上并不承担赔偿责任。

1. 设计单位与设计人员的责任

勘察设计单位及其设计人员必须对自己的勘察设计文件的质量负责，这是《建设工程质量管理条例》《建设工程勘察设计管理条例》等法规所明确规定的，也是国际上通行的规则,它并不因通过了审查机构的审查就可免责。审查机构的审查只是一种监督行为,它只对工程设计质量承担间接的审查责任,其直接责任仍由完成设计的单位及个人负责。如若出现质量问题,设计单位及设计人员还必须依据实际情况和相关法律的规定,承担相应的经济责任、行政责任和刑事责任。

2. 审查机构及审查人员的责任

审查机构和审查人员在设计质量有问题时,自己审查没有发现,并不是说不用承担任何责任。对自己的失职行为,审查机构和审查人员必须承担直接责任,这些责任可分为经济责任、行政责任和刑事责任,它将依据具体事实和相关情节依法认定。《建设工程施工图设计文件审查暂行办法》中规定:"施工图审查机构和审查人员应当依据法律法规和国家与地方的技术标准认真履行审查职责","对玩忽职守、徇私舞弊、贪污受贿的审查人员和机构,由建设行政主管部门依法给予暂停或吊销其审查资格,并处以相应的经济处罚;构成犯罪的,依法追究其刑事责任。"

3. 政府主管部门的责任

依据相关法律规定,政府各级建设行政主管部门在施工图审查中享有行政审批权,主要负责行政监督管理和程序性审批工作。它对设计文件的质量不承担直接责任,但对其审批工作的质量,负有不可推卸的责任,这个责任具体表现为行政责任和刑事责任。对此,《建设工程勘察设计管理条例》明确规定:"国家机关工作人员在建设工程勘察设计活动的监督管理工作中玩忽职守、滥用职权、徇私舞弊,构成犯罪的,依法追究刑事责任;尚不构成犯罪的,依法给予行政处分。"

6.6 建设工程勘察设计质量监督管理

6.6.1 勘察工作的质量管理

建设工程质量必须实行政府监督管理。政府对工程质量的监督管理以保证工程使用安全和环境质量为主要目的,以法律法规和强制性标准为依据,以地基基础、主体结构、环境质量和与此有关的工程建设各方主体的质量行为为主要内容,以施工许可制度和竣工验收备案制度为主要手段。

勘察现场作业的质量控制

根据住房和城乡建设部 2021 年修正的《建设工程勘察质量管理办法》,勘察单位要切实抓好勘察纲要的编制、原始资料的取得和成果资料的整理等各个环节的质量管理。

6.6.2 施工图设计文件审查制度

施工图设计文件审查是指国务院建设行政主管部门和省、自治区、直辖市人民政府建设行政主管部门依法认定的设计审查机构,根据国家的法律法规、技术规范执行情况等进行的独立审查,它是政府主管部门对建筑工程勘察设计质量监督管理的重要环节,是基本建设必不可少的程序,工程建设各方必须认真贯彻执行,其相关的审查程序如下所述。

(1) 在施工图完成后,建设单位应将施工图连同该项目批准立项的文件或初步设计批准文件及主要的初步设计文件一起报送建设行政主管部门委托有关审查机构进行检查。

(2) 审查机构在审查结束后，应向建设行政主管部门提交书面的项目施工图审查报告，报告应有审查人员签字、审查机构盖章。

(3) 审查合格的项目，建设行政主管部门收到审查报告后，应及时向建设单位通报审查结果，并颁布施工图审查批准书，审查不合格的项目，由审查机构提出书面意见，并将施工图退回建设单位，交由原设计单位修改后，重新报送。

(4) 审查机构在收到审查材料后，应在一定期限范围内完成审查，并提出审查报告。

(5) 施工图一经批准，不得擅自修改。

(6) 施工图审查所需经费，由施工图审查机构向建设单位收取。

施工图设计的深度

6.7 法律责任

6.7.1 建设单位的违法行为及法律责任

发包方将建设工程勘察、设计业务发包给不具有相应资质等级的建设工程勘察、设计单位的，责令改正，处 50 万元以上 100 万元以下的罚款。

6.7.2 勘察设计单位的违法行为及法律责任

(1) 未取得资质证书承揽工程的，予以取缔，依照前款规定处以罚款；有违法所得的，予以没收。

(2) 以欺骗手段取得资质证书承揽工程的，吊销资质证书，依照前款规定处以罚款；有违法所得的，予以没收。

(3) 建设工程勘察、设计单位将所承揽的建设工程勘察、设计转包的，责令改正，没收违法所得，处合同约定的勘察费、设计费 25%以上 50%以下的罚款，可以责令停业整顿，降低资质等级，情节严重的，吊销资质证书。

(4) 有下列行为之一的，依照《建设工程质量管理条例》的规定给予处罚：①勘察单位未按照工程建设强制性标准进行勘察的；②设计单位未根据勘察成果文件进行工程设计的；③设计单位指定建筑材料、建筑构配件的生产厂、供应商的；④设计单位未按照工程建设强制性标准进行设计的。

(5) 责令停业整顿、降低资质等级和吊销资质证书、资格证书的行政处罚，由颁发资格证书的机关决定，其他行政处罚，由建设行政主管部门或者其他有关部门依据法定职权范围决定。

(6) 被吊销资质证书的，由工商行政管理部门吊销其营业执照。

6.7.3 勘察设计执业人员的违法行为及法律责任

(1) 建设工程勘察、设计注册执业人员和其他专业技术人员未受聘于一个建设工程勘察、设计单位或者同时受聘于两个以上建设工程勘察、设计单位，从事建设工程勘察、设计活动的，责令停止违法行为，没收违法所得，处违法所得 2 倍以上 5 倍以下的罚款；情节严重的,可以责令停止执行业务或者吊销资格证书;给他人造成损失的,依法承担赔偿责任。

(2) 未经注册,擅自以注册建设工程勘察、设计人员的名义从事建设工程勘察、设计活动的,责令停止违法行为,没收违法所得,处违法所得 2 倍以上 5 倍以下罚款;给他人造成损失的,依法承担赔偿责任。

6.7.4 国家机关工作人员的违法行为及法律责任

国家机关工作人员在建设工程勘察设计活动的监督管理工作中玩忽职守、滥用职权、徇私舞弊,构成犯罪的,依法追究刑事责任;尚不构成犯罪的,依法给予行政处分。

案例分析

课堂思政案例

2007 年 8 月 13 日 16 时 45 分许,位于某省的在建的 A 大桥突然坍塌。此次事故造成 64 人遇难。事故发生后,国务院组成事故调查组,立即开展了调查工作。经调查认定这是一起严重的责任事故。由于施工建设单位严重违反桥梁建设的法规标准,现场管理混乱,盲目追赶工期,监理单位、质量监督部门严重失职,勘察、设计单位服务和设计交底不到位,A 省交通厅、公路局等有关部门监督管理不力,致使大桥主拱圈砌筑材料未满足规范和设计要求,拱桥上部构造施工工序不合理,主拱圈砌筑质量差,降低了拱圈砌体的整体性和强度,随着拱上施工荷载的不断增加,造成 1 号孔主拱圈靠近 0 号桥台一侧 3 至 4 米宽范围内,砌体强度达到破坏极限而坍塌,受连拱效应影响,导致整个大桥坍塌。

本 章 小 结

本章主要讲述了建设工程勘察设计法律法规的基本知识、建设工程勘察设计文件的编制、建设工程勘察设计的质量监督管理和相应的法律责任以及建设工程的抗震和施工图设计文件的审查等内容,使同学们对建设工程勘察设计等进行基础的了解,并掌握其知识点,学以致用,为学生们以后的学习和工作打下坚实的基础。

实 训 练 习

一、单项选择题

1. 下列哪一项不属于建设工程勘察设计的基本原则?( )
  A. 综合利用能源,满足环保要求
  B. 建设工程勘察、设计应当与社会、经济发展水平相适应
  C. 坚持先设计、后勘察、再施工的原则
  D. 贯彻经济社会发展规划、城乡规划和产业政策

2. 取得甲级勘察资质的企业不可以承接下面哪项业务?(　　)
   A. 建筑工程　　　B. 市政工程　　　C. 海洋工程　　　D. 桥梁工程
3. 下列说法不正确的是(　　)。
   A. 建设工程勘察、设计单位可以将所承揽的建设工程勘察、设计转包
   B. 发包人可以将整个建设工程的勘察、设计发包给一个勘察、设计单位；也可以将建设工程的勘察、设计分别发包给几个勘察、设计单位
   C. 建设工程勘察、设计发包人与承包人应当执行国家有关建设工程勘察、设计费的管理规定
   D. 建筑工程设计招标依法可以公开招标或者邀请招标
4. 招标文件一经发出，招标人不得随意变更。确需进行必要的澄清或者修改的，应当在提交投标文件截止日期(　　)日前，书面通知所有招标文件接收人。
   A. 5　　　　B. 15　　　　C. 30　　　　D. 7
5. 下列属于工程建设企业标准按执行效力分类的是(　　)。
   A. 设计标准　　B. 施工及验收标准　　C. 国家标准　　D. 强制性标准

二、多项选择题

1. 下列属于工程勘察设计原则的是(　　)。
   A. 贯彻经济规划、社会发展规划、城乡规划和产业政策
   B. 综合利用资源，满足环保要求
   C. 遵守工程建设技术标准
   D. 重视技术和美观的结合
   E. 采用新技术、新工艺、新材料和新设备
2. 下列属于设计审查人员必须具备的条件的是(　　)。
   A. 具有8年以上结构设计工作经历，独立完成过3项2级以上(含2级)项目工程设计
   B. 有独立工作能力，并有一定的语言文字表达能力
   C. 有良好的职业道德
   D. 年满30周岁且不超过65周岁
   E. 获准注册的一级注册结构工程师
3. 下列属于工程建设企业标准按标准的内容分类的是(　　)。
   A. 技术标准　　　　B. 行业标准　　　　C. 推荐性标准
   D. 经济标准　　　　E. 管理标准

三、简答题

1. 简述施工图设计文件审查的程序。
2. 简述建设工程勘察、设计文件编制的依据。

第6章实训练习答案

第6章 建设工程勘察设计法律法规

实训工作单

班级		姓名		日期	
教学项目	建设工程勘察设计				
学习项目	建设工程勘察设计法律法规的基本知识、建设工程勘察设计文件的编制、建设工程勘察设计的质量监督管理和相应的法律责任，以及建设工程的抗震和施工图设计文件的审查		学习要求	了解建设工程勘察设计法律法规的基本知识；掌握建设工程勘察设计文件的编制；掌握建设工程勘察设计的质量监督管理和相应的法律责任；掌握建设工程的抗震和施工图设计文件的审查	
相关知识	勘察设计法律法规				
其他内容					
学习记录					
评语				指导老师	

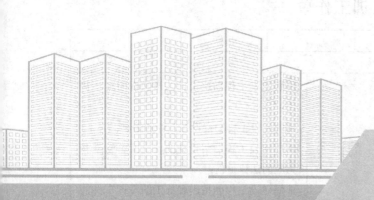

第 7 章　建设工程监理制度

※【学习目标】

1. 了解建设工程监理的概念、范围、依据、内容、性质、作用、实施原则；
2. 熟悉项目监理机构人员的配备和基本职责；
3. 掌握建设工程监理的程序和合同；
4. 掌握建设工程各阶段的监理。

第 7 章案例答案

※【思政目标】

深化课程思政建设，了解思想政治教育元素，通过本章最后课堂思政案例的学习，讲解事故发生中的相关责任与义务，以及违反安全受到的处罚，使学生树立"生命至上，安全第一"的理念以及质量终身责任制，培养职业素养。

第 7 章 建设工程监理制度

※【教学要求】

本章要点	掌握层次	相关知识点
建设工程监理概述	1.了解建设工程监理的概念、范围、依据和内容； 2.掌握建设工程监理性质、作用和实施的原则	建设工程监理方法
建设工程监理机构	1.了解项目监理机构人员的配备； 2.掌握项目监理机构各类人员的基本职责	建设工程监理机构的原则
建设工程监理的程序与建设工程监理合同	1.了解建设工程监理的程序； 2.掌握建设工程监理合同	建设工程监理的合同
建设工程各阶段的监理	掌握建设工程各阶段的监理内容	建设工程各阶段监理的内容

※【项目案例导入】

专业监理工程师在巡视时发现，甲施工单位在施工中使用未经报验的建筑材料，若继续施工，该部位将被隐蔽。因此，专业监理工程师立即向甲施工单位下达了暂停施工的指令(因甲施工单位的工作对乙施工单位有影响，乙施工单位也被迫停工)。同时，指示甲施工单位将该材料进行检验，并报告了总监理工程师。总监理工程师对该工序停工予以确认，并在合同约定的时间内报告了建设单位。检验报告出来后，证实材料合格，可以使用，总监理工程师随即下达了施工单位恢复了正常施工的指令。

【问题导入】

请结合所学的相关知识，试分析专业监理工程师是否有权签发本次暂停令？为什么？下达工程暂停令的程序有无不妥之处？请说明理由。

7.1 建设工程监理概述

7.1.1 建设工程监理的概念和范围

1. 建设工程监理的概念

工程建设监理是指具有相应资质的监理单位受工程项目建设单位的委托，依据国家有关工程建设的法律法规，经建设主管部门批准的工程项目建设文件、建设工程委托监理合同及其他工程建设合同，对工程建设实施的专业化监督管理。

监理单位对工程建设监理的活动是针对一个具体的工程项目展开的，是微观性质的建设工程监督管理；对工程建设参与者的行为进行监控、督导和评价，使建设行为符合国家法律法规的规定，制止建设行为的随意性和盲目性，使建设进度、造价、工程质量按计划实现，确保建设行为的合法性、科学性、合理性和经济性。

2. 建设工程监理的范围

工程建设监理的范围可以分为监理的工程范围和监理的建设阶段范围。

1) 工程范围

原建设部根据《建筑法》和国务院颁布的《建设工程质量管理条例》对实行强制性监理的工程范围的原则性规定,进一步在《工程建设监理范围和规模标准规定》中对实行强制性监理的工程范围作了具体规定,指出下列工程建设必须实行监理。

(1) 国家重点工程建设:依据《国家重点建设项目管理办法》所确定的对国民经济和社会发展有重大影响的骨干项目。

(2) 大中型公用事业工程:项目总投资额在 3 000 万元以上的供水、供电、供气、供热等市政工程项目;科技、教育、文化等项目;体育、旅游、商业等项目;卫生、社会福利等项目;其他公用事业项目。

(3) 成片开发建设的住宅小区工程:建筑面积在 50 000 m^2 以上的住宅工程建设。

(4) 利用外国政府或者国际组织贷款、援助资金的工程:包括使用世界银行、亚洲开发银行等国际组织贷款资金的项目;使用国外政府及其机构贷款资金的项目;使用国际组织或者国外政府援助资金的项目。

(5) 国家规定必须实行监理的其他工程:项目总投资额在 3 000 万元以上的关系社会公共利益、公众安全的交通运输、水利建设、城市基础设施、生态环境保护、信息产业、能源等基础设施项目,以及学校、影剧院、体育场馆项目。

2) 建设阶段范围

工程建设监理可以适用于工程建设投资决策阶段和实施阶段,但目前主要用于工程建设施工阶段。

在工程建设施工阶段,建设单位、勘察单位、设计单位、施工单位和工程建设监理企业均应承担各自的责任和义务。在施工阶段委托监理的目的是更有效地发挥监理的规划、控制、协调作用,为在计划目标内建成工程提供最好的管理。

建设工程监理范围的影响

7.1.2 建设工程监理的依据和内容

1. 建设工程监理的依据

1) 国家或部门制定颁布的法律法规、规章

法律是由全国人大及其常务委员会制定的。行政法规是由国务院制定的。部门规章是由国务院各部门制定的。监理单位应当依据法律、行政法规的规定,对承包单位实施监督。对建设单位违反法律、行政法规的要求,监理单位应当予以拒绝。目前,有关工程监理方面的法律法规主要有《建筑法》《建设工程质量管理条例》《工程建设监理规定》《工程监理企业资质管理规定》《监理工程师资格考试及注册试行办法》。

2) 国家现行的技术规范、技术标准、规程和工程质量验评标准

2001 年 5 月 1 日开始实施的《建设工程监理规范》是监理单位和监理工作人员进行监理工作的行为规范。技术标准是工程建设标准的一种。工程建设标准可分为强制性标准和推荐性标准。强制性标准是必须执行的标准。推荐性标准是自愿采用的标准,经过双方签订合同予以确认。经合同确认的推荐性标准也必须严格执行。

3) 经审查批准的建设文件、设计文件和设计图纸

设计文件和设计图纸是施工的依据,同时也是监理的依据。施工单位应该按设计文件

和图纸进行施工。监理单位应按照设计文件和图纸对施工活动进行监督管理。

4) 依法签订的各类工程合同文件等

工程合同是建设单位和施工单位根据国家规定的程序、批准的投资计划以及有关设计文件，为完成商定的某项建筑工程，明确相互权利和义务关系的协议。工程合同依法订立，即具有法律约束力，当事人必须全面履行合同规定的义务，任何一方不得擅自变更或解除合同。监理单位应当依据工程承包合同监督施工单位是否全面履行建筑工程承包合同规定的义务。

2. 建设工程监理的内容

建设工程监理的主要内容概括起来就是"三控、两管、一协调"，即控制工程建设的投资、建设工期和工程质量；进行工程建设合同管理和信息管理；协调有关单位之间的关系。

(1) 工程建设决策阶段监理。工程建设决策阶段的工作主要是对投资决策、立项决策和可行性决策的咨询。

工程建设的决策咨询，既不是监理单位替建设单位决策，也不是替政府决策，而是受建设单位或政府的委托选择决策咨询单位，协助建设单位或政府与决策咨询单位签订咨询合同，并监督合同的履行，对咨询意见进行评估。

(2) 工程建设设计阶段监理。工程建设设计阶段是工程项目建设进入实施阶段的开始。工程建设设计阶段通常包括初步设计和施工图设计两个阶段。在进行工程设计之前还要进行地质勘察和水文勘察等，所以这一阶段又叫作勘察设计阶段。在工程建设实施过程中，一般把勘察和设计分开来签订合同。

(3) 工程建设施工阶段监理。工程建设施工阶段监理包括施工招标阶段的监理、施工监理和竣工后工程保修阶段的监理。工程施工是工程建设最终的实施阶段，是形成建设产品的最后一步。施工阶段各方面工作的好坏对建设产品优劣的影响是难以更改的。

(4) 监理的其他服务。监理单位除承担工程建设监理方面的业务外，还可以承担工程建设方面的咨询业务。

7.1.3 建设工程监理的性质和作用

1. 建设工程监理的性质

工程监理是一种特殊的、与其他工程建设活动有着明显区别和差异的工程建设活动。这些区别和差异使得工程建设监理与其他工程建设活动之间划出了清晰的界限。也正是由于这个原因，工程建设监理在建设领域中成为我国一种新的行业。

工程监理具有以下特性。

1) 服务性

工程建设监理既不同于承建商的直接生产活动，也不同于业主的直接投资活动。它既不是工程承包活动，也不是工程发包活动。它不需要投入大量资金、材料、设备、劳动力。监理单位既不需要拥有大量的机具、设备和劳务力量，一般也不必拥有雄厚的注册资金。它只是在工程项目建设过程中，利用自己的工程建设方面的知识、技能和经验为客户提供高智能的监督管理服务，以满足项目业主对项目管理的需要。它所获得的报酬也是技术服务性的报酬,是脑力劳动的报酬。

工程建设监理的服务性使其与政府对工程建设行政性监督管理活动区别开来,也使其与承建商在工程项目建设中的活动区别开来。

2) 独立性

从事建设工程监理活动的监理单位是直接参与工程项目建设的"三方当事人"之一,它与项目业主、承建商之间的关系是平等的、横向的;在工程项目建设中,监理单位是独立的一方。我国的有关法规明确指出,监理单位应按照独立、自主的原则开展建设工程监理工作。国际咨询工程师联合会在它的出版物《业主与咨询工程师标准服务协议书条件》中明确指出,监理单位是"作为一个独立的专业公司受聘于业主去履行服务的一方",应当"根据合同进行工作",它的监理工程师应当"作为一名独立的专业人员进行工作"。同时,国际咨询工程师联合会要求其会员"相对于承包商、制造商、供应商,必须保持其行为的绝对独立性,不得从它们那里接受任何形式的好处,而使他的决定的公正性受到影响或不利于他行使委托人赋予他的职责","咨询工程师在任何时候均为委托人的合法利益行使其职责,他必须以绝对的忠诚履行自己的义务,并且忠诚地服务于社会的最高利益以及维护职业荣誉和名望"。因此,监理单位在履行监理合同义务和开展监理活动的过程中,要建立自己的组织,要确定自己的工作准则,"要运用自己掌握的方法和手段,根据自己的判断,独立地开展工作"。监理单位既要认真、勤奋、竭诚地为委托方服务,协助业主实现预定目标,也要按照公平、独立、自主的原则开展监理工作。

建设工程监理的这种独立性是建设监理制的要求,是由监理单位在工程项目建设中的第三方地位所决定的,是由它所承担的建设工程监理的基本任务所决定的。因此,独立性是监理单位开展建设工程监理工作的重要原则。

3) 科学性

工程建设监理应当遵循科学性准则。监理的科学性体现为其工作的内涵是为工程管理与工程技术提供知识性的服务。监理的任务决定了其应当采用科学的思想、理论、方法和手段;监理的社会化、专业化特点要求监理单位按照高智能原则组建;监理的服务性质决定了其应当提供高科技含量的管理服务;工程建设监理维护社会公众利益和国家利益的使命决定了其必须提供科学性服务。

监理的科学性主要表现在:工程监理企业应当由组织管理能力强、工程建设经验丰富的人员担任领导;应当有一支由足够数量的、有丰富管理经验的和应变能力的监理工程师组成的骨干队伍;要有一套健全的管理制度;要有现代化的管理手段;要掌握先进的管理理论、方法和手段;要积累足够的技术、经济资料和数据;要有科学的工作态度和严谨的工作作风;要实事求是、创造性地开展工作。

4) 公正性

在工程项目建设中,监理单位和监理工程师应当扮演什么角色和如何扮演这些角色,是从事工程建设监理工作的人员应当认真对待的一个重要问题。监理单位和监理工程师在工程建设过程中,一方面应当作为能够严格履行监理合同各项义务,能够竭诚地为客户服务的"服务方",同时,应当成为"公正的第三方"。也就是在提供监理服务的过程中,监理单位和监理工程师应当排除各种干扰,以公正的态度对待委托方和被监理方,特别是当业主和被监理方发生利益冲突或矛盾时能够以事实为依据,以有关法律法规和双方所签订的工程建设合同为准绳，站在第三方立场上公正地加以解决和处理，做到"公正地证明、决定或行使自己的处理权"。

2. 建设工程监理的作用

建设单位的工程项目实行专业化、社会化管理在外国已有 100 多年的历史，现在越来越显现出强劲的生命力，在提高投资的经济效益方面发挥了重要作用。我国实施建设工程监理的时间虽然不长，但已经发挥出明显的作用，为政府和社会所承认。建设工程监理的作用主要表现在以下几个方面。

1) 有利于提高工程建设投资决策科学化水平

在建设单位委托工程监理企业实施全方位全过程监理的条件下，在建设单位有了初步的项目投资意向之后，工程监理企业可协助建设单位选择适当的工程咨询机构，管理工程咨询合同的实施，并对咨询结果(如项目建议书、可行性研究报告)进行评估，提出有价值的修改意见和建议；或者直接从事工程咨询工作，为建设单位提供建设方案。这样不仅可使项目投资符合国家经济发展规划、产业政策、投资方向，而且可使项目投资更加符合市场需求。工程监理企业参与或承担项目决策阶段的监理工作，有利于提高项目投资决策的科学化水平，避免项目投资决策失误，也可为实现工程建设投资综合效益最大化打下良好的基础。

2) 有利于规范工程建设参与各方的建设行为

工程建设参与各方的建设行为都应当符合法律法规、规章和市场准则。要做到这一点，仅仅依靠自律机制是远远不够的，还需要建立有效的约束机制。为此，首先需要政府对工程建设参与各方的建设行为进行全面的监督管理，这是最基本的约束，也是政府的首要职能之一。但是由于客观条件所限，政府的监督管理不可能深入到每一项建设参与各方的建设行为进行约束。建设工程监理制就是这样一种约束机制。

在建设工程施工中，工程监理企业可依据委托监理合同和有关的建设工程合同对承建单位的建设行为进行监督管理。由于这种约束机制贯穿于工程建设的全过程，采用事前、事中和事后控制相结合的方式，因此，可以有效地规范各城建单位的建设行为，最大限度地避免不当建设行为的发生。即使出现不当建设行为，也可及时加以制止，以期最大限度地减轻其不良后果。应当说，这是约束机制的根本目的。另一方面，由于有些建设单位对建设工程有关的法律法规、规章、管理程序和市场行为准则了解不准确，也可能发生不当建设行为，这对规范建设单位的建设行为也可起到一定的约束作用。

当然，要发挥上述约束作用，工程监理企业必须首先规范自身的行为，并接受政府的监督管理。

3) 有利于保证工程建设的质量和使用安全

工程监理企业对承建单位建设行为的监督管理，实际上是从产品需求者的角度对工程建设生产过程的管理，这与产品生产者自身的管理有很大不同。而工程监理企业又不同于工程建设的实际需求者，其监理人员都是既懂工程技术又懂经济管理的专业人士，他们有能力及时发现工程建设实施过程中出现的问题，发现工程材料、设备以及阶段产品存在的问题，从而避免留下工程质量隐患。因此，实行工程建设监理制之后，在加强承建单位自身对工程质量管理的基础上，由工程监理企业介入工程建设生产过程的管理，对保证工程建设质量和使用安全有着重要作用。

4) 有利于实现建设工程投资效益最大化

建设工程投资效益最大化有以下三种表现。

(1) 在满足建设工程预定功能和质量标准的前提下，建设投资额最少。

(2) 在满足建设工程预定功能和质量标准的前提下，建设工程寿命周期费用(或全寿命费用)最少。

(3) 建设工程本身的投资效益与环境、社会效益最大化。

实行建设工程监理制后，工程监理企业一般都能协助建设单位实现上述建设工程投资效益最大化的第一种表现，也能在一定程度上实现上述第二种和第三种表现。随着建设工程寿命周期费用思想和综合效益理念被越来越多的建设单位所接受，建设工程投资效益最大化的第二种和第三种表现所占的比例将越来越大，从而大大提高全社会的投资效益，促进我国国民经济的发展。

工程建设监理招标的特点

7.1.4　建设工程监理实施的原则

根据《建设工程监理规范》(GB/T 50319—2013)规定："工程监理单位应公平、独立、诚信、科学地开展建设工程监理与相关服务活动。"

1. 公正、独立、自主的原则

在工程建设监理中，监理工程师必须尊重科学，尊重事实，组织各方协同配合，维护有关各方的合法权益，为使这一职能顺利实施，必须坚持公正、独立、自主的原则。业主与承包商虽然都是独立运行的经济主体，但它们追求的经济目标有差异，各自的行为也有差别。监理工程师应在按合同约定的权、责、利关系基础上，协调双方的一致性，即只有按合同的约定建成项目，业主才能实现投资的目的，承包商也才能实现自己生产的产品的价值，取得工程款和实现盈利。

2. 权责一致的原则

监理工程师为履行其职责而从事的监理活动，是根据建设监理法规和受业主的委托与授权而进行的。监理工程师承担的职责应与业主授予的权限相一致。也就是说，业主向监理工程师的授权，应以能保证其正常履行监理的职责为原则。

3. 严格监理、热情服务的原则

监理工程师与承建商的关系，以及处理业主与承建商之间的利益关系，一方面应坚持严格按合同办事，严格监理的要求；另一方面应立场公正，为业主提供热情服务。

4. 综合效益的原则

社会建设监理活动既要考虑业主的经济效益，也必须考虑与社会效益和环境效益的有机统一，符合公众的利益，个别业主为谋求自身狭隘的经济利益，不惜损害国家、社会的整体利益，如有些项目存在严重的环境污染问题。工程建设监理虽然需要经业主的委托和授权才得以进行，但监理工程师应严格遵守国家的建设管理法律法规、标准等，以高度负责的态度和责任感，既对业主负责，谋求最大的经济效益，又要对国家和社会负责，取得最佳的综合效益。只有在符合宏观经济效益、社会效益和环境效益的条件下，业主投资项

目的微观经济效益才能得以实现。

5. 预防为主的原则

监理工程师必须具有预见性，并把重点放在"预控"上，防患于未然。在制订监理规划、编制监理细则和实施监理控制过程中，对工程项目投资控制、进度控制和质量控制中可能发生的失控问题要有预见性和超前的考虑，并制定相应的对策和预控措施予以防范。另外，还应考虑多个不同的措施与方案，做到"事前有预测，情况变了有对策"，避免被动情况的发生，这样能收到事半功倍的效果。

工程监理实施的原则

6. 实事求是的原则

监理工作中，监理工程师应尊重事实，以理服人。监理工程师的任何指令、判断都应有事实依据，有证明、检验、试验资料，这是最具有说服力的，由于经济利益或认识上的关系，监理工程师不应以权压人，而应以理服人。

工程建设监理招投标的原则

7.2 建设工程监理机构

7.2.1 项目监理机构人员的配备

项目监理机构中配备监理人员的数量和专业，应根据监理的任务范围、内容、期限以及工程的类别、规模、技术复杂程度、工程环境等因素综合考虑，并应符合委托监理合同中对监理深度和密度的要求，既要体现项目监理机构的整体素质，还要满足监理目标控制的要求。

监理规划与监理实施细则之间的关系

1. 项目监理机构的人员结构

项目监理机构应具有合理的人员结构，包括以下两方面的内容。

(1) 合理的专业结构。即项目监理机构应由与监理工程的性质(是民用项目或是专业性强的生产项目)及业主对工程监理的要求[是全过程监理或是某一阶段(如设计或施工阶段)的监理，是投资、质量、进度的多目标控制或是某一目标的控制]相适应的各类专业人员组成，也就是各专业人员要配套。

(2) 合理的技术职务、职称结构。为了提高管理效率和经济性，项目监理机构的监理人员应根据建设工程的特点和建设工程监理工作的需要确定其技术职称、职务结构。合理的技术职称结构表现在高级职称、中级职称和初级职称有与监理工作要求相称的比例。一般来说，决策阶段、设计阶段的监理，具有高级职称及中级职称的人员在整个监理人员构成中应占绝大多数。施工阶段的监理，可有较多的初级职称人员从事实际操作，如旁站、填记日志、现场检查和计量等。

监理人员组织结构图

2. 项目监理机构监理人员数量的确定

影响项目监理机构监理人员数量的主要因素有以下几个。

监理工作人数的分配

(1) 工程建设强度。工程建设强度是指单位时间内投入的工程建设资金的数量。即

$$工程建设强度＝投资/工期$$

其中，投资和工期均指由项目监理机构所承担的那一部分工程的建设投资和工期。一般投资费用可按工程估算、概算或合同价计算，而工期来自进度总目标及其分目标。

显然，工程建设强度越大，投入的监理人员就越多。工程建设强度是确定人数的重要因素。

(2) 工程复杂程度。每项工程都有不同的复杂情况。根据一般工程的情况，可将工程复杂程度按以下各项考虑：设计活动多少、工程地点位置、气候条件、地形条件、工程地质、施工方法、工程性质、工期要求、材料供应、工程分散程度等。

根据工程复杂程度的不同，可将各种情况的工程分为若干级别，不同级别的工程需要配备的人员数量有所不同。例如，将工程复杂程度按五级划分可分为简单、一般、一般复杂、复杂、很复杂。显然，简单级别的工程需要的监理人员较少，而复杂的项目就要多配置监理人员。

工程复杂程度可用采样定量方法：将构成工程复杂程度的每一因素划分为各种不同情况，根据工程实际情况予以评分，累积平均后看分值大小，以确定它的复杂程度等级。如按 10 分制计评，则平均分值为 1～3 分者为简单工程，平均分值为 3～5 分、5～7 分、7～9 分者依次为一般工程、一般复杂工程、复杂工程，9 分以上者为很复杂工程。

(3) 监理单位的业务水平。每个监理单位的业务水平和对某类工程的熟悉程度不完全相同，在监理人员素质、管理水平和监理的设备手段等方面也存在差异，这都会直接影响监理效率。高水平的监理单位完成一个建设工程的监理工作可以投入较少的监理人力，而一个经验不多或管理水平不高的监理单位则需要投入较多的监理人力。因此，各监理单位应当根据自己的实际情况确定监理人员的需要量。

(4) 项目监理机构的组织结构和任务职能分工。项目监理机构的组织结构情况关系到具体的监理人员配备，务必使项目监理机构任务职能分工的要求得到满足。必要时，还需根据项目监理机构的职能分工对监理人员的配备作进一步的调整。

【案例 7-1】

某工程合同总价为 4 500 万元，工期为 36 个月，经专家对构成工程复杂程度的因素进行评估，工程为一般复杂程度等级。表 7-1 所示为不同工程复杂程度每年完成 100 元工程所需监理人数的定额标准，请根据工程年度投资额和工程复杂程度计算出每年应配备的各类监理人员数及监理人员总数。

表 7-1 监理人员需要量定额

工程复杂程度	监理工程师	监理员	行政、文秘人员
简单工程	0.20	0.75	0.10
一般工程	0.25	1.00	0.10
一般复杂工程	0.30	1.50	0.28
复杂工程	0.50	1.50	0.35
很复杂工程	>0.50	>1.50	>0.35

7.2.2 项目监理机构各类人员的基本职责

监理人员的基本职责应按照工程建设阶段和建设工程的情况确定。施工阶段，按照《建设工程监理规范》的规定，项目总监理工程师、总监理工程师代表、专业监理工程师和监理员应分别履行各自的职责。

1. 项目总监理工程师的职责

各总监理工程师，只宜担任一项委托监理合同的项目总监理工程师工作。当需要同时担任多项委托监理合同的项目总监理工程师工作时，须经建设单位同意，且最多不得超过三项。

项目总监理工程师的职责具体如下所述。

(1) 确定项目监理机构人员的分工和岗位职责。

(2) 主持编写项目监理规划，审批项目监理实施细则，并负责管理项目监理机构的日常工作。

(3) 审查分包单位的资质，并提出审查意见。

(4) 检查和监督监理人员的工作，根据工程项目的进展情况可进行监理人员调配，对不称职的监理人员应调换其工作。

(5) 主持监理工作会议，签发项目监理机构的文件和指令。

(6) 审定承包单位提交的开工报告、施工组织设计、技术方案、进度计划。

(7) 审核签署承包单位的申请、支付证书和竣工结算。

(8) 审查和处理工程变更。

(9) 主持或参与工程质量事故的调查。

(10) 调解建设单位与承包单位的合同争议，处理索赔，审批工程延期。

(11) 组织编写并签发监理月报、监理工作阶段报告、专题报告和项目监理工作总结。

(12) 审核签认分部工程和单位工程的质量检验评定资料，审查承包单位的竣工申请，组织监理人员对待验收的工程项目进行质量检查，参与工程项目的竣工验收。

(13) 主持整理工程项目的监理资料。

2. 总监理工程师代表的职责

(1) 负责总监理工程师指定或交办的监理工作。

(2) 按总监理工程师的授权，行使总监理工程师的部分职责和权力。

应注意，总监理工程师不可把全部的工作职责一并委托给总监理工程师代表。如经济方面的合同纠纷、人员调整方面的工作，总监理工程师不可以委托总监代表处理。具体有：①主持编写项目监理规划，审批项目监理实施细则；②签发工程开工/复工报审表、工程暂停令、工程款支付证书、工程竣工报验单；③审核签认竣工结算；④调解建设单位与承包单位的合同争议，处理索赔，审批工程延期；⑤根据工程项目的进展情况进行监理人员的调配，调换不称职的监理人员。

3. 专业监理工程师的职责

专业监理工程师应履行以下职责。

(1) 负责编制本专业的监理实施细则。
(2) 负责本专业监理工作的具体实施。
(3) 组织、指导、检查和监督本专业监理员的工作，当人员需要调整时，向总监理工程师提出建议。
(4) 审查承包单位提交的涉及本专业的计划、方案、申请、变更，并向总监理工程师提出报告。
(5) 负责本专业分项工程验收及隐蔽工程验收。
(6) 定期向总监理工程师提交本专业监理工作实施情况报告，对重大问题及时向总监理工程师汇报和请示。
(7) 根据本专业监理工作实施情况做好监理日记。
(8) 负责本专业监理资料的收集、汇总及整理，参与编写监理月报。
(9) 核查进场材料、设备、构配件的原始凭证、检测报告等质量证明文件及其质量情况，根据实际情况认为有必要时对进场材料、设备、构配件进行平行检验，合格时予以签认。
(10) 负责本专业的工程计量工作，审核工程计量的数据和原始凭证。

4. 监理员的职责

监理员的职责如下所述。
(1) 在专业监理工程师的指导下开展现场监理工作。
(2) 检查承包单位投入工程项目的人力、材料、主要设备及其使用、运行状况，并做好检查记录。
(3) 复核或从施工现场直接获取工程计量的有关数据并签署原始凭证。
(4) 按设计图及有关标准，对承包单位的工艺过程或施工工序进行检查和记录，对加工制作及工序施工质量检查结果进行记录。
(5) 担任旁站工作，发现问题及时指出并向专业监理工程师报告。
(6) 做好监理日记和有关的监理记录。

【案例 7-2】

施工过程中，专业监理工程师发现乙施工单位施工的分包工程部分存在质量隐患，为此，总监理工程师同时向甲、乙两施工单位发出了整改通知。甲施工单位回函称，乙施工单位施工的工程是经建设单位同意进行分包的，所以本单位不承担该部分工程的质量责任。

问题：
(1) 甲施工单位的答复是否妥当？为什么？
(2) 总监理工程师签发的整改通知是否妥当？为什么？

7.3 建设工程监理的程序与建设工程监理合同

7.3.1 建设工程监理的程序

1. 获得监理任务

监理单位应根据建设工程的规模、性质、业主对监理的要求，委派称职

建设工程监理的程序

的人员担任项目总监理工程师，代表监理单位全面负责该工程的监理工作。

一般情况下，监理单位在承接工程监理任务后，在参与工程监理的投标、拟定监理方案(大纲)以及与业主商签委托监理合同时，就应选派称职的人员主持该项工作。在监理任务确定并签订委托监理合同后，该主持人即可作为项目总监理工程师。这样，项目的总监理工程师在承接任务阶段即早已介入，从而更了解业主的建设意图和对监理工作的要求，并与后续工作更好地衔接。总监理工程师是一个建设工程监理工作的总负责人，他对内向监理单位负责，对外向业主负责。

监理机构的人员构成是监理投标书中的重要内容，是业主在评标过程中认可的，总监理工程师在组建项目监理机构时，应根据监理大纲内容和签订的委托监理合同内容组建，并在监理规划和具体实施计划执行中进行及时的调整。

2. 签订监理委托合同

按照国家统一文本签订监理委托合同，明确委托内容及各自的权利、义务。

3. 组建工程项目监理机构

工程监理单位在与建设单位签订监理委托合同后，根据工程项目的规模、性质及建设单位对监理的要求，委派称职的人员担任项目的总监理工程师，代表监理单位全面负责该项目的监理工作。总监理工程师对内向监理单位负责，对外向建设单位负责。

在总监理工程师的具体领导下，组建项目的监理机构，并根据签订的监理委托合同，制订监理规划和具体的实施计划(监理实施细则)，开展监理工作。

4. 收集相关资料

收集相关资料，以作为开展建设工程监理工作的依据。
(1) 反映工程项目特征的有关资料。
(2) 反映当地工程建设政策、法规的有关资料。
(3) 反映工程项目所在地区技术经济状况等建设条件的资料。
(4) 类似工程项目建设情况的有关资料。

5. 制订监理规划、工作计划或实施细则

建设工程监理规划是开展工程监理活动的纲领性文件。工程监理单位在工程监理规划编制完成后，接下来就要着手编制工程监理实施细则。

工程监理实施细则与监理规划的关系可以比作施工图设计与初步设计的关系，其作用是指导本专业或本子项目具体监理实务作业开展规范监理工作。

6. 规范化地开展监理工作

监理工作的规范化体现在以下几个方面。
1) 职责分工的严密性
工程建设监理工作是由不同专业、不同层次的专家群体共同来完成的，他们之间严密的职责分工，是协调进行监理工作的前提和实现监理目标的重要保证。
2) 工作的时序性
各项监理工作都应按照一定的逻辑顺序先后展开，从而使监理工作能有效地达到目标，

而不致造成工作状态的无序和混乱。

3) 工作目标的确定性

在职责分工的基础上,每一项监理工作应达到的具体目标都应是确定的,完成的时间也应有规定,从而能通过报表资料对监理工作及其效果进行检查和考核。

7. 参与项目竣工验收,签署建设监理意见

工程竣工时,监理单位应在正式验收前组织竣工预验收,在预验收中发现的问题,应及时与施工单位沟通,提出整改要求。

监理单位还应参加建设单位组织的工程竣工验收,签署监理单位意见。

8. 向建设单位提交工程建设监理档案资料

建设工程监理工作完成后,监理单位向业主提交的监理档案资料应在委托监理合同文件中约定。不管在合同中是否作出明确规定,监理单位提交的资料都应符合有关规范规定的要求,一般应包括设计变更、工程变更资料,监理指令性文件,各种签证资料等档案资料。

9. 编写监理工作总结

监理工作完成后,项目监理机构应及时从以下两个方面进行监理工作总结。

(1) 向业主提交的监理工作总结,其主要内容包括:委托监理合同履行情况概述,监理组织机构、监理人员和投入的监理设施,监理任务或监理目标完成情况的评价,工程实施过程中存在的问题和处理情况,由业主提供的监理活动使用的办公用房、车辆、试验设施等的清单,必要的工程图片,表明监理工作终结的说明等。

(2) 向监理单位提交的监理工作总结,其主要内容包括:①监理工作的经验,可以是采用某种监理技术、方法的经验,也可以是采用某种经济措施、组织措施的经验,以及委托监理合同执行方面的经验或如何处理好与业主、承包单位关系的经验等;②监理工作中存在的问题及改进的建议。

建设工程实施阶段图

7.3.2 建设工程监理合同

工程建设监理合同是指委托人(建设单位)与监理人(工程监理单位)就委托的工程建设监理与相关服务内容签订的明确双方义务和责任的协议。其中,委托人是指委托工程监理与相关服务的一方及其合法的继承人或受让人;监理人是指提供监理与相关服务的一方及其合法的继承人。

1. 监理合同的作用与特点

1) 监理合同的作用

工程建设监理制是我国建筑业在市场经济条件下保证工程质量,规范市场主体行为,提高管理水平的一项重要措施。工程监理与发包人和承包商共同构成了建筑市场的主体,为了使建筑市场的管理规范化、法制化,大型工程建设项目不仅要实行建设监理制,而且要求发包人必须以合同形式委托监理任务。监理工作的委托与被委托实质上是一种商业行为,因此,监理合同必须以书面合同形式来明确工程服务的内容,以便为发包人和监理单

位的共同利益服务。监理合同不仅明确了双方的责任和合同履行期间应遵守的各项约定，成为当事人的行为准则，而且可以作为保护任何一方合法权益的依据。

作为合同当事人一方的工程建设监理公司应具备相应的资格：不仅要求其是依法成立并已注册的法人组织，而且要求它所承担的监理任务应与其资质等级和营业执照中批准的业务范围相一致，既不允许低资质的监理公司承接高等级工程的监理业务，也不允许承接虽与资质级别相适应，但工作内容超越其监理能力范围的工作，以保证所监理工程的目标顺利圆满实现。

2) 监理合同的特点

监理合同是委托合同的一种，除具有委托合同的共同特点外，还具有以下特点。

(1) 监理合同的当事人双方应当是具有民事权利能力和民事行为能力、取得法人资格的企事业单位、其他社会组织，个人在法律允许的范围内也可以成为合同当事人。委托人必须是具有国家批准的建设项目，落实投资计划的企事业单位、其他社会组织及个人，作为受托人必须是依法成立具有法人资格的监理企业，并且所承担的工程监理业务应与企业资质等级和业务范围相匹配。

(2) 监理合同委托的工作内容必须符合工程项目建设程序，遵守有关法律、行政法规。监理合同以对建设工程项目实施控制和管理为主要内容，因此，监理合同必须符合建设工程项目的程序，符合国家和建设行政主管部门颁发的有关建设工程的法律、行政法规、部门规章和各种标准、规范要求。

(3) 委托监理合同的标的是服务。建设工程实施阶段所签订的其他合同，如勘察设计合同、施工承包合同、物资采购合同、加工承揽合同的标的物是产生新的物质成果或信息成果，而监理合同的标的是服务，即监理工程师凭借自己的知识、经验、技能受发包人委托为其所签订其他合同的履行实施监督和管理。

2. 监理合同的形式

为了明确监理合同当事人双方的权利和义务关系，应当以书面形式签订监理合同，而不能采用口头形式。由于发包人委托监理任务有繁有简，具体工程监理工作的特点各异，因此，监理合同的内容和形式也不尽相同。经常采用的监理合同形式有以下几种。

(1) 双方协商签订的合同。这种监理合同以法律和法规的要求为基础，双方根据委托监理工作的内容和特点，通过友好协商订立有关条款，达成一致后签字盖章生效。合同的格式和内容不受任何限制，双方就权利和义务所关注的问题以条款形式具体约定即可。

(2) 信件式合同。通常由监理单位编制有关内容，由发包人签署批准意见，并留一份备案后退给监理单位执行。这种合同形式适用于监理任务较小或简单的小型工程，也可能是在正规合同的履行过程中，依据实际工作进展情况，当监理单位认为需要增加某些监理工作任务时，便会以信件的形式请示发包人，经发包人批准后作为正规合同的补充合同文件。

(3) 委托通知单。正规合同履行过程中，发包人以通知单形式把监理单位在订立委托合同时建议增加而当时未接受的工作内容进一步委托给监理方。这种委托只是在原定工作范围之外增加少量工作任务，一般情况下原订合同中的权利和义务不变。如果监理单位不表示异议，委托通知单就成为监理单位所接受的协议。

(4) 标准化合同。为了使委托监理行为规范化，减少合同履行过程中的争议或纠纷，政府部门或行业组织制订出标准化的合同示范文本，供委托监理任务时作为合同文件采用。标准化合同通用性强，采用规范的合同格式，条款内容覆盖面广，双方只要就达成一致的内容写入相应的具体条款中即可。标准合同由于将履行过程中涉及的法律、技术、经济等各方面问题都作出了相应的规定，合理地分担双方当事人的风险并约定了各种情况下的执行程序，不仅有利于双方在签约时讨论、交流和统一认识，而且有助于监理工作的规范化实施。

7.4 建设工程各阶段的监理

7.4.1 设计阶段监理

1. 设计准备阶段监理工作的内容和方法

1) 工作内容

(1) 组建项目监理机构，明确监理任务、内容和职责，编制监理规划和设计准备阶段投资进度计划并进行控制。

(2) 组织设计招标或设计方案竞赛。协助建设前段时间编制设计招标文件，会同建设单位对投标单位进行资质审查。组织评标或设计竞赛方案评选。

(3) 编制设计大纲(设计纲要或设计任务书)，确定设计质量要求和标准。

(4) 优选设计单位，协助建设单位签订设计合同。

2) 主要工作方法

(1) 收集和熟悉项目原始资料，充分领会建设单位意图。

(2) 项目总目标论证方法。

勘察阶段监理
工作内容

(3) 以初步确定的总建设规模和质量要求为基础，将论证后所得总投资和总进度切块分解，确定投资和进度规划。

(4) 起草设计合同，并协助建设单位尽量与设计单位达成限额设计条款。

2. 设计展开阶段监理工作的内容和方法

1) 工作内容

(1) 设计方案、图纸、概预算和主要设备、材料清单的审查，发现不符合要求的地方，分析原因，并发出修改设计的指令。

(2) 对设计工作协调控制。及时检查和控制设计的进度，做好各部门间的协调工作，使各专业设计之间相互配合、衔接，及时消除隐患。

(3) 参与主要设备、材料的选型。

(4) 组织对设计的评审或咨询。

(5) 编写设计阶段监理工作总结。

2) 主要工作方法

(1) 在建设单位与设计单位间发挥桥梁和纽带作用。

(2) 跟踪设计，审核制度化。

(3) 采用多种方案比较法。

(4) 协调各相关单位关系。

7.4.2 施工阶段监理

1. 建设工程施工阶段质量控制的方法

1) 质量的事前控制

(1) 设计交底前,熟悉施工图纸,并对图纸中存在的问题通过建设单位向设计单位提出书面意见和建议。

(2) 参加设计交底及图纸会审,签认设计技术交底纪要。

(3) 开工前审查施工承包单位提交的施工组织设计或施工方案,签发《施工组织设计(方案)报审表》,并报建设单位批准后实施。

(4) 审查总承包单位所选择的专业分包单位的资质、特种人员的上岗证,符合要求后各专业分包单位方可进场施工。

(5) 开工前,审查施工承包单位(含分包单位)的质量管理、技术管理和质量保证体系,符合有关规定并满足工程需要时给予批准。

(6) 审查施工承包单位报送的测量方案,并进行基准测量复核。

(7) 建设单位宣布对总监理工程师的授权,施工承包单位介绍施工准备情况,总监理工程师作监理交底并审查现场开工条件,经建设单位统一后由项目总监理工程师签署施工单位报送的工程开工报审表。

(8) 对符合有关规定的用于工程的原材料、构配件和设备,使用前施工承包单位通知监理工程师见证取样和送检。

(9) 负责对施工承包单位报送本企业试验室的资质进行审核,合格后予以签认。

(10) 负责审查施工承包单位报送的其他报表。

2) 质量的事中控制

对施工过程中进行的所有与施工有关方面的质量进行控制,也包括对施工过程中的中间产品(工序产品或分部、分项产品)的质量控制。事中质量控制的策略是全面控制施工过程,重点控制工序质量。其具体措施是:工序交接有检查;质量预控有对策;施工项目有方案;技术措施有交底,图样会审有记录;配制材料有试验;隐蔽工程有验收;计量器具校正有复核;设计变更有手续;钢筋代换有制度;质量处理有复查;成品保护有措施;行使质控有否决(如发现质量异常、隐蔽未经验收、质量问题未处理、擅自变更设计图纸、擅自代换或使用不合格材料、无证上岗未经资质审查的操作人员等,均应对质量予以否决);质量文件有档案(凡是与质量有关的技术文件,如水准、坐标位置、测量、放线记录,沉降、变形观测记录,图纸会审记录、材料合格证明、试验报告,施工记录,隐蔽工程记录,设计变更记录,调试、试压运行记录,试车运转记录,竣工图等都要编目建档)。

3) 质量的事后控制

(1) 专业监理工程师组织施工承包单位项目专业质量(技术)负责人等进行分项工程验收。

(2) 总监理工程师组织相关单位的相关人员进行相关分部工程验收。

(3) 单位工程完工后,施工承包单位应自行组织相关人员进行检查评定,并向建设单位提交工程验收报告。总监理工程师组织由建设单位、设计单位和施工承包单位参加的单位工程或整个工程项目初验,施工承包单位给予配合,及时提交初验所需的资料。

(4) 总监理工程师在验收项目初验合格后签发《工程竣工报验单》,并上报建设单位,由建设单位组织由监理单位、施工承包单位、设计单位和政府质量监督部门参加的质量验收。

2. 建设工程施工阶段质量控制工作要点

施工过程中工序质量的检查和控制,根据不同的质量控制点采取相应的控制手段,有目的地对施工过程进行巡视和检查。主要内容如下所述。

(1) 是否按图纸、规范和批准的施工组织设计的施工方法、工艺要求施工。
(2) 使用的材料、构配件是否经过监理签认。
(3) 施工现场工长、质量员是否到岗。
(4) 操作人员技术水平是否满足现岗要求。
(5) 及时纠正施工过程中出现的质量问题,并向总监理工程师报告,监理日志作相应记录。
(6) 严格工序间的交接检查,坚持"上道工序不合格不准进行下道工序施工"的原则。工序完成,施工单位进行自检,自检合格后填写工程报验单,报送监理机构,监理工程师进行复验,合格后签证。
(7) 对施工单位的测量放线进行验收。
(8) 严格设计变更,施工图变更必须由设计单位出具设计变更文件,并经总监理工程师签认。
(9) 做好工程质量缺陷和事故的处理工作。组织对缺陷和事故的调查和分析,商定处理措施,批准处理措施和方案,并监督处理方案的落实,做好记录。
(10) 当工程施工过程中出现紧急情况时,及时征得业主同意,下达工程暂停令。

【案例 7-3】

某建设工程项目,建设单位通过招标确定由某监理公司来负责施工阶段的监理工作。在招标工作及施工过程中发生如下事件。

事件 1:建设单位在监理中标通知书发出后第 45 天,与该监理单位签订了委托监理合同。之后双方又另行签订了一份监理酬金比监理中标价低 10%的协议。

事件 2:在施工公开招标中,有 A~H 等施工单位报名投标,经监理单位资格预审均符合要求,但建设单位以 A 施工单位是外地企业为由不同意其参加投标,而监理单位坚持认为 A 施工单位有资格参加投标。

事件 3:评标委员会由 5 人组成,其中包括当地建设行政管理部门的招投标管理办公室主任 1 人、建设单位代表 1 人、政府提供的专家库中抽取的技术经济专家 3 人。

问题:

(1) 请指出事件 1 建设单位在监理招标和委托监理合同签订过程中的不妥之处,并说明理由。

(2) 在事件 2 施工招标资格预审中,监理单位认为 A 施工单位有资格参加投标是否正确?说明理由。

(3) 请指出事件3中施工招标评标委员会组成的不妥之处，并说明理由，给出正确做法。

7.4.3 保修阶段监理

在工程竣工验收时，监理工程师应督促施工单位向业主提交工程质量保修书。当工程进入保修期，施工单位已撤离现场时，而监理单位则根据工程项目的大小，宜在参加该项目施工阶段监理工作的监理人员中保留必要的人员。监理单位要与业主方密切联系，关注工程使用状况是否正常，随时听取用户意见。同时，与有关承包商保持电话联系，并且要求承包商指定一名联系人。组织承包商对工程使用情况进行回访，一般适宜每半年进行一次。听取建设单位的意见和要求，对建设单位(或使用单位)提出的工程缺陷原因及责任进行调查，分析和确认并协助进行管理体制，回访应做好记录并存档。

监理工程师对用户反馈的意见及质量回访与检查中发现的质量问题和缺陷的原因进行详细调查分析，并确定质量缺陷的事实和责任。对比较严重的质量缺陷应由监理工程师组织业主、设计人员和承包商共同研究确定原因。关键是确定该工程质量缺陷是否在正常使用条件下产生的。若是在正常使用条件下产生的质量缺陷，则应由承包商负责，无条件保修。监理工程师要及时发出工程保修通知书，要求承包商在接到通知书10日内派人进行保修。

对于比较重大的质量缺陷，如基础不均匀沉降和屋面、地下室渗漏等质量问题，要求责任方提出关于缺陷的处理方案，并经过监理、设计人员、业主方共同审批后，由监理工程师监督实施处理。承包方若不按工程质量书约定进行保修，监理工程应书面通知业主，可由业主委托其他承包商完成。基础维修处理发生的费用依据施工合同规定在质量保修保证金中扣除。对非承包单位原因造成的工程质量缺陷，监理人员应核实修复工程的费用和签署工程款支付证书，并报建设单位；同时项目总监理工程师应组织有关监理人员做好保修期内的监理工作记录和总结。

工程验收合格并进入保修期后，有些使用单位擅自改变设计使用功能，即出现工程的非正常使用情况，例如：室内进行二次装修拆门拆墙，改变水、电管线；屋面擅自架设太阳能热水器、电视天线等无线接收设备，屋面和外墙面设置大型广告牌；屋面天沟灰尘和生活垃圾堆积，天沟流水不畅，个别落水管堵塞等，监理工程师一旦发现上述情况，应立即书面通知业主或使用单位，并提出处理意见，协同相关单位加以解决。

案例分析

课堂思政案例

2019年，某市某拆迁安置小区一停工工地发生局部坍塌，造成5人死亡、1人受伤。经事故调查组调查，该项目施工单位未按设计方案施工，在未采取防坍塌安全措施的情况下，擅自进行基坑作业，在紧邻住宅楼基坑边坡脚处应垂直超深开挖电梯井集水坑，降低了基坑坡体的稳定性，且坍塌区域坡面挂网喷浆混凝土未采用钢筋固定，这是导致事故发生的直接原因；导致事故发生的间接原因还有未按施工设计方案盲目施工，项目管理混乱，违章指挥和违章作业，监理不到位，方案设计存在缺陷，危大工程监控不力等，在整个工程施工过程中，存在在未整改到位的情况下擅自复工，未对工人进行安全教育培训，未进行安全技术交底，冒充签字等问题。

本 章 小 结

通过本章的学习,同学们主要学习了建设工程监理概述、建设工程监理的机构、建设工程监理的程序与建设工程监理合同、建设工程各阶段的监理;希望通过本章的学习,同学们能对建设法律许可制度有深入的了解,并掌握法律许可制度相关的知识点,然后举一反三,学以致用。

实 训 练 习

一、单项选择题

1. 项目总投资额在( )万元以上的供水、供电、供气、供热等市政工程项目被称为大中型公用事业工程。
   A. 1 000　　　　B. 2 000　　　　C. 3 000　　　　D. 4 000
2. 工程建设监理可以适用于工程建设投资决策阶段和实施阶段,但目前主要用于工程建设( )阶段。
   A. 施工　　　　B. 投资　　　　C. 实施　　　　D. 决策
3. 工程建设( )阶段的工作主要是对投资决策、立项决策和可行性决策的咨询。
   A. 决策　　　　B. 设计　　　　C. 施工　　　　D. 其他
4. 下列不属于工程监理性质的是( )。
   A. 服务性　　　B. 科学性　　　C. 公开性　　　D. 独立性
5. ( )的基本职责应根据工程建设阶段和建设工程的情况确定。
   A. 项目总监理工程师　　　　　　B. 总监理工程师代表
   C. 专业监理工程师　　　　　　　D. 监理人员

二、多项选择题

1. 建设工程监理的依据包括( )。
   A. 国家或部门制定颁布的法律法规、规章
   B. 国家现行的技术规范、技术标准、规程和工程质量验评标准
   C. 经审查批准的建设文件、设计文件和设计图纸
   D. 依法签订的各类工程合同文件
   E. 没有依法签订的各类工程合同文件
2. 建设工程监理的作用包括( )。
   A. 有利于提高工程建设投资决策科学化水平
   B. 有利于规范工程建设参与各方的建设行为
   C. 有利于保证工程建设的质量和使用安全
   D. 有利于实现建设工程投资效益最小化
   E. 有利于实现建设工程投资效益最大化

3. 影响项目监理机构监理人员数量的主要因素包括(　　)。
   A. 工程简单程度　　　　　　B. 项目监理机构的组织结构和任务职能分工
   C. 监理单位的业务水平　　　D. 工程建设强度　　　　E. 工程复杂程度
4. 监理工作的规范化体现在(　　)几个方面。
   A. 工作的顺序性　　　　B. 工作目标的不确定性　　C. 职责分工的严密性
   D. 工作的时序性　　　　E. 工作目标的确定性
5. 监理合同的形式包括(　　)。
   A. 双方协商签订的合同　　B. 信件式合同　　　　C. 委托通知单
   D. 标准化合同　　　　　　E. 委托式合同

三、问答题

1. 简述建设工程的作用。
2. 简述建设工程监理实施的原则。
3. 简述项目总监理工程师的职责。

第7章实训练习答案

实训工作单

班级		姓名		日期	
教学项目	建设工程监理制度				
任务	学习建设工程监理机构的职责和程序	学习途径	本书中的案例分析、扩展图片、音频或者课外内容，自行查找相关书籍		
学习目标	掌握建设工程监理的配备和基本职责				
学习要点					
学习查阅记录					
评语			指导老师		

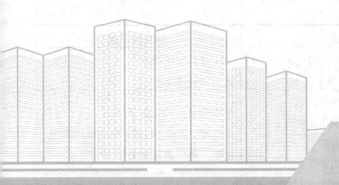

第 8 章　建设工程质量管理法规

※【学习目标】

1. 了解建设工程质量管理的概念及质量管理体系；
2. 熟悉建设工程质量管理监督、检测制度；
3. 掌握建设单位、监理单位、施工单位的质量责任；
4. 掌握竣工验收及建设工程质量保修制度的内容。

第 8 章案例答案

※【思政目标】

通过学习本章最后的课堂思政案例，以讲故事的形式，将"工匠精神、责任意识以及爱国主义精神"融入其中，培养学生关注产品质量，体会新时代大国工匠精神的内涵，从而激发学生的使命感和责任感，树立正确的人生观、价值观和世界观，厚植爱国主义情怀，在潜移默化中实现育人效果的知行合一，内化于心，外化于行。

※【教学要求】

本章要点	掌握层次	相关知识点
建设工程质量管理概述	1.了解建设工程质量管理的概念； 2.了解质量管理体系	1.质量管理的概念； 2.质量管理体系
建设工程质量管理的责任	1.了解建设单位的质量责任； 2.了解勘察、设计单位的质量责任； 3.了解施工单位的质量责任； 4.了解工程监理单位的质量责任	1.建设单位的质量责任； 2.勘察、设计、监理单位的质量责任； 3.施工单位的质量责任
建设工程质量管理监督、检测制度	1.掌握建设工程质量管理监督制度； 2.了解建设工程质量管理检测制度及质量验评、奖励制度	1.建设工程质量管理监督制度； 2.建设工程质量管理检测制度
建设工程竣工验收和质量保修制度	1.掌握竣工验收具备的条件； 2.掌握质量保修制度	1.竣工验收具备的条件； 2.建设工程的最低保修期限

※【项目案例导入】

甲电信公司因建办公楼与乙建筑承包公司签订了工程总承包合同。其后，经甲同意，乙分别与丙建筑设计院和丁建筑工程公司签订了工程勘察设计合同和工程施工合同。勘察设计合同约定：由丙对甲的办公楼及其附属工程提供设计服务，并按勘察设计合同的约定交付有关的设计文件和资料。施工合同约定：由丁根据丙提供的设计图纸进行施工，工程竣工时依据国家有关验收规定及设计图纸进行质量验收。合同签订后，丙按时将设计文件和有关资料交付给丁，丁依据设计图纸进行施工。工程竣工后，甲会同有关质量监督部门对工程进行验收，发现工程存在严重质量问题，是由于设计不符合规范所致。原来丙未对现场进行仔细勘察即自行进行设计，导致设计不合理，给甲带来了重大损失。丙以与甲没有合同关系为由拒绝承担责任，乙又以自己不是设计人为由推卸责任，甲遂以丙为被告向法院起诉。法院受理后，追加乙为共同被告，判决乙与丙对工程建设质量问题承担连带责任。

【问题导入】

针对以上出现的质量问题，思考本案中各单位的质量责任划分。

8.1 建设工程质量管理概述

建设工程是人们日常生活和生产、经营、工作的主要场所，是人类生存和发展的物质基础。建设工程的质量，不但关系到生产经营活动的正常运行，也关系到人们的财产和生命健康的安全。近年来频频发生的一系列建设工程质量事故，给人们留下了血的惨痛教训。建设工程的质量问题已经成为全社会关注的热点问题之一。加强建设工程的质量管理体系建设，提高建设工程的质量水平，更是全民热切盼望解决的问题，同时也是我国构建和谐社会的发展需要。

8.1.1 建设工程质量管理的概念

建设工程质量简称工程质量。工程质量是指工程满足业主需要，在国家现行的有关法律法规、技术标准、设计文件和合同中，对工程的安全、适用、经济、环保、美观等特性的综合要求。

影响建设工程质量的因素很多，如决策、设计、材料、机械、地形、地质、水文、气象、施工工艺、操作方法、技术措施、人员素质、管理制度等，归纳起来，可分为五大方面，即人员、机械、材料、方法和环境。在工程建设全过程中严格控制好这五大因素，是保证建设工程质量的关键。

建设工程质量的特性

8.1.2 质量管理体系

建设工程质量的优劣直接关系到国民经济的发展和人民生命安全，因此，加强建设工程质量管理，是一个十分重要的问题。我国现行的建筑工程质量管理体系包括纵向管理和横向管理两个方面。

1. 纵向管理

纵向管理是国家对建设工程质量所进行的监督管理，它具体由建设行政主管部门及其授权机构实施，这种管理贯穿在工程建设全过程和各个环节之中，它既对工程建设从设计、规划、土地管理、环保、消防等方面进行监督管理，又对工程建设主体从资质认定和审查、成果质量检测、奖罚等方面进行监督管理，还对工程建设中各种活动(如工程建设招标投标、工程施工、验收、维修等)进行监督管理。

2. 横向管理

横向管理包括如下两个方面。

(1) 工程承包单位的管理，如勘察单位、设计单位、施工单位自己对所承担工作的质量管理。承包单位要按要求建立专门质检机构，配备相应的质检人员，建立相应的质量保证制度，如审核校对制、培训上岗制、质量抽检制、各级质量责任制和部门领导质量责任制等。

(2) 建设单位对建设工程的管理。可成立相应的机构和人员，对所建工程的质量进行监督，也可委托社会监理单位对工程建设的质量进行监理。现在世界上大多数国家都在推行监理制度，我国也在推进和完善这一制度。

8.2 建设企业质量认证体系

1. 施工企业质量管理体系

质量管理的各项要求是通过质量管理体系实现的。

质量管理体系是在质量管理方面指挥和控制组织建立质量方针和质量目标，并实现这些目标的相互关联或相互作用的一组要素。

2. 质量管理体系认证的概念

质量体系即企业的质量保证体系，是指企业为保证其产品质量所采取的管理、技术等各项措施所构成的有机整体。

企业质量体系认证是指由国家认可的认证机构，根据企业申请依据认证标准，按照法定的程序，对企业的质量体系是否符合相应的标准和技术规范的要求进行全面评价的活动。

3. 质量管理体系认证的法律依据

我国《产品质量法》《建筑法》都规定了推行企业质量体系认证制度。从事建设活动的单位(包括建设施工企业、勘察、设计和监理单位)根据自愿原则，可以向国务院产品质量监督管理部门或者国务院产品质量监督管理部门授权的部门、认可的认证机构，申请质量体系认证。经认证合格的，由认证机构颁发质量体系认证证书。

4. 质量管理体系认证的目的

企业质量体系认证的目的，在于确认企业对其产品的质量保证及控制能力是否符合标准要求，以衡量企业能否持续稳定地保证产品质量。通过认证的，可以向用户提供可靠的质量信誉和质量担保。

从事建筑工程活动的施工企业申请质量体系认证，不仅可以提高建筑施工企业质量管理水平，而且能够为社会提供优质建筑，满足建筑施工领域质量管理工作专业性强的需求。

5. 质量管理体系认证的依据与标准

质量体系认证的依据是国际通用的质量管理标准，主要是国际标准化组织颁布的ISO9000《质量管理和质量保证》系列国际标准。我国已经对该国际标准等同采用并转化为我国的国家标准。

目前在建设施工领域质量管理体系认证中，应依照《质量管理体系要求》(GB/T 19001—2016)和《工程建设施工企业质量管理规范》(GB/T 50430—2017)执行。

8.3 建设工程质量管理的责任

8.3.1 建设单位的质量责任

1. 依法对工程进行发包的责任

建设单位应当依法行使工程发包权，将工程发包给具有相应资质等级的单位，不得将建设工程肢解发包。

2. 依法对材料设备进行招标的责任

《建设工程质量管理条例》规定，建设单位应当依法对工程建设项目的勘察、设计、施工、监理以及与工程建设有关的重要设备、材料等的采购进行招标。

3. 提供原始资料的责任

建设单位必须向有关的勘察、设计、施工、工程监理等单位提供与建设工程有关的原始资料。原始资料必须真实、准确、齐全。

4. 不得干预投标人的责任

建设工程发包单位不得迫使承包方以低于成本的价格竞标。承包方主要指勘察、设计和施工单位。建设单位也不得随意压缩合理工期，不得明示或者暗示设计单位或者施工单位违反工程建设强制性标准，降低建设工程质量。

5. 送审施工图的责任

建设单位应当将施工图设计文件报县级以上人民政府建设行政主管部门或者其他有关部门审查。施工图设计文件未经审查批准的，不得使用。

6. 确保提供的物资符合要求的责任

按照合同约定，由建设单位采购建筑材料、建筑构配件和设备的，建设单位应当保证建筑材料、建筑构配件和设备符合设计文件和合同要求。

如果建设单位提供的建筑材料、建筑构配件和设备不符合设计文件和合同要求，那么就属于违约行为，应当向施工单位承担违约责任，施工单位有权拒绝接收这些货物。

7. 依法委托监理的责任

实行监理的建设工程，建设单位应当委托具有相应资质等级的工程监理单位进行监理，也可以委托具有工程监理相应资质等级并与被监理工程的施工承包单位没有隶属关系或者其他利害关系的该工程的设计单位进行监理。

下列建设工程必须实行监理。

(1) 国家重点建设工程。
(2) 大中型公用事业工程。
(3) 成片开发建设的住宅小区工程。
(4) 利用外国政府或者国际组织贷款、援助资金的工程。
(5) 国家规定必须实行监理的其他工程。

8. 依法办理工程质量监督手续

建设单位在领取施工许可证或者开工报告前，应当按照国家有关规定办理工程质量监督手续。

9. 不得擅自改变主体和承重结构进行装修的责任

涉及建筑主体和承重结构变动的装修工程，建设单位应当在施工前委托原设计单位或者具有相应资质等级的设计单位提出设计方案；没有设计方案的，不得施工。

10. 依法组织竣工验收的责任

建设单位收到建设工程竣工报告后，应当组织设计、施工、工程监理等有关单位进行竣工验收。

建设工程经竣工验收合格的，方可交付使用。

如果建设单位有下列行为，根据《建设工程质量管理条例》将承担相应的法律责任。

(1) 未组织竣工验收，擅自交付使用的。
(2) 验收不合格，擅自交付使用的。

(3) 对不合格的建设工程按照合格工程验收的。

《最高人民法院关于审理建设工程施工合同纠纷案件适用法律问题的解释》规定:"建设工程未经竣工验收,发包人擅自使用后,又以使用部分质量不符合约定为由主张权利的,不予支持;但是承包人应当在建设工程的合理使用寿命内对地基基础工程和主体结构质量承担民事责任。"这是因为地基基础和主体结构的最低保修期限是设计的合理使用年限。

11. 移交建设项目档案的责任

建设单位还应当严格按照国家有关档案管理的规定,向建设行政主管部门或者其他有关部门移交建设项目档案。

【案例 8-1】

某化工厂位于城市市区与郊区交界处。随着经济社会的发展,为扩大再生产,厂区领导管理层决定在同一厂区建设第二个大型厂房。按照该市城市总体及局部详细的规划,已经批准该化工厂扩大建设用地。经厂房建设指挥部察看第一个厂房的勘察成果及第二个厂区的地质状况商讨决定,不作勘察,将四年前为第一个厂房所作的勘察成果提供给设计院作为设计依据,不仅节省了投资,也加快了工程进度,设计院根据指挥部的要求和设计资料、规范等文件进行设计。建设单位将该工程的施工任务委托给李某所带的施工队进行施工,经过紧张施工,在 2019 年 2 月份竣工完成,4 月份投入使用。厂房建成后使用一年就发现北墙地基沉陷明显,北墙墙体多处开裂。根据质量保修书的规定,化工厂建设指挥部与李某交涉,李某认为这不是自己的施工队造成的,不予返修。该化工厂指挥部一纸诉状将李某告上法庭,请求判定李某按照施工质量保修的有关规定承担质量责任,李某不服,最终该案件进行了开庭审理。假如你是该案例的审判法官,请就以下问题作出判定。

问题:
(1) 本案中的质量责任应当由谁承担?请说明依据。
(2) 建设单位的做法存在哪些不妥之处?请说明理由。

8.3.2 勘察、设计单位的质量责任

1. 勘察、设计单位共同的责任

(1) 依法承揽工程的责任。从事建设工程勘察、设计的单位应当依法取得相应等级的资质证书,并在其资质等级许可的范围内承揽工程。

禁止勘察、设计单位超越其资质等级许可的范围或者以其他勘察、设计单位的名义承揽工程。禁止勘察、设计单位允许其他单位或者个人以本单位的名义承揽工程。

勘察、设计单位不得转包或者违法分包所承揽的工程。

(2) 执行强制性标准的责任。勘察、设计单位必须按照工程建设强制性标准进行勘察、设计,并对其勘察、设计的质量负责。注册建筑师、注册结构工程师等注册执业人员应当在设计文件上签字,对设计文件负责。

2. 勘察单位的质量责任

由于勘察单位提供的资料会影响后续工作的质量,因此,勘察单位提供的地质、测量、水文等勘察成果必须真实、准确。

3. 设计单位的质量责任

(1) 科学设计的责任。设计单位应当根据勘察成果文件进行建设工程设计，脱离勘察成果文件的设计会为施工质量带来极大的隐患。

设计文件应当符合国家规定的设计深度要求，并注明工程合理使用年限。

(2) 选择材料设备的责任。设计单位在设计文件中选用的建筑材料、建筑构配件和设备，应当注明规格、型号、性能等技术指标，其质量要求必须符合国家规定的标准。除有特殊要求的建筑材料、专用设备、工艺生产线等外，设计单位不得指定生产厂、供应商。

(3) 解释设计文件的责任。设计单位应当就审查合格的施工图设计文件向施工单位作出详细说明。

建设工程勘察、设计单位应当在建设工程施工前，向施工单位和监理单位说明建设工程勘察、设计意图，解释建设工程勘察、设计文件。建设工程勘察、设计单位应当及时解决施工中出现的勘察、设计问题。

(4) 参与质量事故分析的责任。设计单位应当参与建设工程质量事故分析，并对因设计造成的质量事故，提出相应的技术处理方案。

8.3.3 施工单位的质量责任

1. 依法承揽工程的责任

施工单位应当依法取得相应等级的资质证书，并在其资质等级许可的范围内承揽工程。禁止施工单位超越本单位资质等级许可的业务范围或者以其他施工单位的名义承揽工程。禁止施工单位允许其他单位或者个人以本单位的名义承揽工程。施工单位不得转包或者违法分包工程。

施工单位的质量责任

2. 建立质量保证体系的责任

施工单位对建设工程的施工质量负责。施工单位应当建立质量责任制，确定工程项目的项目经理、技术负责人和施工管理负责人。

建设工程实行总承包的，总承包单位应当对全部建设工程质量负责；建设工程勘察、设计、施工、设备采购的一项或者多项实行总承包的，总承包单位应当对其承包的建设工程或者采购的设备的质量负责。

3. 分包单位保证工程质量的责任

总承包单位依法将建设工程分包给其他单位的，分包单位应当按照分包合同的约定对其分包工程的质量向总承包单位负责，总承包单位与分包单位对分包工程的质量承担连带责任。

4. 按图施工的责任

施工单位必须按照工程设计图纸和施工技术标准施工，不得擅自修改工程设计，不得偷工减料。

施工单位在施工过程中发现设计文件和图纸有差错的，应当及时提出意见和建议。

5. 对建筑材料、构配件和设备进行检验的责任

施工单位必须按照工程设计要求、施工技术标准和合同约定，对建筑材料、建筑构配件、设备和商品混凝土进行检验，检验应当有书面记录和专人签字；未经检验或者检验不合格的，不得使用。

6. 对施工质量进行检验的责任

施工单位必须建立、健全施工质量的检验制度，严格工序管理，做好隐蔽工程的质量检查和记录。隐蔽工程在隐蔽前，施工单位应当通知建设单位和建设工程质量监督机构。

隐蔽工程

7. 见证取样的责任

施工人员对涉及结构安全的试块、试件以及有关材料，应当在建设单位或者工程监理单位监督下现场取样，并送具有相应资质等级的质量检测单位进行检测。

检测机构是具有独立法人资格的中介机构。检测机构从事规定的质量检测业务，应当取得相应的资质证书。

8. 保修的责任

施工单位对施工中出现质量问题的建设工程或者竣工验收不合格的建设工程，应当负责返修。在建设工程竣工验收合格前，施工单位应对质量问题履行返修义务；建设工程竣工验收合格后，施工单位应对保修期内出现的质量问题履行保修义务。

9. 培训上岗责任制度

施工单位应当建立、健全教育培训制度，加强对职工的教育培训；未经教育培训或者考核不合格的人员，不得上岗作业。

【案例 8-2】

某建筑商在南京承建某商业用房工程项目中，发现部分梁拆除模板后，出现了许多细裂纹。细裂缝主要沿梁侧面由下至上延伸，大致与梁方向垂直。梁侧细裂缝多的有三十余处，少的也有十余处。该质量事故发生以后，发包人认为质量事故应当由建筑商负责，并且承担由此引起的损失。建筑商则认为自己不应当承担责任，因为设计图纸的一部分主梁与次梁的受力钢筋直径偏小，是设计原因造成了梁裂缝问题。

问题：

在本案例中，建筑商是否应承担质量责任？

8.3.4 工程监理单位的质量责任

1. 依法监理的责任

工程监理单位应当依照法律法规以及有关技术标准、设计文件和建设工程承包合同，代表建设单位对施工质量实施监理，并对施工质量承担监理责任。

2. 依法承揽工程监理业务的责任

工程监理单位应当依法取得相应等级的资质证书，并在其资质等级许可的范围内承担

工程监理业务。禁止工程监理单位超越本单位资质等级许可的范围或者以其他工程监理单位的名义承担工程监理业务。禁止工程监理单位允许其他单位或者个人以本单位的名义承担工程监理业务。工程监理单位不得转让工程监理业务。

3. 独立监理的责任

工程监理单位与被监理工程的施工承包单位以及建筑材料、建筑构配件和设备供应单位有隶属关系或者其他利害关系的，不得承担该项建设工程的监理业务。

4. 坚持工程质量过程控制的责任

未经监理工程师签字，建筑材料、建筑构配件和设备不得在工程上使用或者安装，施工单位不得进行下一道工序的施工。未经总监理工程师签字，建设单位不得拨付工程款，不进行竣工验收。监理工程师应当按照工程监理规范的要求，采取旁站、巡视和平行检验等形式，对建设工程实施监理。

质量终身责任

8.4 建设工程质量管理监督、检测制度

8.4.1 建设工程质量管理监督制度

工程质量监督管理，是指主管部门依据有关法律法规和工程建设强制性标准，对工程实体质量和工程建设、勘察设计、施工、监理和质量检测等单位的工程质量行为实施监督。

1. 工程质量监督管理的内容

(1) 执行法律法规和工程建设强制性标准的情况。
(2) 抽查涉及工程主体结构安全和主要使用功能的工程实体质量。
(3) 抽查工程质量责任主体和质量检测等单位的工程质量行为。
(4) 抽查主要建筑材料、建筑构配件的质量。
(5) 对工程竣工验收进行监督。
(6) 组织或者参与工程质量事故的调查处理。
(7) 定期对本地区工程质量状况进行统计分析。
(8) 依法对违法违规行为实施处罚。

2. 实施质量监督的程序

(1) 受理建设单位办理质量监督手续。
(2) 制订工作计划并组织实施。
(3) 对工程实体质量、工程质量责任主体和质量检测等单位的工程质量行为进行抽查、抽测。
(4) 监督工程竣工验收，重点对验收的组织形式、程序等是否符合有关规定进行监督。
(5) 形成工程质量监督报告。
(6) 建立工程质量监督档案。

建设工程质量
事故报告制度

8.4.2 建设工程质量管理检测制度

建设工程质量检测(以下简称"质量检测")是指工程质量检测机构(以下简称"检测机构")接受委托,依据国家有关法律法规和工程建设强制性标准,对涉及结构安全项目的抽样检测和对进入施工现场的建筑材料、构配件的见证取样检测。

1. 建设工程质量检测机构

检测机构是具有独立法人资格的中介机构。检测机构从事质量检测业务,应当取得相应的资质证书。未取得相应的资质证书,不得承担质量检测业务。检测机构资质按照其承担的检测业务内容分为专项检测机构资质和见证取样检测机构资质。

2. 建设工程质量检测业务

(1) 专项检测的业务内容包括:①地基基础工程检测;②主体结构工程现场检测;③建筑幕墙工程检测;④钢结构工程检测。

(2) 见证取样检测的业务内容包括:①水泥物理力学性能检验;②钢筋(含焊接与机械连接)力学性能检验;③砂、石常规检验;④混凝土砂浆强度检验;⑤简易土工试验;⑥混凝土掺加剂检验;⑦预应力钢绞线、锚夹具检验;⑧沥青、沥青混合料检验。

见证取样

8.4.3 建设工程质量验评及奖励制度

建设工程质量应按现行的国家标准、行业标准进行验评。现行的建设工程质量分为优良、合格、不合格三级,先由施工单位自行检验评定等级,再由监督站进行核验。国家还实行工程竣工验收制度。建设工程竣工验收合格后,方可交付使用。

为鼓励建设企业加强管理,搞好工程质量,争创国际先进水平,促进全行业工程质量的提高,我国还实行优秀工程奖励制度,主要设有优秀工程设计奖、优秀工程勘察奖、建设工程鲁班奖等。

8.5 建设工程竣工验收和质量保修制度

8.5.1 竣工验收

建设工程项目的竣工验收,指在建设工程已按照设计要求完成全部施工任务,准备交付给建设单位投入使用时,由建设单位或有关主管部门依照国家关于建筑工程竣工验收制度的规定,对该项工程是否符合设计要求和工程质量标准所进行的检查、考核工作。

1. 竣工验收应当具备的法定条件

(1) 完成建设工程设计和合同约定的各项内容。
(2) 有完整的技术档案和施工管理资料。
(3) 有工程使用的主要建筑材料、建筑构配件和设备的进场试验报告。
(4) 有勘察、设计、施工、工程监理等单位分别签署的质量合格文件。

(5) 有施工单位签署的工程保修书。

2. 竣工验收备案制度

建设工程竣工后，建设单位应根据施工单位的竣工报告，组织勘察、设计、施工、监理等有关单位进行竣工验收，并于验收合格后 15 日内报竣工验收备案部门。申请备案应提交的资料如下所述。

(1) 工程竣工验收备案表，一式两份。
(2) 竣工验收报告(包括勘察、设计、施工、监理等单位分别签署的质量合格文件)。
(3) 规划、消防、环保等部门出具的认可文件或准许使用文件。
(4) 由施工单位签署工程质量保修书，住宅工程还应提供住宅使用说明书。
(5) 有符合国家城建档案要求的竣工图和竣工归档技术资料。
(6) 法规、规章规定的其他文件。

竣工日期与投产日期

8.5.2 质量保修制度

1. 保修范围及最低保修期限

建设工程质量保修的范围及保修期限，由建设单位和施工单位在合同或质量保修书中约定，双方约定的保修范围、保修期限必须符合国家有关规定。在我国，国家对某些项目的最低保修期限有强制性规定，建设单位和施工单位约定的保修期限不得违反有关强制性规定。

在正常使用条件下，建设工程的最低保修期限如下所述。

(1) 基础设施工程、房屋建筑的地基基础工程和主体结构工程，为设计文件规定的该工程的合理使用年限。
(2) 屋面防水工程、有防水要求的卫生间、房间和外墙面的防渗漏，为 5 年。
(3) 供热与供冷系统，为 2 个采暖期、供冷期。
(4) 电气管线给排水管道设备安装和装修工程，为 2 年。
(5) 装修工程为 2 年。
(6) 在正常使用条件下，保温工程的最低保修期限为 5 年。
(7) 其他项目的保修期限由建设单位和施工单位约定。

以上为国家要求的最低保修期限，建设单位和施工单位可以约定更长的保修期限。建设工程的保修期限，自竣工验收合格之日起计算。

质量保修期

质量保修期与缺陷责任期

2. 保修责任及保修程序

建设工程在保修范围和保修期内发生质量问题的，施工单位应当履行保修义务，并对造成的损失承担赔偿责任。

不属于保修范围的情况如下所述。

(1) 因使用不当造成的质量缺陷。
(2) 第三方造成的质量缺陷。

质量保证金

缺陷责任期

(3) 不可抗力造成的质量缺陷。

保修期内建设单位和施工单位应遵守的程序如下所述。

(1) 建设工程在保修期限内出现质量缺陷，建设单位应当向施工单位发出保修通知。

(2) 施工单位接到保修通知后，应当到现场核查情况，在保修书约定的时间内予以保修。发生涉及结构安全或者严重影响使用功能的紧急抢修事故，施工单位接到保修通知后，应当立即到达现场抢修。

(3) 施工单位不按工程质量保修书约定保修的，建设单位可以另行委托其他单位保修，由原施工单位承担相应责任。

(4) 保修费用由造成质量缺陷的责任方承担。如果质量缺陷是由于施工单位未按照工程建设强制性标准和合同要求施工造成的，则施工单位不仅要负责保修，还要承担保修费用。但是，如果质量缺陷是由于设计单位、勘察单位或建设单位、监理单位的原因造成的，施工单位仅负责保修，其有权对由此发生的保修费用向建设单位索赔。建设单位向施工单位承担赔偿责任后，有权向造成质量缺陷的责任方追偿。

案例分析

课堂思政案例

1. "哥伦比亚"航天飞机失事

2003年2月1日，美国"哥伦比亚"航天飞机着陆前发生爆炸，7名宇航员全部遇难，全世界为之震惊，美航天负责人为此辞职，美航天事业一度受挫。事后的调查结果也比较令人惊讶，造成此灾难的凶手竟是一块脱落的隔热瓦，"哥伦比亚"航天飞机有2万多块隔热瓦，能抵御3 000℃高温，避免航天飞机返回大气层时外壳被融化。航天飞机是高科技产品，许多标准是一流的，非常严格，但就一块脱落的隔热瓦，0.5%差错葬送了价值连城的航天飞机，还有无法用价值衡量的7条宝贵的生命。

我国的澳星发射失败只是因为配电器上多了0.15mg的铝物质，正是这点小小的东西导致澳星发射失败。

2. 海尔公司1985年"砸冰箱"事件

1985年，海尔公司开始从德国引进了一批电冰箱生产技术。不久后，就有用户来向海尔反应，冰箱存在质量问题。海尔公司对全厂冰箱进行了检查，发现库存76台冰箱虽然不影响冰箱制冷问题，但是冰箱外观有划痕等小问题，当时，张瑞敏作了一个令众人瞠目结舌的决定：将这些冰箱当众砸毁，相关领导负责人也包括他自己被扣除当月工资。他认为"有缺陷的产品就是废品"，这是一个企业不能允许的，自己抢起大锤亲手砸了一台冰箱，员工们看着砸碎的冰箱内心十分震撼，要知道当时一台冰箱的价格相当于普通工人两年的收入，砸烂76台冰箱意味着20多万元人民币付诸东流！

"砸冰箱"事件，不仅使海尔公司成为当时注重质量的代名词，同时也折服了海尔公司所有的员工。作为一种企业行为，海尔"砸冰箱"事件不仅改变了海尔员工的质量观念，为企业赢得了美誉，同时还引发了中国企业质量竞争的局面，反映出中国企业质量意识的觉醒，对中国企业及全社会质量意识的提高产生了深远的影响。

本 章 小 结

本章主要介绍了建设工程质量管理体系，建设企业质量认证系统，建设工程质量管理监督、检测制度，重点学习了建设工程中各方的责任与义务，以及工程竣工验收与质量保修制度等内容。

实 训 练 习

一、单项选择题

1. 下列关于建设单位质量责任和义务的表述中，错误的是(　　)。
   A. 建设单位不得将建设工程肢解发包
   B. 建设工程发包方不得迫使承包方以低于成本的价格竞标
   C. 建设单位不得任意压缩合同工期
   D. 涉及承重结构变动的装修工程施工期前，只能委托原设计单位提交设计方案
2. 下列选项中不属于施工单位的质量责任和义务的是(　　)。
   A. 送审施工图的责任　　　　　　　B. 依法承揽工程的责任
   C. 按图施工的责任　　　　　　　　D. 建立质量保证体系的责任
3. 根据《建设工程质量管理条例》规定，屋面防水工程的最低保修期限是(　　)年。
   A. 1　　　　　　B. 2　　　　　　C. 4　　　　　　D. 5
4. 依法组织竣工验收是(　　)的责任。
   A. 施工单位　　B. 勘察、设计单位　　C. 建设单位　　D. 工程监理单位
5. 工程监理单位对施工质量承担(　　)。
   A. 连带责任　　B. 有限责任　　　　　C. 无限责任　　D. 监理责任

二、多项选择题

1. 建设工程竣工验收应当具备的条件包括(　　)。
   A. 完成建设工程设计和合同约定的各项内容
   B. 有完整的技术档案和施工管理资料
   C. 有工程使用的主要材料、建筑构配件和设备的进程试验报告
   D. 有施工单位签署的质量保修书
   E. 有勘察、设计、施工、工程监理等单位共同签署的质量合格文件
2. 如果某监理公司在其承担的两项监理工程中出现了下述行为，那么该监理公司必须承担相应的法律责任的行为有(　　)。
   A. 该工程超越了本公司资质等级
   B. 与施工单位串通，弄虚作假，降低工程质量
   C. 将不合格的建设工程、建筑材料、建筑构配件和设备按照合格签字
   D. 未对建筑材料、建筑构配件、设备和商品混凝土进行检验
   E. 未按照工程建设强制性标准进行设计

167

3. 建设工程质量监督机构的主要任务包括(　　)。
   A. 根据政府主管部门委托,受理建设工程项目质量监督
   B. 制定质量监督方案
   C. 检查预制建筑构件和商品混凝土的质量
   D. 组织工程竣工验收
   E. 检查施工现场工程建设各方主体的质量行为
4. 工程质量保修书也是一种合同,是承发包双方就(　　)等设立权利义务的协议。
   A. 保修范围　　　　B. 保修期限　　　　C. 保修责任
   D. 质量保证金　　　E. 缺陷责任期
5. 根据《建设工程质量管理条例》,下列选项中,(　　)符合勘察、设计单位质量责任和义务的规定。
   A. 勘察、设计单位应当依法取得相应资质等级的证书,并在其资质等级许可的范围内承揽工程
   B. 勘察、设计单位必须按照工程建设强制性标准进行勘察、设计
   C. 注册执业人员应当在设计文件上签字,对设计文件负责
   D. 任何情况下设计单位均不得指定生产厂、供应商
   E. 设计单位应当根据勘察成果文件进行建设工程设计

三、案例分析

2016 年,中建系统某公司与上海某公司就某商业大厦的建设签订总承包合同,并由某境外建筑设计公司担任建筑设计和施工管理工作。2017 年 11 月,在该商业大厦工程完工后验收时,虽然该工程通过了当地质量监督部门的验收,但发包人发现多处缺陷部位和需整改项目,因此,没有直接核发竣工证明,而是要求承包商予以修缮并尽快完工。此后,2018 年 3 月 12 日,建筑设计公司才向承包商发出"实际竣工证明书",确认实际竣工期是 2017 年 11 月 16 日,保修期为 1 年,至 2018 年 11 月 15 日止。同时指出,未完善的项目应按期进行修缮,未调试的系统自系统测试通过之日起计算保修期。

2018 年 5 月,发包人与承包人达成最终结算书,确认工程总价款,但之后发包人未按期履约。2018 年 12 月 20 日,承包人以欠付工程款为由向法院起诉,发包人则以承包人质量缺陷造成的违约损失、租金损失、修复工作的费用以及其他费用提出反诉。本案起诉中的工程欠款,在司法鉴定后双方质证没有分歧,但是对本案的反诉则存在较大的争议。

问题:
(1) 本案工程约定的保修期是否有效?
(2) 保修期内所发生的质量缺陷责任如何承担?
(3) 保修期届满后对于质量缺陷责任如何承担?

第8章实训练习答案

实训工作单

班级		姓名		日期	
教学项目	建设工程质量管理法规				
任务	学习建设工程质量管理的责任	学习途径	案例、扩展图片、音频或者课外内容自行查找相关书籍		
学习目标	掌握建设单位、施工单位及勘察设计、监理单位的质量责任与义务				
学习要点					
学习记录					
评语				指导老师	

第 9 章　建设工程安全生产管理法律制度

※【学习目标】

1. 掌握建设工程安全生产管理法的方针及原则;
2. 掌握安全许可证的相关知识及安全生产监督管理制度;
3. 了解建设工程安全生产责任制度与管理制度相关知识;
4. 掌握建设工程安全生产的应急救援与调查处理及相关的保险制度。

第 9 章案例答案

※【思政目标】

"居者有其屋",在中国人心中,住房是最基本的生活理想之一。建筑安全不仅决定着施工人员的生命安全与健康,还关系到人民生命和财产安全。课程思政建设思路就是将社会主义核心价值观和工匠精神有机融入建筑工程质量检验与安全管理的教、学、训、做、评全过程,确立培养经济社会发展需要的心系民生、"四个自信"的建筑工程质量检测技术技能人才。建筑工程质量事故,就是一种典型的、震撼的工程"反问题"。课程中引用实际事故案例并将其融入知识的传授过程。通过学科交叉的方法,带领学生从材料微观层面找答案,引导学生深刻认识工程师应该具有的责任担当。用好工程"反问题"的关键,在于强调基础,探求本质,体现担当。这不仅能为知识传授提供一个生动的平台,更能启发学生进行深入思考。

第 9 章 建设工程安全生产管理法律制度

※【教学要求】

本章要点	掌握层次	相关知识点
建设工程安全生产管理法的方针及原则	掌握建设工程安全生产管理法的方针及原则	安全生产管理
安全许可证的相关知识及安全生产监督管理制度	掌握安全许可证的相关知识及安全生产监督管理制度	安全生产许可证
建设工程安全生产责任制度与管理制度相关知识	了解建设工程安全生产责任制度与管理制度的相关知识	安全生产责任制
建设工程安全生产的应急救援与调查处理及相关的保险制度	掌握建设工程安全生产的应急救援与调查处理及相关的保险制度	应急管理与救援管理

※【项目案例导入】

2011年3月1日22时40分左右,某市××号楼工地发生一起基础筏板钢筋坍塌的较大生产安全事故,造成4人死亡、2人受伤,直接经济损失约290万元。

2011年3月1日,施工队对××号楼进行基础钢筋绑扎作业。19时左右工人吃过晚饭后开始加班,其中有十余名工人在基础筏板上、下网片之间作业。19时30分左右基坑里的钢筋不够用,塔吊司机往基坑里吊钢筋,先后吊了13吊约15t的钢筋,大部分放在筏板基础北侧。22时40分左右,基础筏板晃了一下,由南向北倾斜,三四秒后倒塌,把在上、下网片之间作业而来不及撤离的8名工人压在下面。

【问题导入】

试分析产生上述事件的原因。

9.1 建设工程安全生产管理法规概述

9.1.1 建设工程安全生产管理法规的概念

所谓建设工程安全生产管理,是指为保证建设生产安全所进行的计划、组织、指挥、协调和控制等一系列管理活动,目的在于保护职工在生产过程中的安全与健康,保证国家和人民的财产不受损失,保证建设生产任务的顺利完成。建设工程安全生产管理包括:建设行政主管部门对建设活动过程中安全生产的行业管理,安全生产行政主管部门对建设活动过程中安全生产的综合性监督管理,从事建设活动的主体(包括建设施工企业、建设勘察单位、设计单位和工程监理单位)为保证建设生产活动的安全生产所进行的自我管理等。

安全生产法律是由全国人民代表大会及其常务委员会制定,经国家主席签署主席令予以公布,由国家政权保证执行的行为规范。安全生产法律是制定安全生产行政法规、标准及地方性法规的依据。它规定了我国的安全生产方针、安全生产保障、从业人员的权利和义务、安全生产监督管理及事故应急救援与调查处理原则,规定了女职工劳动保护、未成年工劳动保护、工作时间、休假制度、工伤事故报告及处理、职业病预防、劳动安全卫生及安全生产监督等内容。

9.1.2 建设工程安全生产管理的方针

安全生产的概念

我国安全生产方针经历了从"安全生产"到"安全生产、预防为主"以及"安全生产、预防为主、综合治理"的产生和发展过程,且强调在生产中要做好预防工作,尽可能地将事故消灭在萌芽状态之中。因此,对于我国安全生产方针的含义,应从这一方针的产生和发展去理解,归纳起来主要有以下六个方面内容。

(1) 安全与生产的辩证关系。在生产建设中,必须用辩证统一的观点处理好安全与生产的关系。这就是说,项目领导必须善于安排好安全工作与生产工作,特别是在生产任务繁忙的情况下,安全工作与生产工作发生矛盾时,更应处理好两者的关系,不要把安全工作漏掉。越是生产任务忙,越要重视安全,把安全工作搞好,否则,导致工伤事故,既妨碍生产,又影响企业信誉,这是多年来生产实践得出的一条重要经验。

(2) 安全生产工作必须强调"预防为主"。安全生产工作的"预防为主"是现代生产发展的需要。现代科学技术日新月异,而且往往又是多学科综合运用,安全问题十分复杂,稍有疏忽就会酿成事故。"预防为主"就是要在事故发生前做好安全工作,防患于未然。依靠科技进步,加强安全科学管理,搞好科学预测与分析工作,把工伤事故和职业危害消灭在萌芽状态中。"安全第一、预防为主"两者是相辅相成、相互促进的。"预防为主"是实现"安全第一"的基础。要做到"安全第一",首先要做好预防措施,预防工作做好了,就可以保证安全生产,实现"安全第一",否则"安全第一"就是一句空话,这也是在实践中得出的一条重要经验。

(3) 安全生产工作必须强调"综合治理"。由于现阶段我国安全生产工作出现严峻形势的原因是多方面的,既有安全监管体制和制度方面的原因,也有法律制度不健全的原因,也有科技发展落后的原因,还与整个民族安全文化素质有密切的关系等,因此,要做好安全生产工作就要在完善安全生产管理的体制机制,加强安全生产法制建设,推动安全科学技术创新,弘扬安全文化等方面进行综合治理,才能真正做好安全生产工作。

(4) 建章立制在先。"预防为主"需要通过生产经营单位制定并落实各种安全措施和规章制度来实现。建章立制是实现"预防为主"的前提条件。《安全生产法》对生产经营单位建立、健全和组织实施安全生产规章制度和安全措施等问题作出的具体规定,是生产经营单位必须遵守的行为规范。

(5) 隐患预防在先。消除事故隐患、预防事故发生是生产经营单位安全工作的重中之重。《安全生产法》从生产经营的各个主要方面,对事故预防的制度、措施和管理都作出了明确规定。只要认真贯彻实施,就能够大幅降低重大特大事故的发生率。

(6) 监督执法在先。各级人民政府及其安全生产监督管理部门和有关部门强化安全生产监督管理,加大行政执法力度,是预防事故、保证安全的重要条件。安全生产监督管理工作的重点,关口必须前移,放在事前、事中监管上。要通过事前、事中监管,依照法定的安全生产条件,把住安全准入"门槛",坚决把那些不符合安全生产条件或者不安全因素多、事故隐患严重的生产经营单位排除在安全准入"门槛"之外。

9.1.3 建设工程安全生产管理的原则

建设工程安全生产管理的原则如下所述。

(1) 坚持管生产必须管安全的原则。

(2) 生产部门对安全生产要坚持"五同时"原则,即在计划、布置、检查、总结、评比生产工作的时候,同时计划、布置、检查、总结、评比安全工作。

专业安全工作者的工作

(3) 坚持"三同时"原则,即职业安全卫生技术措施及设施应与主体工程同时设计、同时施工、同时投产使用,以确保项目投产后符合职业安全卫生要求,保障劳动者在生产过程中的安全与健康。

(4) 坚持"四不放过"原则,即对发生的事故原因分析不清不放过;事故责任者和群众没受到教育不放过;没有落实防范措施不放过;事故的责任者没有受到处理不放过。

9.2 建设工程施工安全生产许可证制度

9.2.1 申请领取安全生产许可证的条件

建设施工企业取得安全生产许可证,应当具备下列安全生产条件。

(1) 建立、健全安全生产责任制,制定完备的安全生产规章制度和操作规程。

安全生产许可证概念

(2) 保证本单位安全生产条件所需资金的投入。

(3) 设置安全生产管理机构,按照国家有关规定配备专职安全生产管理人员。

(4) 主要负责人、项目负责人、专职安全生产管理人员经住房和城乡建设主管部门或者其他有关部门考核合格。

(5) 特种作业人员经有关业务主管部门考核合格,取得特种作业操作资格证书。

(6) 管理人员和作业人员每年至少进行 1 次安全生产教育培训并考核合格。

(7) 依法参加工伤保险,依法为在施工现场从事危险作业的人员办理意外伤害保险,为从业人员交纳保险费。

(8) 施工现场的办公、生活区及作业场所和安全防护用具、机械设备、施工机具及配件符合有关安全生产法律法规、标准和规程的要求。

(9) 有职业危害防治措施,并为作业人员配备符合国家标准或者行业标准的安全防护用具和安全防护服装。

(10) 有对危险性较大的分部分项工程及施工现场易发生重大事故的部位、环节的预防、监控措施和应急预案。

(11) 有生产安全事故应急救援预案、应急救援组织或者应急救援人员,配备必要的应急救援器材、设备。

(12) 法律法规规定的其他条件。建设施工企业未取得安全生产许可证的,不得从事建设施工活动。

安全生产许可证

9.2.2 安全生产许可证的有效期和政府监管的规定

1. 安全生产许可证的有效期

安全生产许可证的有效期为 3 年。安全生产许可证有效期满需要延期的，企业应当于期满前 3 个月向原安全生产许可证颁发管理机关申请办理延期手续。企业在安全生产许可证有效期内，应严格遵守有关安全生产的法律法规，未发生死亡事故的，安全生产许可证有效期届满时，经原安全生产许可证颁发管理机关同意，不再审查，安全生产许可证有效期可延期 3 年。

安全生产许可证的变更、注销及补办

2. 政府的监督管理

（1）县级以上人民政府建设主管部门应当加强对建筑施工企业安全生产许可证的监督管理。建设主管部门在审核发放施工许可证时，应当对已经确定的建筑施工企业是否有安全生产许可证进行审查，对没有取得安全生产许可证的，不得颁发施工许可证。

（2）跨省从事建筑施工活动的建筑施工企业有违反《建筑施工企业安全生产许可证管理规定》行为的，由工程所在地的省级人民政府建设主管部门将建筑施工企业在本地区的违法事实、处理结果和处理建议报告安全生产许可证颁发管理机关。

（3）建筑施工企业取得安全生产许可证后，不得降低安全生产条件，并应当加强日常安全生产管理，接受建设主管部门的监督检查。安全生产许可证颁发管理机关发现企业不再具备安全生产条件的，应当暂扣或者吊销安全生产许可证。

（4）安全生产许可证颁发管理机关或者其上级行政机关发现有下列情形之一的，可以撤销已经颁发的安全生产许可证：①安全生产许可证颁发管理机关工作人员滥用职权、玩忽职守颁发安全生产许可证的；②超越法定职权颁发安全生产许可证的；③违反法定程序颁发安全生产许可证的；④对不具备安全生产条件的建筑施工企业颁发安全生产许可证的；⑤依法可以撤销已经颁发的安全生产许可证的其他情形。

依照规定撤销安全生产许可证，建筑施工企业的合法权益受到损害的，建设主管部门应当依法给予赔偿。

（5）安全生产许可证颁发管理机关应当建立、健全安全生产许可证档案管理制度，并定期向社会公布企业取得安全生产许可证的情况，每年向同级安全生产监督管理部门通报建筑施工企业安全生产许可证颁发和管理情况。

（6）建筑施工企业不得转让、冒用安全生产许可证或者使用伪造的安全生产许可证。

（7）建设主管部门工作人员在安全生产许可证颁发、管理和监督检查工作中，不得索取或者接受建筑施工企业的财物，不得谋取其他利益。

（8）任何单位或者个人对违反《建筑施工企业安全生产许可证管理规定》的行为，有权向安全生产许可证颁发管理机关或者监察机关等有关部门举报。

9.3 建设工程安全生产监督管理制度

施工现场安全管理的范围

《建设工程安全生产管理条例》明确规定建筑工程安全生产监督管理制度有以下三点内容。

(1) 建设行政主管部门在审核发放施工许可证时，应当对建设工程是否有安全施工措施进行审查，对没有安全施工措施的，不得颁发施工许可证。

(2) 建设行政主管部门或者其他有关部门对建设工程是否有安全施工措施进行审查时，不得收取费用。

(3) 县级以上人民政府负有建设工程安全生产监督管理职责的部门在各自的职责范围内履行安全监督检查职责时，有权采取下列措施：①要求被检查单位提供有关建设工程安全生产的文件和资料；②进入被检查单位施工现场进行检查；③纠正施工中违反安全生产要求的行为；④对检查中发现的安全事故隐患，责令立即排除，重大安全事故隐患排除前或者排除过程中无法保证安全的，责令从危险区域内撤出作业人员或者暂时停止施工。

9.4 建设工程安全生产责任体系

9.4.1 建设单位的安全责任

建设单位在工程建设中处于主导地位，用法律手段规范建设单位的行为，对加强工程建设的安全生产管理是十分必要的。建设单位应当向施工单位提供施工现场及毗邻区域内供水、排水、供电、供气、供热、通信、广播电视等地下管线资料，气象和水文观测资料，相邻建筑物和构筑物、地下工程的有关资料，并保证资料的真实、准确、完整。

建设单位因建设工程需要，向有关部门或者单位查询前款规定的资料时，有关部门或者单位应当及时提供。建设单位不得对勘察、设计、施工、工程监理等单位提出不符合建设工程安全生产法律法规和强制性标准规定的要求，不得压缩合同约定的工期。建设单位不得明示或者暗示施工单位购买、租赁、使用不符合安全施工要求的安全防护用具、机械设备、施工机具及配件、消防设施和器材。建设单位在申请领取施工许可证时，应当提供建设工程有关安全施工措施的资料。

依法批准开工报告的建设工程，建设单位应当自开工报告批准之日起15日内，将保证安全施工的措施报送建设工程所在地的县级以上地方人民政府建设行政主管部门或者其他有关部门备案。

建设单位申请领取施工许可证，应当具备下列条件，并提交相应的证明文件。

(1) 已经办理该建设工程用地批准手续。

(2) 在城市规划区的建设工程，已经取得建设工程规划许可证。

(3) 施工现场已经基本具备施工条件，需要拆迁的，其拆迁进度符合施工要求。

(4) 已经确定施工企业，按照规定应该招标的工程没有招标，应该公开招标的工程没有公开招标，或者肢解发包工程，以及将工程发包给不具备相应资质条件的，所确定的施工企业无效。

(5) 有满足施工需要的施工图纸及技术资料，施工图设计文件已按规定进行了审查。

(6) 有保证工程质量和安全的具体措施。施工企业编制的施工组织设计中有根据建设工程特点制定的相应质量、安全技术措施，专业性较强的工程项目编制的专项质量、安全施工组织设计，并按照规定办理了工程质量、安全监督手续。

(7) 按照规定应该委托监理的工程已委托监理。

(8) 建设资金已经落实。建设工期不足一年的，到位资金原则上不得少于工程合同价的 50%，建设工期超过一年的，到位资金原则上不得少于工程合同价的 30%。建设单位应当提供银行出具的到位资金证明，有条件的可以实行银行付款保函或者其他第三方担保。

(9) 法律、行政法规规定的其他条件。

建设单位应当将拆除工程发包给具有相应资质等级的施工单位。建设单位应当在拆除工程施工 15 日前，将下列资料报送建设工程所在地的县级以上地方人民政府建设行政主管部门或者其他有关部门备案：施工单位资质等级证明；拟拆除建筑物、构筑物及可能危及毗邻建筑的说明；拆除施工组织方案；堆放、清除废弃物的措施。实施爆破作业的，应当遵守国家有关民用爆炸物品管理的规定。对于从事爆破与拆除工程的企业，我国有专门的资质要求。

9.4.2 施工单位的安全责任

1. 施工单位主要负责人对安全生产工作全面负责

《安全生产法》规定，生产经营单位的主要负责人对本单位的安全生产工作全面负责。生产经营单位的主要负责人对本单位的安全生产工作负有下列职责。

(1) 建立、健全本单位的安全生产责任制。

(2) 组织制定本单位的安全生产规章制度和操作规程。

(3) 组织制订并实施本单位的安全生产教育和培训计划。

(4) 保证本单位安全生产投入的有效实施。

(5) 督促、检查本单位的安全生产工作，及时消除生产安全事故隐患。

(6) 组织制定并实施本单位的生产安全事故应急救援预案。

(7) 及时、如实报告生产安全事故。

建设施工企业的法定代表人对本企业的安全生产负责。施工单位主要负责人依法对本单位的安全生产工作全面负责，国有大中型企业和规模以上企业要建立安全生产委员会，主任由董事长或总经理担任，董事长、党委书记、总经理对安全生产工作均负有领导责任，企业领导班子成员和管理人员实行安全生产"一岗双责"。所有企业都要建立生产安全风险警示和预防应急公告制度，完善风险排查、评估、预警和防控机制，加强风险预控管理，按规定将本单位重大危险源及相关安全措施、应急措施报安全生产监督管理部门和有关部门备案。

2. 施工单位安全生产管理机构和专职安全生产管理人员的职责

《安全生产法》规定，矿山、金属冶炼、建筑施工、道路运输单位和危险物品的生产、经营、储存单位，应当设置安全生产管理机构或者配备专职安全生产管理人员。生产经营单位的安全生产管理机构以及安全生产管理人员履行下列职责。

(1) 组织或者参与拟订本单位的安全生产规章制度、操作规程和生产安全事故应急救援预案。

(2) 组织或者参与本单位的安全生产教育和培训，如实记录安全生产教育和培训情况。

(3) 督促落实本单位重大危险源的安全管理措施。

(4) 组织或者参与本单位的应急救援演练。

(5) 检查本单位的安全生产状况，及时排查生产安全事故隐患，提出改进安全生产管理的建议。

(6) 制止和纠正违章指挥、强令冒险作业、违反操作规程的行为。

(7) 督促落实本单位的安全生产整改措施。

生产经营单位的安全生产管理机构以及安全生产管理人员应当恪尽职守，依法履行职责。生产经营单位作出涉及安全生产的经营决策时，应当听取安全生产管理机构以及安全生产管理人员的意见。生产经营单位不得因安全生产管理人员依法履行职责而降低其工资、福利等待遇或者解除与其订立的劳动合同。

生产经营单位的安全生产管理人员应当根据本单位的生产经营特点，对安全生产状况进行经常性检查；对检查中发现的安全问题，应当立即处理；不能处理的，应当及时报告本单位有关负责人，有关负责人应当及时处理。检查及处理情况应当如实记录在案。生产经营单位的安全生产管理人员在检查中发现重大事故隐患，依照前款规定向本单位有关负责人报告，有关负责人不及时处理的，安全生产管理人员可以向主管的负有安全生产监督管理职责的部门报告，接到报告的部门应当依法及时处理。

3. 建设工程项目安全生产领导小组的职责

建筑施工企业应当在建设工程项目中组建安全生产领导小组。建设工程实行施工总承包的，安全生产领导小组由总承包企业、专业承包企业和劳务分包企业的项目经理、技术负责人和专职安全生产管理人员组成。安全生产领导小组的主要职责如下所述。

(1) 贯彻落实国家有关安全生产的法律法规和标准。

(2) 组织制定项目安全生产管理制度并监督实施。

(3) 编制项目生产安全事故应急救援预案并组织演练。

(4) 保证项目安全生产费用的有效使用。

(5) 组织编制危险性较大工程的安全专项施工方案。

(6) 开展项目安全教育培训。

(7) 组织实施项目安全检查和隐患排查。

(8) 建立项目安全生产管理档案。

(9) 及时、如实报告安全生产事故。

4. 施工单位负责人施工现场带班制度

《国务院关于进一步加强企业安全生产工作的通知》中规定，强化生产过程管理的领导责任。企业主要负责人和领导班子成员要轮流现场带班。

《建筑施工企业负责人及项目负责人施工现场带班暂行办法》进一步规定，企业负责人带班检查是指由建筑施工企业负责人带队实施对工程项目质量安全生产状况及项目负责人带班生产情况的检查。建筑施工企业负责人是指企业的法定代表人、总经理、主管质量安全和生产工作的副总经理、总工程师和副总工程师。

建筑施工企业负责人要定期带班检查，每月检查时间不得少于其工作日的 25%。建筑施工企业负责人带班检查时，应认真做好检查记录，并分别在企业和工程项目存档备查。工程项目进行超过一定规模的危险性较大的分部分项工程施工时，建筑施工企业负责人应到施工现场带班检查。工程项目出现险情或发现重大隐患时，建筑施工企业负责人应到施工现场带班检查，督促工程项目进行整改，及时消除险情和隐患。对于有分公司(非独立法人)的企业集团，集团负责人因故不能到现场的，可书面委托工程所在地的分公司负责人对施工现场进行带班检查。

5. 施工项目负责人的执业资格和安全生产责任

施工项目负责人经施工单位法定代表人的授权，要选配技术、生产、材料、成本等管理人员组成项目管理班子，代表施工单位在本建设工程项目上履行管理职责。由于施工项目负责人对该项目的施工组织管理起关键作用，建造师经注册后，有权以建造师的名义担任建设工程项目施工的项目经理及从事其他施工活动的管理。

施工项目负责人的安全生产责任主要如下所述。

(1) 对建设工程项目的安全施工负责。

(2) 落实安全生产责任制度、安全生产规章制度和操作规程。

(3) 确保安全生产费用的有效使用。

(4) 根据工程的特点组织制定安全施工措施，消除安全事故隐患。

(5) 及时、如实报告生产安全事故情况。

6. 施工单位项目负责人施工现场带班制度

《建筑施工企业负责人及项目负责人施工现场带班暂行办法》规定，项目负责人是工程项目质量安全管理的第一责任人，应对工程项目落实带班制度负责。项目负责人带班生产是指项目负责人在施工现场组织协调工程项目的质量安全生产活动。

项目负责人在同时期只能承担一个工程项目的管理工作。项目负责人带班生产时，要全面掌握工程项目质量安全生产状况，加强对重点部位、关键环节的控制，及时消除隐患。要认真做好带班生产记录并签字存档备查。项目负责人每月带班生产时间不得少于本月施工时间的80%。因其他事务需离开施工现场时，应向工程项目的建设单位请假，经批准后方可离开，离开期间应委托项目相关负责人负责其外出时的日常工作。

9.4.3 勘察设计单位的安全责任

1. 勘察单位的安全责任

《建设工程安全生产管理条例》规定，勘察单位应当按照法律法规和工程建设强制性标准进行勘察，提供的勘察文件应当真实、准确，满足建设工程安全生产的需要。勘察单位在勘察作业时，应当严格执行操作规程，采取措施保证各类管线、设施和周边建筑物、构筑物的安全。

工程勘察是工程建设的先行者，工程勘察成果既是建设工程项目规划、选址、设计的重要依据，也是保证施工安全的重要因素和前提条件。因此，勘察单位必须按照法律法规的规定以及工程建设强制性标准的要求进行勘察，并提供真实、准确的勘察文件，不能弄虚作假。

勘察单位在进行勘察作业时，也易发生安全事故。为了保证勘察作业人员的安全，要求勘察人员必须严格执行操作规程。同时，还应当采取措施保证各类管线、设施和周边建筑物、构筑物的安全，这也是保证施工作业人员和相关人员安全的前提。

2. 设计单位的安全责任

工程设计是工程建设的灵魂，在建设工程项目确定后，工程设计就成为工程建设中最重要、最关键的环节，对安全施工有着重要影响。

(1) 按照法律法规和工程建设强制性标准进行设计。设计单位应当按照法律法规和工程建设强制性标准进行设计，防止设计不合理导致生产安全事故的发生。

工程建设强制性标准是工程建设技术和经验的总结与积累，对保证建设工程质量和安全起着至关重要的作用。从对一些生产安全事故的原因分析来看，涉及设计单位责任的，主要是没有按照强制性标准进行设计，设计不合理导致施工过程中发生安全事故。因此，设计单位在设计过程中必须考虑施工生产安全，严格执行强制性标准。

(2) 提出防范生产安全事故的指导意见和措施建议。设计单位应当考虑施工安全操作和防护的需要，对涉及施工安全的重点部位和环节在设计文件中注明，并对防范生产安全事故提出指导意见。施工单位在施工过程中，发现设计文件无法满足安全防护和施工安全的问题时，应及时提出，设计单位有责任和义务无偿地修改设计文件。

设计单位的工程设计文件对保证建设工程结构安全来说非常重要。同时，设计单位在编制设计文件时，还应当结合建设工程的具体特点和实际情况，考虑施工安全作业和安全防护的需要，为施工单位制定安全防护措施提供技术指导。特别是对采用新结构、新材料、新工艺的建设工程和具有特殊结构的建设工程，设计单位应当在设计中提出保障施工作业人员安全和预防生产安全事故的措施建议。在施工单位作业前，设计单位还应当就设计意图、设计文件向施工单位作出说明和技术交底，并对防范生产安全事故提出指导意见。

(3) 对设计成果承担责任。设计单位和注册建筑师等注册执业人员应当对其设计负责。"谁设计，谁负责"是国际的通行做法。如果由于设计的责任造成事故，则设计单位要承担法律责任，还要对造成的损失进行赔偿。注册建筑师、结构工程师等注册执业人员应当在设计文件上签字盖章，对设计文件负责，同时还要承担相应的法律责任。

9.4.4 监理单位的安全责任

工程监理要对施工过程的每一个环节起到监督管理的作用，是工程建设安全生产的责任主体之一。工程监理单位应当审查施工组织设计中的安全技术措施或者专项施工方案是否符合工程建设强制性标准。

工程监理单位在实施监理过程中，发现存在安全事故隐患的，应当要求施工单位整改；情况严重的，应当要求施工单位暂时停止施工，并及时报告建设单位。施工单位拒不整改或者不停止施工的，工程监理单位应当及时向有关主管部门报告。工程监理单位和监理工程师应当按照法律法规和工程建设强制性标准实施监理，并对建设工程安全生产承担监理责任。

9.4.5 其他相关单位的责任

1. 施工设备提供单位的安全责任

为建设工程提供机械设备和配件的单位，应当按照安全施工的要求配备齐全有效的保险、限位等安全设施和装置。

建设工程法律法规(微课版)

出租的机械设备和施工机具及配件,应当具有生产(制造)许可证、产品合格证。出租单位应当对出租的机械设备和施工机具及配件的安全性能进行检测,在签订租赁协议时,应当出具检测合格证明。禁止出租检测不合格的机械设备和施工机具及配件。

2. 自升式架设设施安装、拆卸单位的安全责任

在施工现场安装、拆卸施工起重机械和整体提升脚手架、模板等自升式架设设施,必须由具有相应资质的单位承担。安装、拆卸施工起重机械和整体提升脚手架、模板等自升式架设设施,应当编制拆装方案,制定安全施工措施,并由专业技术人员现场监督。

施工起重机械和整体提升脚手架、模板等自升式架设设施安装完毕后,安装单位应当自检,出具自检合格证明,并向施工单位进行安全使用说明,办理验收手续并签字。施工起重机械和整体提升脚手架、模板等自升式架设设施的使用达到国家规定的检验检测期限的,必须经具有专业资质的检验检测机构检测。经检测不合格的,不得继续使用。

3. 特种设备使用要求

对于施工起重机械的使用,还应符合《特种设备安全监察条例》的下述规定。

特种设备使用单位应当严格执行本条例和有关安全生产的法律、行政法规的规定,保证特种设备的安全使用。特种设备使用单位应当使用符合安全技术规范要求的特种设备。特种设备在投入使用前或者投入使用后30日内,特种设备使用单位应当向直辖市或者设区的市的特种设备安全监督管理部门登记。登记标志应当置于或者附着于该特种设备的显著位置。

特种设备使用单位应当建立特种设备安全技术档案。安全技术档案应当包括以下内容:

(一)特种设备的设计、制造单位、产品质量合格证明、使用维护说明等文件以及安装技术文件和资料;

(二)特种设备定期检验和定期自行检查的记录;

(三)特种设备的日常使用状况记录;

(四)特种设备及其安全附件、安全保护装置、测量调控装置及有关附属仪器仪表的日常维护保养记录;

(五)特种设备运行故障和事故记录。

特种设备使用单位应当对在用特种设备进行经常性日常维护保养,并定期自行检查。

特种设备使用单位对在用特种设备应当至少每月进行一次自行检查,并作出记录。特种设备使用单位对在用特种设备进行自行检查和日常维护保养时发现异常情况的,应当及时处理。

特种设备使用单位应当对在用特种设备的安全附件、安全保护装置、测量调控装置及有关附属仪器仪表进行定期校验、检修,并作出记录。特种设备使用单位应当按照安全技术规范的定期检验要求,在安全检验合格有效期届满前1个月向特种设备检验检测机构提出定期检验要求。检验检测机构接到定期检验要求后,应当按照安全技术规范的要求及时进行检验。未经定期检验或者检验不合格的特种设备,不得继续使用。

特种设备出现故障或者发生异常情况,使用单位应当对其进行全面检查,消除事故隐患后,方可重新投入使用。特种设备存在严重事故隐患,无改造、维修价值,或者超过安全技术规范规定使用年限,特种设备使用单位应当及时予以报废,并应当向原登记的特种

设备安全监督管理部门办理注销。特种设备使用单位应当制定特种设备的事故应急措施和救援预案。

4. 起重设备安装工程专业承包企业资质等级标准

起重设备安装工程专业承包企业资质分为一级、二级、三级，具体内容如下所述。

1) 一级资质标准

(1) 企业近5年独立承担过4次以上1 000 kN·m以上起重设备或100 t以上起重机或龙门吊的安装拆卸，未发生过安全事故，工程质量合格。

(2) 企业经理具有10年以上从事工程管理工作经历或具有高级职称；总工程师具有10年以上从事起重设备安装技术管理工作经历并具有相关专业高级职称；总会计师具有中级以上会计职称。

企业有职称的工程技术和经济管理人员不少于20人，其中工程技术人员不少于15人；工程技术人员中，具有高级职称的人员不少于2人，具有中级职称的人员不少于6人，且工程机械、电气等专业齐全。企业具有的二级资质以上项目经理不少于5人。

(3) 企业注册资本金200万元以上，企业净资产250万元以上。

(4) 企业近3年最高年工程结算收入200万元以上。

(5) 企业具有三台1 000 kN·m以上起重机械安装拆卸工艺，并具有相应的专业施工设备与质量检测设备。

2) 二级资质标准

(1) 企业近5年独立承担过4次以上800 kN·m以上起重设备或50 t以上起重机或龙门吊的安装拆卸，未发生过安全事故，工程质量合格。

(2) 企业经理具有8年以上从事工程管理工作经历或具有中级以上职称；技术负责人具有8年以上从事起重设备安装技术管理工作经历并具有相关专业中级以上职称；财务负责人具有中级以上会计职称。

企业有职称的工程技术和经济管理人员不少于10人，其中工程技术人员不少于8人；工程技术人员中，具有高级职称的人员不少于1人，具有中级职称的人员不少于3人，且工程机械、电气等专业齐全。企业具有的三级资质以上项目经理不少于5人。

(3) 企业注册资本金150万元以上，企业净资产180万元以上。

(4) 企业近3年最高年工程结算收入100万元以上。

(5) 企业具有一台800 kN·m以上起重机械安装拆卸工艺，并具有相应的专业施工设备与质量检测设备。

3) 三级资质标准

(1) 企业近5年独立承担过4次以上630 kN·m以上起重设备或30 t以上起重机或龙门吊的安装拆卸，未发生过安全事故，工程质量合格。

(2) 企业经理具有5年以上从事工程管理工作经历；技术负责人具有5年以上从事起重设备安装技术管理工作经历并具有相关专业中级以上职称；财务负责人具有初级以上会计职称。

企业有职称的工程技术和经济管理人员不少于6人，其中工程技术人员不少于4人；工程技术人员中，具有中级以上职称的人员不少于2人。企业具有的三级资质以上项目经理不少于 2 人。

(3) 企业注册资本金 50 万元以上，企业净资产 60 万元以上。

(4) 企业近 3 年最高年工程结算收入 50 万元以上。

(5) 企业具有一台 630 kN·m 以上起重机械安装拆卸工艺，并具有相应的专业施工设备与质量检测设备。

4) 承包工程范围

一级企业：可承担各类起重设备的安装与拆卸。

二级企业：可承担单项合同额不超过企业注册资本金 5 倍的 1 000 kN·m 及以下塔吊等起重设备、120 t 及以下起重机和龙门吊的安装与拆卸。

三级企业：可承担单项合同额不超过企业注册资本金 5 倍的 800 kN·m 及以下塔吊等起重设备、60 t 及以下起重机和龙门吊的安装与拆卸。

【案例 9-1】

2010 年 4 月 15 日 21 时 57 分，××区一在建工地发生砖胎模坍塌事故，造成 3 人死亡，1 人重伤，5 人轻伤，直接经济损失达 350 余万元。

4 月 15 日上午 8 时许，××区(2 区)砌筑已达 7 天的 2#-DJ6 柱基内部砖胎模支撑被拆除，施工人员在砖胎模四周铺设一层细砂，观察砖胎模的变形情况，到 19 时观察未见异常情况。19 时 30 分许，劳务公司人工捡底班的施工人员开始捡底作业(事故基坑内为 9 人)。同时项目部安排塔吊配合提土。20 时许，塔吊放下的空吊篮(长、宽、高为 1560 mm×880 mm×830 mm，用 φ25 钢筋焊成，重 220 kg)与砖胎模发生碰挂，21 时许，空吊篮又一次与砖胎模发生碰挂，现场管理人员立即对砖胎膜进行检查，未发现异常。21 时 57 分，砖胎模墙体突然坍塌，将 9 名作业人员全部掩埋。

问题：

分析上述事故产生的原因。

9.5 建设工程安全生产管理制度

9.5.1 建设工程安全生产责任制度

安全生产责任制是最基本的安全管理制度，是所有安全生产管理制度的核心。安全生产责任制是按照安全生产管理方针和"管生产的同时必须管安全"的原则，将各级负责人员、各职能部门及其工作人员和各岗位生产工人在安全生产方面应做的事及应负的责任加以明确规定的一种制度。

企业实行安全生产责任制必须做到在计划、布置、检查、总结、评比、生产的同时，要进行计划、布置、检查、总结、评比安全工作。其内容大体分为纵向和横向两个方面：纵向方面是各级人员的安全生产责任制，即各类人员(从最高管理者、管理者代表到项目经理)的安全生产责任制；横向方面是各个部门的安全生产责任制，即各职能部门(如安全环保、设备、技术、生产、财务等部门)的安全生产责任制。只有这样，才能建立、健全安全生产责任制，做到群防群治。

安全检查制度

9.5.2 建设工程安全生产教育培训制度

1. 安全生产教育的对象

(1) 工程项目经理、项目执行经理、项目技术负责人：工程项目主要管理人员必须经过当地政府或上级主管部门组织的安全生产专项培训，培训时间不得少于 24 小时，经考核合格后，持安全生产资质证书上岗。

(2) 工程项目基层管理人员：施工项目基层管理人员每年必须接受公司安全生产年审，经考试合格后，持证上岗。

(3) 分包负责人、分包队伍管理人员：必须接受政府主管部门或总包单位的安全培训，经考试合格后持证上岗。

(4) 特种作业人员：必须经过专门的安全理论培训和安全技术实际训练，经理论和实际操作的双项考核，合格者持特种作业操作证上岗作业。

(5) 操作工人：新入场的工人必须经过三级安全教育，考试合格后持上岗证上岗作业。

2. 安全生产教育的内容

1) 安全生产知识教育

企业所有职工必须具备安全生产知识。因此，全体职工都必须接受安全生产知识教育，并且每年应按规定学时进行安全培训。安全生产知识教育的主要内容包括：企业的基本生产概况；施工(生产)流程、方法；企业施工(生产)危险区域及其安全防护的基本知识和注意事项；机械设备、厂(场)内运输的有关安全知识；有关电气设备(动力照明)的基本安全知识；高处作业安全知识；生产(施工)中使用的有毒、有害物质的安全防护基本知识；消防制度及灭火器材应用的基本知识；个人防护用品的正确使用知识等。

2) 安全生产技能教育

安全生产技能教育，就是结合本工种专业特点，实现安全操作、安全防护所必须具备的基本技术知识要求。每个职工都要熟悉本工种、本岗位专业安全技术知识。安全生产技能知识是比较专门、细致和深入的知识。它包括安全技术、劳动卫生和安全操作规程。国家规定建设登高架设、起重、焊接、电气、爆破、压力容器、锅炉等特种作业人员必须进行专门的安全技术培训。宣传先进经验，既是教育职工找差距的过程，又是学习先进技术的过程；事故教育可以从事故教训中吸取教训，防止以后类似事故再次发生。

3) 法制教育

法制教育就是要采取各种有效形式，对全体职工进行安全生产法制教育，从而提高职工遵纪守法的自觉性，以达到安全生产的目的。

3. 常见安全生产教育的形式

1) 新工人三级安全教育

三级安全教育是企业必须坚持的安全生产基本教育制度。对新工人(包括新招收的合同工、临时工、学徒工、农民工及实习和代培人员)必须进行公司、项目、作业班组三级安全教育，时间不得少于 40 小时。

三级安全教育由安全、教育和劳资等部门配合组织进行。经教育考试合格者才准许进入生产岗位；不合格者必须补课、补考。对新工人的三级安全教育情况，要建立档案(印制职工安全生产教育卡)。新工人工作一个阶段后还应进行重复性的安全再教育，加深对安全的感性、理性知识的认识。三级安全教育的主要内容包括以下三个方面。

(1) 公司进行安全知识、法规、法制教育，主要内容包括：①党和国家的安全生产方针、政策；②安全生产法规、标准和法制观念；③本单位施工(生产)过程及安全生产规章制度、安全纪律；④本单位安全生产形势、历史上发生的重大事故及应吸取的教训；⑤发生事故后如何抢救伤员、排险、保护现场和及时进行报告。

(2) 项目部进行现场规章制度和遵章守纪教育，主要内容包括：①本单位(工区、工程处、车间)施工(生产)特点及施工(生产)安全基本知识；②本单位(包括施工、生产场地)安全生产制度、规定及安全注意事项；③本工种的安全技术操作规程；④机械设备、电气安全及高处作业等安全基本知识；⑤防火、防雷、防尘、防爆知识及紧急情况安全处置和安全疏散等知识；⑥防护用品发放标准及防护用具、用品使用的基本知识。

(3) 班组安全生产教育由班组长主持进行，或由班组安全员及指定技术熟练、重视安全生产的老工人讲解。进行本工种岗位安全操作及班组安全制度、纪律教育的主要内容包括：①本班组作业特点及安全操作规程；②班组安全活动制度及纪律；③爱护和正确使用安全防护装置(设施)及个人劳动防护用品；④本岗位易发生事故的不安全因素及其防范对策；⑤本岗位的作业环境及使用的机械设备、工具的安全要求。

2) 特种作业安全教育

从事特种作业的人员必须经过专门的安全技术培训，经考试合格取得操作资格证后方可独立作业。

3) 班前安全活动交底(班前讲话)

班前安全讲话作为施工队伍经常性安全教育活动之一，即各作业班组长于每班工作开始前(包括夜间工作前)必须对本班组全体人员进行不少于15分钟的班前安全活动交底。班组长要将安全活动交底内容记录在专用的记录本上，各成员在记录本上签名。

班前安全活动交底的内容应包括以下三点。

(1) 本班组安全生产须知。

(2) 本班组工作中的危险点和应采取的对策。

(3) 上一班组工作中存在的安全问题和应采取的对策。在特殊性、季节性和危险性较大的作业前，责任工长要参加班前安全讲话并对工作中应注意的安全事项进行重点交底。

4) 周一安全活动

周一安全活动作为施工项目经常性安全活动之一，每周一开始工作前应对全体在岗工人开展至少1小时的安全生产及法制教育活动。活动形式可采取看录像、听报告、分析事故案例、图片展览、急救示范、智力竞赛、热点辩论等形式进行。工程项目主要负责人要进行安全讲话，主要包括以下内容。

(1) 上周安全生产形势、存在问题及对策。

(2) 最新安全生产信息。

(3) 重大和季节性的安全技术措施。

(4) 本周安全生产工作的重点、难点和危险点。

(5) 本周安全生产工作目标和要求。

5) 季节性施工安全教育

进入雨期或冬期施工前,在现场经理的部署下,由各区域责任工程师负责组织本区域内施工的分包队伍管理人员及操作工人进行专门的季节性施工安全技术教育,时间不得少于 2 小时。

6) 节假日安全教育

节假日前后应特别注意各级管理人员及操作者的思想动态,有意识、有目的地进行教育,稳定他们的思想情绪,预防事故的发生。

7) 特殊情况安全教育

施工项目出现以下几种情况时,工程项目经理应及时安排有关部门和人员对施工工人进行安全生产教育,时间不得少于 2 小时。

(1) 因故改变安全操作规程。
(2) 实施重大和季节性安全技术措施。
(3) 更新仪器、设备和工具,推广新工艺、新技术。
(4) 发生因工伤亡事故、机械损坏事故及重大未遂事故。
(5) 出现其他不安全因素,安全生产环境发生了变化。

9.5.3 建设工程安全生产认证制度

建设工程安全生产认证制度在本节主要讲解的是安全生产许可证的相关制度要求。

建设工程施工现场安全管理

1. 安全生产许可证的申请

建筑施工企业从事建筑施工活动前,应当依照本规定向省级以上建设主管部门申请领取安全生产许可证。中央管理的建筑施工企业(集团公司、总公司)应当向国务院建设主管部门申请领取安全生产许可证。

前款规定以外的其他建筑施工企业,包括中央管理的建筑施工企业(集团公司、总公司)下属的建筑施工企业,应当向企业注册所在地省、自治区、直辖市人民政府建设主管部门申请领取安全生产许可证。

依据《建筑施工企业安全生产许可证管理规定》第六条,建筑施工企业申请安全生产许可证时,应当向建设主管部门提供下列材料:

(一)建筑施工企业安全生产许可证申请表;
(二)企业法人营业执照;
(三)与申请安全生产许可证应当具备的安全生产条件相关的文件、材料。建筑施工企业申请安全生产许可证,应当对申请材料实质内容的真实性负责,不得隐瞒有关情况或者提供虚假材料。

2. 安全生产许可证的变更与注销

建筑施工企业变更名称、地址、法定代表人等,应当在变更后 10 日内,到原安全生产许可证颁发管理机关办理安全生产许可证变更手续。建筑施工企业破产、倒闭、撤销的,应当将安全生产许可证交回原安全生产许可证颁发管理机关予以注销。

建筑施工企业遗失安全生产许可证的,应当立即向原安全生产许可证颁发管理机关报告,并在公众媒体上声明作废后,方可申请补办。

3. 安全生产许可证的管理

根据《安全生产许可证条例》和《建筑施工企业安全生产许可证管理规定》,建筑施工企业应当遵守如下强制性规定。

(1) 未取得安全生产许可证的,不得从事建筑施工活动。建设主管部门在审核发放施工许可证时,应当对已经确定的建筑施工企业是否有安全生产许可证进行审查,对没有取得安全生产许可证的,不得颁发施工许可证。

(2) 企业不得转让、冒用安全生产许可证或者使用伪造的安全生产许可证。

(3) 企业取得安全生产许可证后,不得降低安全生产条件,并应当加强日常安全生产管理,接受安全生产许可证颁发管理机关的监督检查。

9.5.4 建设工程安全生产责任追究制度

1.《刑法》的有关规定

(1) 在生产、作业中违反有关安全管理的规定,因而发生重大伤亡事故或者造成其他严重后果的,处3年以下有期徒刑或者拘役;情节特别恶劣的,处2年以上7年以下有期徒刑。

强令他人违章冒险作业,因而发生重大伤亡事故或者造成其他严重后果的,处5年以下有期徒刑或者拘役;情节特别恶劣的,处5年以上有期徒刑。

(2) 安全生产设施或者安全生产条件不符合国家规定,因而发生重大伤亡事故或造成其他严重后果的,对直接负责的主管人员和其他直接责任人员,处3年以下有期徒刑或者拘役;情节特别恶劣的,处3年以上7年以下有期徒刑。

(3) 建设单位、设计单位、施工单位、工程监理单位违反国家规定,降低工程质量标准,造成重大安全事故的,对直接责任人员处5年以下有期徒刑或者拘役,并处罚金;后果特别严重的,处5年以上10年以下有期徒刑,并处罚金。

(4) 违反消防管理法规,经消防监督机构通知采取改正措施而拒绝执行,造成严重后果的,对直接责任人员处3年以下有期徒刑或者拘役;后果特别严重的,处3年以上7年以下有期徒刑。

在安全事故发生后,负有报告职责的人员不报或者谎报事故情况,贻误事故抢救,情节严重的,处3年以下有期徒刑或者拘役;情节特别严重的,处3年以上7年以下有期徒刑。

(5) 生产不符合保障人身、财产安全的国家标准、行业标准的电器、压力容器、易燃易爆产品或者其他不符合保障人身、财产安全的国家标准、行业标准的产品,或者销售明知是不符合以上保障人身、财产安全的国家标准、行业标准的产品,造成严重后果的,处5年以下有期徒刑,并处销售金额50%以上2倍以下罚金;后果特别严重的,处5年以上有期徒刑,并处销售金额50%以上2倍以下罚金。

2. 《中华人民共和国消防法》的有关规定

(1) 违反本法规定，有下列行为之一的，责令停止施工、停止使用或者停产停业，并处 3 万元以上 30 万元以下罚款：

(一)依法应当经公安机关消防机构进行消防设计审核的建设工程，未经依法审核或者审核不合格，擅自施工的；

(二)消防设计经公安机关消防机构依法抽查不合格，不停止施工的；

(三)依法应当进行消防验收的建设工程，未经消防验收或者消防验收不合格，擅自投入使用的；

(四)建设工程投入使用后经公安机关消防机构依法抽查不合格，不停止使用的；

(五)公众聚集场所未经消防安全检查或者经检查不符合消防安全要求，擅自投入使用、营业的。

建设单位未依照本法规定将消防设计文件报公安机关消防机构备案，或者在竣工后未依照本法规定报公安机关消防机构备案的，责令限期改正，处 5 000 元以下罚款。

(2) 违反本法规定，有下列行为之一的，责令改正或者停止施工，并处 1 万元以上 10 万元以下罚款：

(一)建设单位要求建筑设计单位或者建筑施工企业降低消防技术标准设计、施工的；

(二)建筑设计单位不按照消防技术标准强制性要求进行消防设计的；

(三)建筑施工企业不按照消防设计文件和消防技术标准施工，降低消防施工质量的；

(四)工程监理单位与建设单位或者建筑施工企业串通，弄虚作假，降低消防施工质量的。

(3) 单位违反本法规定，有下列行为之一的，责令改正，处 5 000 元以上 5 万元以下罚款：

(一)消防设施、器材或者消防安全标志的配置、设置不符合国家标准、行业标准，或者未保持完好有效的；

(二)损坏、挪用或者擅自拆除、停用消防设施、器材的；

(三)占用、堵塞、封闭疏散通道、安全出口或者有其他妨碍安全疏散行为的；

(四)埋压、圈占、遮挡消火栓或者占用防火间距的；

(五)占用、堵塞、封闭消防车通道，妨碍消防车通行的；

(六)人员密集场所在门窗上设置影响逃生和灭火救援的障碍物的；

(七)对火灾隐患经公安机关消防机构通知后不及时采取措施消除的。

【案例 9-2】

2012 年 12 月 24 日 14 时 40 分左右，××工程 17 号楼发生一起施工升降机吊笼坠落事故，造成 3 名维修人员死亡，直接经济损失达 280.5 万元。12 月 23 日，上午 8 时许，架子工(无施工升降机操作证书)操作 17 号楼施工升降机运送脚手架钢管，升降机因突发故障停靠在 28 层。施工现场安全负责人知情后，通知施工设备管理负责人联系修理人员。修理人员(无资格)到场修理。当日修理两次未能排除故障，认为需要更换防坠器。24 日下午 2 时 30 分左右，此名修理人员带领 3 人到达修理现场。负责人在办公室电告安全员新防坠器放在升降机底座旁边。4 人抬着新防坠器(重约 50 kg)乘坐室内电梯到达 28 层升降机旁边，相继进入升降机吊笼内准备更换防坠器，其中 1 人因临时有事离开。更换过程中，施工升降机吊笼突然从28层(高73 m)坠落地面，3名维修工送医院抢救无效死亡。

问题：

分析上述事故产生的原因。

9.6 建设工程安全生产应急救援和调查处理制度

9.6.1 建设工程安全生产应急救援制度

事故应急救援在对现场情况、人员伤亡、经济损失、周围环境等进行评估后，要根据事故类型、特点和规模作出紧急安排。尽管不同的事故所需的安排不同，但大多数事故的现场处置都应包括设置警戒线、应急反应人力资源组织与协调、应急物资设备的调集、人员安全疏散、现场交通管制、现场以及相关场所的治安秩序维护，以及对受害人作出分类处理等方面的内容。

1. 设置警戒线

为保证应急处置工作的顺利开展以及事后的原因调查，几乎所有的处置现场都要设立不同范围的警戒线。在事故的处置中，由于事故的规模比较大，影响范围广，人员伤亡严重，往往要根据实际情况设立多层警戒线，以满足不同层次处置工作的要求。一般而言，应设置两层警戒线。

建设工程安全生产应急救援

2. 应急反应人力资源组织与协调

通过对现场情况的初步评估，应根据相关应急预案组织应急响应的人力资源。随着我国突发公共事件应急预案体系的建立，已逐渐摆脱了过去盲目反应的局面，大大避免了人力资源组织的混乱。根据现场应急预案安排，各个部门在处置中分工协作，具有较为明确的任务和职责。在事故发生后，由现场应急指挥组织各部分应急处置人员赶赴现场并开展工作，同时在现场的出入通道设置引导和联络人员安排处置后续人员。

在人员集结过程中，没有一定的模式，但是有一些原则值得遵循。首先，人员集结要方便应急处置工作，核心处置力量和现场急需的专业处置力量要接近现场；其次，人员集结要有序可循，不能造成混乱，人员集结的位置和规模不能对现场内外交通造成堵塞。

3. 应急物资设备的调集

应急处置需要大量的专业设备和工具。当企业的应急物资设备无法满足救援需求时，应及时向地方人民政府请求支援，政府有关部门要按照国家有关规定和指挥部的需要，在各自职责范围内做好应急保障工作，确保交通、通信、供电、供水、气象服务以及应急救援队伍、装备、物资等救援条件。

4. 人员安全疏散

根据人员疏散原则，在处置现场组织及时有效的人员安全疏散，是避免大量人员伤亡的重要措施。紧急疏散常见于火灾和坍塌等突发性事件的应急处置过程中。紧急疏散的最大特点在于其紧急性，如果在短时间内人员无法及时疏散，就有可能造成严重的人员伤亡。

但在紧急疏散过程中，绝不能一味强调疏散的速度，如果疏散过程中秩序混乱，就可能造成人群的相互拥挤和踩踏、车流的阻塞现象，甚至造成群死群伤。因此，临时紧急疏散必须兼顾疏散的速度和秩序。根据无数组织人员疏散事故的经验与教训，疏散过程的秩序应成为优先考虑的因素。由于人在紧急情况下会出现各种应急心理反应，进而采取不理智的行为，因此，在进行紧急疏散时必须考虑处于危险之中人的心理和行为特点。

5. 现场交通管制

现场交通管制是确保处置工作顺利展开的重要前提。通过实行交通管制，封闭可能影响现场处置工作的道路，开辟救援专用路线和停车场，禁止无关车辆进入现场，疏导现场围观人群，保证现场的交通快速畅通；根据情况需要和可能开设应急救援"绿色通道"，在相关道路上实行应急救援车辆优先通行。必要时，可向社会进行紧急动员，或征用其他部门的交通设施装备。

6. 现场治安秩序维护

事故发生后，在公安机关未到达现场之前，负有第一反应职责的施工单位人员应立即在现场周围设立警戒区和警戒哨，先行做好现场控制、交通管制、疏散救助群众和维护公共秩序等工作。

9.6.2 事故报告

1. 事故报告的时限和部门

生产安全事故发生后，事故现场有关人员应当立即向本单位负责人报告；单位负责人接到报告后，应当于1小时内向事故发生地县级以上人民政府安全生产监督管理部门和负有安全生产监督管理职责的有关部门报告。情况紧急时，事故现场的有关人员可以直接向事故发生地县级以上人民政府安全生产监督管理部门和负有安全生产监督管理职责的有关部门报告。如果事故现场条件特别复杂，难以准确判定事故等级，情况十分危急，上一级部门没有足够能力开展应急救援工作，或者事故性质特殊、社会影响特别重大时，就应当允许越级上报事故。

发生事故后及时向单位负责人和有关主管部门报告，对于及时采取应急救援措施，防止事故扩大，减少人员伤亡和财产损失起着至关重要的作用。安全生产监督管理部门和负有安全生产监督管理职责的有关部门接到事故报告后，应当依照下列规定上报事故情况，并通知公安机关、劳动保障行政部门、工会和人民检察院。

(1) 特别重大事故、重大事故逐级上报至国务院安全生产监督管理部门和负有安全生产监督管理职责的有关部门。

(2) 较大事故逐级上报至省、自治区、直辖市人民政府安全生产监督管理部门和负有安全生产监督管理职责的有关部门。

(3) 一般事故上报至设区的市级人民政府安全生产监督管理部门和负有安全生产监督管理职责的有关部门。

安全生产监督管理部门和负有安全生产监督管理职责的有关部门逐级上报事故情况，每级上报的时间不得超过2小时。事故报告后出现新情况的，应当及时补报。自事故发生之日起 30 日内，事故造成的伤亡人数发生变化的，应当及时补报。道路交通事故、火灾事故自发生之日起 7 日内，事故造成的伤亡人数发生变化的，应当及时补报。

上报事故的首要原则是及时。所谓"2 小时"起点，是指接到下级部门报告的时间，以特别重大事故的报告为例，按照报告时限要求的最大值计算，从单位负责人报告县级管理部门，再由县级管理部门报告市级管理部门、市级管理部门报告省级管理部门、省级管理部门报告国务院管理部门，直至最后报至国务院，总共所需时间为 9 小时。

2. 事故报告的内容

报告事故应当包括事故发生单位概况、事故发生的时间、地点以及事故现场情况、事故的简要经过、事故已经造成或者可能造成的伤亡人数(包括下落不明的人数)和初步估计的直接经济损失、已经采取的措施和其他应当报告的情况。事故报告应当遵照完整性的原则，尽量能够全面地反映事故情况。

(1) 事故发生单位概况。事故发生单位概况应当包括单位的全称、所处地理位置、所有制形式和隶属关系、生产经营范围和规模、持有各类证照的情况、单位负责人的基本情况以及近期的生产经营状况等。

(2) 事故发生的时间、地点以及事故现场情况。报告事故发生的时间应当具体，并尽量精确到分钟。报告事故发生的地点要准确，除事故发生的中心地点外，还应当报告事故所波及的区域。报告事故现场总体情况、现场的人员伤亡情况、设备设施的毁损情况以及事故发生前的现场情况。

(3) 事故的简要经过。事故的简要经过是对事故全过程的简要叙述。描述要前后衔接、脉络清晰、因果相连。

(4) 人员伤亡和经济损失情况。对于人员伤亡情况的报告，应当遵守实事求是的原则，不作无根据的猜测，更不能隐瞒实际伤亡人数。对直接经济损失的初步估算，主要指事故所导致的建筑物的毁损、生产设备设施和仪器仪表的损坏等。由于人员伤亡情况和经济损失情况会直接影响事故等级的划分，并因此决定事故的调查处理等后续重大问题，所以在报告这方面情况时应当谨慎细致，力求准确。

(5) 已经采取的措施。已经采取的措施主要是指事故现场有关人员、事故单位负责人、已经接到事故报告的安全生产管理部门，为减少损失，防止事故扩大和便于事故调查所采取的应急救援和现场保护等具体措施。

建设工程事故现场

9.6.3 建设工程安全生产调查处理制度

1. 事故调查处理原则

事故报告应当及时、准确、完整，任何单位和个人对事故不得迟报、漏报、谎报或者瞒报。事故调查处理应当坚持实事求是、尊重科学的原则，及时、准确地查清事故经过、事故原因和事故损失，查明事故性质，认定事故责任，总结事故教训，提出整改措施，并对事故责任者依法追究责任。事故调查处理遵循的"四不放过"原则如下所述：事故原因不查清不放过；防范措施不落实不放过；职工群众未受到教育不放过；事故责任者未受到处理不放过。

2. 事故调查的组织

特别重大事故由国务院或者国务院授权有关部门组织事故调查组进行调查。重大事故、较大事故、一般事故分别由事故发生地省级人民政府、设区的市级人民政府、县级人民政府负责调查。省级人民政府、设区的市级人民政府、县级人民政府可以直接组织事故调查组进行调查,也可以授权或者委托有关部门组织事故调查组进行调查。未造成人员伤亡的一般事故,县级人民政府也可以委托事故发生单位组织事故调查组进行调查。

对于事故性质恶劣、社会影响较大的,同一地区连续频繁发生同类事故的,事故发生地不重视安全生产工作、不能真正吸取事故教训的,社会和群众对下级政府调查的事故反响十分强烈的,事故调查难以做到客观、公正等的事故调查工作,上级人民政府可以调查由下级人民政府负责调查的事故。

事故调查工作实行"政府领导,分级负责"的原则,不管哪级事故,其事故调查工作都是由政府负责的;不管是政府直接组织事故调查还是授权或者委托有关部门组织事故调查,都是在政府的领导下,以政府的名义进行的,都是政府的调查行为,不是部门的调查行为。

自事故发生之日起 30 日内(道路交通事故、火灾事故自发生之日起 7 日内),因事故伤亡人数变化导致事故等级发生变化,应当由上级人民政府负责调查的,上级人民政府可以另行组织事故调查组进行调查。

特别重大事故以下等级的事故,事故发生地与事故发生单位不在同一个县级以上行政区域的,由事故发生地人民政府负责调查,事故发生单位所在地人民政府应当派人参加。

3. 事故调查报告中防范和整改措施的落实及其监督

事故调查处理的最终目的是预防和减少事故。事故调查组在调查事故中要查清事故经过、查明事故原因和事故性质,总结事故教训,并在事故调查报告中提出防范和整改措施。事故发生单位应当认真吸取事故教训,落实防范和整改措施,防止事故再次发生。防范和整改措施的落实情况应当接受工会和职工的监督。

安全生产监督管理部门和负有安全生产监督管理职责的有关部门,应当对事故发生单位负责落实防范和整改措施的情况进行监督检查。事故处理的情况由负责事故调查的人民政府或者其授权的有关部门、机构向社会公布,依法应当保密的除外。

4. 事故处理相关法规

事故发生单位及其有关人员在事故处理中有以下行为的,对事故发生单位处 100 万元以上 500 万元以下的罚款;对主要负责人、直接负责的主管人员和其他直接责任人员处上一年年收入 60%至 100%的罚款;属于国家工作人员的,并依法给予行政处分;构成违反治安管理行为的,由公安机关依法给予治安管理处罚;构成犯罪的,依法追究刑事责任。

(一)谎报或者瞒报事故的;
(二)伪造或者故意破坏事故现场的;
(三)转移、隐匿资金、财产,或者销毁有关证据、资料的;
(四)拒绝接受调查或者拒绝提供有关情况和资料的;
(五)在事故调查中作伪证或者指使他人作伪证的;

(六)事故发生后逃匿的。

事故发生单位对事故发生负有责任的,由有关部门依法暂扣或者吊销其有关证照;对事故发生单位负有事故责任的有关人员,依法暂停或者撤销其与安全生产有关的执业资格、岗位证书;事故发生单位主要负责人受到刑事处罚或者撤职处分的,自刑罚执行完毕或者受处分之日起,5年内不得担任任何生产经营单位的主要负责人。为发生事故的单位提供虚假证明的中介机构,由有关部门依法暂扣或者吊销其有关证照及其相关人员的执业资格;构成犯罪的,依法追究刑事责任。

地方人民政府、安全生产监督管理部门和负有安全生产监督管理职责的有关部门有下列行为之一的,对直接负责的主管人员和其他直接责任人员依法给予行政处分;构成犯罪的,依法追究刑事责任:不立即组织事故抢救的;迟报、漏报、谎报或者瞒报事故的;阻碍、干涉事故调查工作的;在事故调查中作伪证或者指使他人作伪证的。

参与事故调查的人员在事故调查中有下列行为之一的,依法给予行政处分;构成犯罪的,依法追究刑事责任:对事故调查工作不负责任,致使事故调查工作有重大疏漏的;包庇、袒护负有事故责任的人员或者借机打击报复的。

9.7 建设工程安全生产保险制度

9.7.1 保险与保险索赔的规定

1. 保险

《中华人民共和国保险法》规定,保险是指投保人根据合同约定,向保险人支付保险费,保险人对于合同约定的可能发生的事故因其发生所造成的财产损失承担赔偿保险金责任,或者当被保险人死亡、伤残、疾病或者达到合同约定的年龄、期限时承担给付保险金责任的商业保险行为。

保险是一种受法律保护的分散危险、消化损失的法律制度。因此,危险的存在是保险产生的前提。但保险制度上的危险具有损失发生的不确定性,包括发生与否的不确定性、发生时间的不确定性和发生后果的不确定性。

2. 保险索赔

对于投保人而言,保险的根本目的是发生灾难事件时能够得到补偿,而这一目的必须通过索赔来实现。

1) 投保人进行保险索赔须提供必要的有效的证明

保险事故发生后,依照保险合同请求保障人赔偿或者给付保险金时,投保人、被保险人或者受益人应当向保险人提供其所能提供的与确认保险事故的性质、原因、损失程度等有关的证明和资料。这就要求投保人在日常管理中应当注意证据的收集和保存。当保险事件发生后,更应注意证据收集,有时还需要有关部门的证明。索赔的证据一般包括保单、建设工程合同、事故照片、鉴定报告以及保单中规定的证明文件。

2) 投保人等应当及时提出保险索赔

投保人、被保险人或者受益人知道保险事故发生后,应当及时通知保险人。这与索赔的成功与否密切相关。因为资金有时间价值，如果保险事件发生后很长时间才能取得索赔，即使是全额赔偿也不足以补偿自己的全部损失，而且时间过长还会给索赔人的取证或保险人的理赔增加很大的难度。

3) 计算损失大小

保险单上载明的保险财产全部损失，应当按照全损进行保险索赔。保险单上载明的保险财产没有全部损失，应当按照部分损失进行保险索赔。但是，财产虽然没有全部毁损或者灭失，但其损坏程度已达到无法修理，或者虽然能够修理但修理费将超过赔偿金额的，也应当按照全损进行索赔。如果一个建设工程项目同时由多家保险公司承保，则应当按照约定的比例分别向不同的保险公司提出索赔要求。

9.7.2 建设工程保险的主要种类和投保权益

1. 建筑工程一切险

1) 承保对象

建筑工程一切险承保的是各类建筑工程，包括各类以土木建筑为主体的工业、民用和公共事业用的工程。具体工程如下所述。

(1) 建筑工程，包括永久和临时工程及材料。它指由总承包商和分包商为履行合同而实施的全部工程，包括：准备工程，如便道的土方、水准测量；临时工程，如引水、保护堤、混凝土生产系统；在建的永久性主体工程，如全部存放于工地的为施工所需的材料。

(2) 施工用机械、设施和设备。它包括：大型陆上运输和施工机械、吊车及不能在公路上行驶的工地用车辆，不管这些机具属承包商所有还是其租赁物资；活动房、存料库、配料棚、搅拌站、脚手架、水电供应设施，以及其他类似设施。

(3) 安装工程项目。如果建筑部分占主导地位，也就是说，如果机器、设备或钢结构的价格及安装费用低于整个工程造价的 50%，亦应投保建筑工程一切险。如果安装费用高于工程造价的 50%，则应投保安装工程一切险。

(4) 场地清理费。这是指在发生灾害事故后，为清理工地现场而必须支付的一笔费用。

(5) 工地内现有的建筑物。指不在承保的工程范围内的、所有人或承包人所有的工地内已有的建筑物。

(6) 所有人提供的物料及项目。

(7) 所有人或承包人在工地上的其他财产，要求将这些财产在保险单上列明。

2) 建筑工程一切险的投保人与被保险人

建筑工程一切险可由业主或承包商负责投保，在多数合同中规定由承包商负责承保。在这种情况下，若承包商因故未办理或拒不办理投保，业主可代为投保，费用由承包商负担。若总承包商未曾就分包部分投保建筑工程一切险的话，负责分包工程的分包商也应办理其承担的分包任务的这种保险。建筑工程一切险的保险合同生效后，投保人就成为被保险人，但保险的受益人同样也是被保险人。该保险人必须是在工程进行期间承担风险责任或具有利害关系即具有可保利益的人。如果被保险人不止一家，则各家接受赔偿的权利以不超过其对保险标的的可保利益为限。建筑工程一切险的被保险人一般包括以下人群。

(1) 业主或工程所有人。

(2) 总承包商。

(3) 分包商。

(4) 业主或工程所有人聘用的监理工程师。

(5) 与工程有密切关系的单位或个人，如贷款银行或投资人等。

凡有一方以上被保险人存在时，均须由投保人负责交纳保险费，并应及时通知保险人有关保险标的在保险期内的任何变动。

3) 建筑工程一切险承保的责任范围

建筑工程一切险承保的责任范围为：承保工程在整个建设期间因自然灾害或意外事故造成的物质损失，以及被保险人依法应承担的第三者人身伤亡或财产损失的民事损害赔偿。具体包括下列几方面的损失。

(1) 火灾、爆炸、雷击、飞机坠毁及灭火或其他救助所造成的损失。

(2) 海啸、洪水、潮水、水灾、地震、暴雨、雪崩、地崩、山崩、冻灾、冰雹及其他自然灾害。

(3) 盗窃和抢劫。但由被保险人或其代表授意或默许，保险人不负责任。

(4) 由于工人、技术人员缺乏经验、疏忽、过失、恶意行为或无能力等对保险标的所造成的损失，但恶意行为必须是非被保险人或其代表所为，否则不予赔偿。

(5) 原材料缺陷或工艺不妥所引起的事故，仅赔偿原材料缺陷或工艺不妥所造成的其他保险损失，对原材料本身损失不负责任。

(6) 保险合同除外责任以外的其他意外事件。

4) 建筑工程一切险的除外责任

属于建筑工程一切险的除外责任，即保险人不予赔偿的，通常有以下 10 种情况。

(1) 被保险人及其代理人的严重失职或蓄意破坏而造成的损失、费用或责任。

(2) 战争、类似战争行为、敌对行为、武装冲突、没收、征用、罢工、暴动引起的损失、费用或责任。

(3) 核反应、辐射或放射性的污染引起的损失、费用或责任。

(4) 自然磨损、氧化、锈蚀。

(5) 设计错误而造成的损失、费用或责任。

(6) 因施工机具本身原因，即无外界原因情况下造成的损失。

(7) 换置、保修或校正标的本身原材料缺陷或工艺不善所支付的费用。

(8) 全部停工或部分停工引起的损失、费用或责任。

(9) 文件、账簿、票据、现金、有价证券、图表资料的损失。

(10) 其他情况：各种后果损失，如罚金、耽误损失、丧失合同；领有公共运输用执照的车辆、船舶和飞机的损失；盘点货物当时发现的短缺；建筑工程第三者责任险条款规定的责任范围和除外责任。

5) 建筑工程第三者责任险

(1) 第三者的内涵。建筑工程第三者指除保险人和所有被保险人以外单位的人员，不包括被保险人和其他承包人所雇用的在现场从事施工的人员。如果一项工程中有两个以上被保险人，为避免被保险人之间相互追究第三者责任，由被保险人申请，经保险人同意，可加保"交叉责任"。具体内容有：除所有被保险人的雇员及可在工程险保险单中承保的物质标的外，保险人对保险单所载每一个被保险人均视为单独保险的被保险人，对他们之间的相互责任而引起的索赔，保险人均视为第三者责任赔偿，不再向负有赔偿责任的被保险人追偿。

(2) 第三者责任险的保险责任。在保险期内，对因工程意外事故造成的工地上及邻近的地区的第三者人身伤亡、疾病或财产损失，依法应由被保险人负责时，应由保险人赔偿；事先经保险人同意的，被保险人因此而支付的诉讼费用，以及事先经保险人书面同意支付的其他费用等赔偿责任；对每一起事故的赔偿金，以法律或政府有关部门裁定的应由保险人赔偿的数字为准，但不得超过保险单列明的赔偿限额。

(3) 第三者责任险的除外责任。保险单明细表列明由被保险人自行负责的免赔额；被保险人和其他承包人在现场工作的职工的人身伤亡和疾病；被保险人和其他承包人或他们的职工所有的或由其照管、控制的财产损失；由于震动、移动或减弱支撑而造成的其他财产、土地、房屋的损失或由上述原因造成的人身伤亡或财产损失；领用公共运输用执照的车辆、船舶和飞机损失；被保险人根据与他人的协议支付的赔偿或其他款项。

6) 保险期限

建筑工程一切险的保险责任自保险工程在工地动工或用于保险工程的材料、设备运抵工地之时起始，至工程所有人对部分或全部工程签发完工验收证书或验收合格，或工程所有人实际占用或使用或接收该部分或全部工程之时终止，以先发生者为准。但在任何情况下，保险期限的起始或终止不得超出保险单明细表中列明的保险生效日或终止日。

2. 安装工程一切险

安装工程一切险主要承保机械和设备在安装过程中因自然灾害和意外事故所造成的损失，包括物质损失、费用损失和第三者损害的赔偿责任。

1) 安装工程一切险的承保范围

(1) 安装项目。凡属安装工程和主体内要求安装的机器、设备、装置、材料、基础工程以及未安装工程所需的各种临时设施(如水、电、照明、通信设备等)均包括在安装工程一切险的承保范围内。

(2) 土木建筑工程项目。对厂房、仓库、办公楼、宿舍、码头、桥墩等一般不在安装合同以内，但可在安装险内附带投保，如果土木建筑工程项目不超过总价的20%，按安装工程一切险投保；介于20%~50%，按建筑险投保；若超过50%，则属于建筑工程一切险。

(3) 场地清理费用(与建筑工程一切险基本相同)。

(4) 业主或承包商在工地上的其他财产。

2) 安装工程一切险的除外责任

安装工程一切险的除外责任包括以下几个方面。

(1) 由结构、材料或在车间制作方面错误导致的损失。

(2) 由安装设备内部的机构或电动性能造成的干扰，即由非外部原因造成的干扰。但因这些干扰而造成的安装事故则在该保险的承保范围之内。

(3) 因被保险人或其代表故意破坏或欺诈行为而造成的损失。

(4) 因功率或效益不足而遭受的合同罚款或其他非实质性损失。

(5) 由战争或其他类似事件，或因当局命令而造成的损失。

(6) 因罢工和骚乱而造成的损失(但在国际工程中，有些国家却不视为除外情况)。

(7) 由原子核裂化或核辐射造成的损失。
3) 安装工程一切险的保险期

安装工程一切险的保险责任从保障工程在工地动工或用于保障工程的材料、设备运抵工地之时起始，至工程所有人对部分或全部工程签发完工验收证书或验收合格，或工程所有人实际占有或使用接收该部分或全部工程之时终止，以先发生者为准。但在任何情况下，安装期保险期限的起始或终止不得超出保险单明细表中列明的安装期保险生效日或终止日。

案例分析

课堂思政案例

2011 年 10 月 8 日 13 时 40 分左右，某市蓝湾三期住宅楼工程在地下车库浇筑施工过程中，发生模板坍塌事故，造成 13 人死亡、4 人重伤、1 人轻伤，直接经济损失达 1 237.72 万元。事故发生后，相关检查单位介入调查，发现项目部负责人和安全管理人员工作严重失职是造成这起事故的主要原因。施工单位未认真贯彻落实《安全生产法》《建设工程安全生产管理条例》等法律，便去进行现场的监督检查；住房和城乡建设主管部门监督检查不到位，对施工现场事故隐患排查治理不力，未能及时消除事故隐患。

同时，由司法机关对施工单位副总经理、项目部生产负责人、监理单位项目总监追究刑事责任。对项目经理，由住房和城乡建设主管部门依法吊销其注册执业资格证书。对施工单位安全部部长，对其处以经济处罚。对监理单位总经理、监理员，对其处以经济处罚。对区城市建设管理局局长、建筑管理处主任、建筑市场管理科科长及工程质量监管站站长和建筑工程安全监督站站长，按照不同情况给予免职或行政记大过处分。

本 章 小 结

本章主要讲述了建设工程安全生产管理法的方针及原则；安全许可证的相关知识及安全生产监督管理制度；建筑工程安全生产责任制度与管理制度相关知识以及建筑工程安全生产的应急救援与调查处理及相关的保险制度。使同学们对建筑工程安全生产等相关知识进行基础的了解，并掌握其知识点，学以致用。为同学们以后的学习和工作打下坚实的基础。

实 训 练 习

一、单项选择题

1. 下列选项中不属于建设工程安全管理的原则的是(　　)。
   A. 三同时　　　B. 四不放过　　　C. 五同时　　　D. 三不放过
2. 安全生产许可证的有效期为(　　)年。
   A. 2　　　　　B. 3　　　　　　C. 5　　　　　　D. 1

3. 县级以上人民政府负有建设工程安全生产监督管理职责的部门在各自的职责范围内履行安全监督检查职责时，下面哪个不是有权采取的措施？（　　）

　　A. 要求建设单位提供有关建设工程安全生产的文件和资料

　　B. 进入被检查单位施工现场进行检查

　　C. 对检查中发现的安全事故隐患，责令立即排除

　　D. 纠正施工中违反安全生产要求的行为

4. 生产经营单位作出涉及安全生产的经营决策时，应当听取安全生产管理机构以及（　　）的意见。

　　A. 建设单位　　　　　　　　　B. 安全生产管理人员

　　C. 国家相关安全生产监督单位　　D. 生产经营单位领导

5. 工程监理单位在实施监理过程中，发现存在安全事故隐患的，应当（　　）。

　　A. 要求施工单位暂时停止施工，并及时报告建设单位

　　B. 及时向有关主管部门报告

　　C. 先上报建设单位在要求施工单位整改

　　D. 要求施工单位整改

二、多项选择题

1. 下列属于起重设备安装工程专业承包企业资质一级的是（　　）。

　　A. 企业近5年独立承担过4次以上1 000 kN·m以上起重设备或100 t以上起重机或龙门吊的安装拆卸，未发生过安全事故，工程质量合格

　　B. 企业具有的二级资质以上项目经理不少于3人

　　C. 企业有职称的工程技术和经济管理人员不少于20人，其中工程技术人员不少于15人

　　D. 企业注册资本金200万元以上，企业净资产250万元以上

　　E. 企业近3年最高年工程结算收入200万元以上

2. 下列属于安全生产教育的对象的是（　　）。

　　A. 建设单位管理人员　　B. 分包负责人　　C. 特种作业人员

　　D. 专业监理工程师　　　E. 勘察设计人员

3. 下列哪几个选项违反了相关规定，应责令改正或者停止施工，并处1万元以上10万元以下罚款？（　　）

　　A. 消防设计经公安机关消防机构依法抽查不合格，不停止施工的

　　B. 建筑设计单位不按照消防技术标准强制性要求进行消防设计的

　　C. 消防设施、器材或者消防安全标志的配置、设置不符合国家标准、行业标准，或者未保持完好有效的

　　D. 建筑施工企业不按照消防设计文件和消防技术标准施工，降低消防施工质量的

　　E. 工程监理单位与建设单位或者建筑施工企业串通，弄虚作假，降低消防施工质量的

三、简答题

1. 简述事故调查处理原则。
2. 简述建设工程安全生产监督管理制度。

第9章实训练习答案

实训工作单

班级		姓名		日期	
教学项目	建设工程安全生产				
学习项目	建设工程安全生产管理法的方针及原则；安全许可证的相关知识及安全生产监督管理制度；建设工程安全生产责任制度与管理制度相关知识以及建设工程安全生产的应急救援与调查处理及相关的保险制度		学习要求	掌握建设工程安全生产管理法的方针原则； 掌握安全许可证的相关知识及安全生产监督管理制度； 了解建设工程安全生产责任制度与管理制度相关知识； 掌握建设工程安全生产的应急救援与调查处理及相关的保险制度	
相关知识	安全生产许可证				
其他内容					
学习记录					
评语				指导老师	

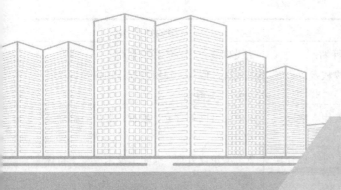

第 10 章　与工程建设相关的基本法律制度

※ 【学习目标】

1. 熟悉民法中代理、债权、知识产权及物权的相关概念；
2. 掌握环境保护法中"三同时"制度及环境污染防治方法；
3. 掌握劳动合同的订立、履行、变更、解除及终止；
4. 熟悉劳动争议的处理及终止合同的经济补偿和违约金。

第 10 章案例答案

※ 【思政目标】

近代以来，中国劳动法从无到有，其发展历程也正是中国近现代法学发展的缩影。纵观中国的劳动立法历史与发展道路，劳动法制的建设与特殊的政治、经济、文化背景以及独特的历史任务紧密相关。通过本章学习最后的课堂思政案例，了解劳动法的起源，培养同学们坚持正确的理念，引导同学们积极地发展与探索，进而形成符合中国特色市场经济机制的人性化劳动法律体系。

※ 【教学要求】

本章要点	掌握层次	相关知识点
民法	1.了解民事法律关系及民事法律行为； 2.熟悉代理、债权、知识产权、物权及诉讼时效的相关概念	1.民事法律行为的成立要件； 2.代理、债权、知识产权、物权及诉讼时效的相关概念
与工程建设相关的劳动法	1.掌握劳动合同的订立、履行、变更、解除及终止； 2.熟悉劳动争议处理及终止合同的经济补偿和违约金； 3.了解女职工及未成年工特殊保护	1.劳动合同的订立、履行、变更、解除及终止； 2.劳动争议处理、女职工及未成年工特殊保护； 3.终止合同的经济补偿及违约金
环境保护法	1.了解环境影响评价制度； 2.掌握环境保护"三同时"制度及环境污染防治方法	1.环境保护"三同时"制度； 2.水、大气、噪声及固体废弃物环境污染防治

※ 【项目案例导入】

张某于 2015 年 6 月 8 日入职某伦公司担任财务总监，双方签订了 3 年固定期限的劳动合同，约定试用期为 3 个月。后某伦公司查明，张某存在学历、工作经历等入职材料造假行为，便以试用期考核不合格为由，于 2015 年 7 月 20 日向张某送达了《试用期员工解除劳动关系通知书》。张某认为某伦公司没有明确录用条件、考核标准和方法，其主张的试用期考核不合格没有依据，遂向某市某区劳动人事争议仲裁委员会提出仲裁申请，要求某伦公司支付违法解除劳动合同赔偿金。该仲裁委员会裁决支持了张某的仲裁请求。某伦公司不服裁决结果，认为张某不符合录用条件，于法定期间内向某市某区人民法院提起诉讼。

【问题导入】
(1) 员工凭虚假材料入职，可否据此认定为不符合录用条件？
(2) 企业在试用期内发现员工不符合录用条件，可否据此解除劳动合同？

10.1 民法

10.1.1 民事法律关系

1. 民事法律关系的概念

民事法律关系，是指由民法规范所调整的具有民事权利义务内容的平等的社会关系。人们在社会生活中常常会结成各种各样的社会关系，这些社会关系受各种不同规范的调整。其中，由民法规范调整而形成的社会关系就是民事法律关系，民事法律关系是现代社会中最重要的一类社会关系。

2. 民事法律关系的特征

(1) 民事法律关系是一种人与人之间的社会关系，其具体体现在：①民事法律关系是一种社会关系，是人类社会生活中所发生的各种各样的社会关系的一种；②民事法律关系作为一种社会关系，它是人与人之间的关系，而不是人与自然、人与物的关系，更不是物与物的关系。尽管民事法律关系通常离不开物，但物只能作为人与人之间的民事法律关系的客体，而不能是民事法律关系的主体。

(2) 民事法律关系是平等主体之间的权利、义务关系，其具体体现在：①民事法律关系是平等主体之间的关系，由于民法调整的社会关系是平等主体之间的财产关系和人身关系，所以按民法规范确立的法律关系也就只能是平等主体之间的关系，而且这种法律关系一般是由当事人依自己的意愿设立的；②民事法律关系是以民事权利和民事义务为内容的法律关系，其一经确立，当事人一方即享有民事权利，而另一方便负有相应的民事义务。有的法律关系只有一方享有权利，另一方负担义务，如赠与、借用等。而大多数民事法律关系则是双方互享权利，互负义务，如买卖、租赁等。总之，民事法律关系是以民事权利和民事义务为内容的具有平等性的一种社会关系。

(3) 民事法律关系是国家以强制力保证其实现的社会关系。民事法律关系是民法调整的结果，而民法规范是国家意志的体现，因此，民事法律关系必然受到国家强制力的保障。民事法律关系中的任何一方都必须履行其所承担的义务，任何破坏民事法律关系的行为，都应当受到相应的制裁。

10.1.2 民事法律行为的成立要件

1. 民事法律行为的概念

民事法律行为是引起民事法律关系变动的法律事实之一。民事法律行为是指以意思表示为要素，可依其意思表示的内容而引起民事法律关系设立、变更和终止的行为。《民法典》第一百三十三条规定："民事法律行为是民事主体通过意思表示设立、变更、终止民事法律关系的行为。"

2. 民事法律行为的一般成立要件

民事法律行为的成立，是指某种行为因符合民事法律行为的构成要素而视为一种客观存在。

一般认为，民事法律行为的一般成立要件有三个，即行为主体、意思表示、行为标的(法律行为的内容)。

(1) 行为主体(即当事人)。有的民事法律行为的当事人只有一人，如立遗嘱人；有的民事法律行为的当事人须有两个或两个以上，如合同当事人。

(2) 意思表示。有的民事法律行为只需一个意思表示，如抛弃动产的行为；有的民事法律行为须有两个或两个以上的意思表示，如租赁合同。

(3) 行为标的。行为标的是指行为的内容，即行为人通过其行为所要达到的效果。

10.1.3 代理

1. 代理的概念

代理是指代理人在代理权限范围内，以被代理人的名义与第三人进行民事法律行为，而该法律行为的法律后果由被代理人承担的法律制度。

在代理制度中，为他人利益实施法律行为的人，称之为代理人；由他人代替自己实施民事法律行为的人称之为被代理人，也可以称之为本人；与代理人实施民事法律行为的人，称之为第三人。代理人的使命，在于代替他人实施民事法律行为。

2. 代理的特征

(1) 代理人须在代理权限之内独立实施代理行为。
(2) 代理行为必须是具有法律意义的行为。
(3) 代理人是否以被代理人的名义进行活动须区别对待。
(4) 被代理人对代理行为承担民事责任。

3. 代理权的消灭

(1) 代理期限届满或者代理事务完成。
(2) 被代理人取消委托或者代理人辞去委托。
(3) 代理人丧失民事行为能力。
(4) 代理人死亡。
(5) 作为被代理人或者代理人的法人、非法人组织终止。

4. 无权代理

1) 无权代理的概念

无权代理是指没有代理权而以他人的名义与第三人进行民事活动。我国《民法典》第一百七十一条规定了无权代理的三种类型：没有代理权的无权代理，超越代理权的无权代理，代理权终止后以被代理人名义从事活动的无权代理。此三种代理在后果上并无不同。

由于无权代理中包括了表见代理，因此，无权代理又分为两种：一是广义的无权代理；二是狭义的无权代理。后者是指行为人没有代理权、超越代理权或者代理权终止后，仍然实施代理行为，又没有理由使人相信其有代理权的代理。

2) 表见代理

表见代理是指行为人无代理权，但因本人的行为而使无权代理行为具有外表授权的特征，足以使相对人有理由相信行为人有代理权，并因此与行为人进行民事法律行为，该行为与有权代理发生相同的法律后果。《民法典》第一百七十二条规定："行为人没有代理权、超越代理权或者代理权终止后，仍然实施代理行为，相对人有理由相信行为人有代理权的，代理行为有效。"《民法典》第五百零三条规定："无权代理人以被代理人的名义订立合同，被代理人已经开始履行合同义务或者接受相对人履行的，视为对合同的追认。"以上规定为我国表见代理制度的立法根据。

10.1.4 债权、知识产权

1. 债权

债，是指存在于特定当事人之间，以一方请求另一方为一定行为或不为一定行为的法律关系。在这种民事法律关系中，享有请求他方为一定行为或不为一定行为的权利叫作债权，应他方的请求必须为一定行为或不为一定行为的义务叫作债务。债的关系的主要内容由债权和债务构成,其中享有权利的一方称之为债权人,负有义务的一方称之为债务人。

我国《民法典》第一百一十八条规定:"民事主体依法享有债权。债权是因合同、侵权行为、无因管理、不当得利以及法律的其他规定,权利人请求特定义务人为或者不为一定行为的权利。"

债权发生的原因

1) 合同

合同是当事人之间设立、变更、终止债权债务关系的法律行为。合同是最为典型的双方法律行为,是债产生的最常见的原因。因合同而引起的债之关系即合同之债,在《民法典》第三编"合同"中有专门规定合同之债的内容。

2) 侵权行为

侵权行为是指不法侵害他人绝对性民事权利或其他受法律保护的利益,给他人造成损害而应承担民事赔偿责任的法律事实。由此而引起的以侵权损害赔偿为内容的债之关系,即为侵权行为之债。因《民法典》未设置"债权编",故侵权行为之债规定于《民法典》第七编"侵权责任"之中。

3) 不当得利

不当得利是指没有法律上的依据而获得利益并使他人受到损害的法律事实。由此而引起的以不当得利返还为内容的债之关系,即为不当得利之债。因《民法典》未设置"债权编",故不当得利之债规定于第三编"合同"之下第三分编"准合同"之中。

不当得利

4) 无因管理

无因管理是指没有法定或约定的义务而为他人利益管理他人事务的法律行为。由此而引起的以无因管理的费用、损失、债务偿付为内容的债,即为无因管理之债。因《民法典》未设置"债权编",故无因管理之债规定于第三编"合同"之下第三分编"准合同"之中。

2. 知识产权

知识产权是指人们就其智力劳动成果所依法享有的专有权利,通常是国家赋予创造者对其智力成果在一定时期内享有的专有权或独占权。

根据《民法典》的规定,知识产权属于民事权利,是基于创造性智力成果和工商业标记而依法产生的权利的统称。

知识产权的分类

知识产权作为法律所确认的智力成果所有人的权利,具有以下特征。

(1) 知识产权的专有性。一是独占性,即知识产权为权利人所独占,权利人垄断这种专有权利并受到严格保护,没有法律规定或未经权利人许可,任何人不得使用权利人的知识产品。二是排他性,即对同一项知识产品,不允许有两个或两个以上同一属性的知识产权并存。

(2) 知识产权的地域性。知识产权作为一种专有权,其在空间上的效力并不是无限的,而要受到地域的限制,即具有严格的领土性,其效力只限于本国境内。

(3) 知识产权的时间性。知识产权有一定的有效期限,它不能永远存续。在法律规定的有效期限内,知识产权受到保护;超过法定期间,知识产权自行消失。相关的智力成果就不再是受保护的权利客体了,而成为社会的共同财富,为人们自由使用。

10.1.5　诉讼时效

诉讼时效是一种能够引起民事法律关系发生变化的法律事实。作为一种法律制度，诉讼时效又称消灭时效，是指权利人在一定期间内不行使权利，即在某种程度上丧失请求利益的时效制度。

诉讼时效是一个持续的事实状态，因此，诉讼时效期间的起算决定了时效制度如何适用。时效期间起算点的不同会对双方当事人利益产生重要影响。《民法典》关于诉讼时效期间的起算，包括一般规定和特别规定。一般性规定是第一百八十八条第二款前段："诉讼时效期间自权利人知道或者应当知道权利受到损害以及义务人之日起计算。法律另有规定的，依照其规定。"

诉讼时效的起算受到最长期间的限制。请求权人不知道或不应当知道权利受到损害及其义务人，从权利受到损害之日起超过20年的，人民法院不予保护。

1. 引起诉讼时效期间中止的具体事由

《民法典》规定的法定事由是"不可抗力或者其他障碍"，其中不可抗力是指当事人不能预见、不能避免并不能克服的客观情况，如严重的自然灾害和战争等。发生不可抗力时，权利人在客观上无法行使权利。其他障碍是指除不可抗力以外足以使权利人无法行使请求权的客观情况，如权利被侵害的无民事行为能力人、限制行为能力人没有法定代理人，或者法定代理人死亡、丧失代理权或者法定代理人本人丧失行为能力的情况。

诉讼时效期间中断及其后果的规定

2. 中止事由消除后的时效期间计算

《民法典》第一百九十四条第二款规定，自中止时效的原因消除之日起满 6 个月，诉讼时效期间届满。这就意味着，只要在诉讼时效期间的最后6 个月内出现中止时效的原因，就一律在中止时效的原因消除之日起再加上 6 个月，诉讼时效期间就届满了。这是一个比较重大的改变，这样的规定更有利于保护请求权人的合法权益。

10.1.6　物权法

1. 物权的概念

我国学者一般认为，物权的成立具有两个要素：①物权人对于物支配的权利，即积极的要素；②物权人排除他人干涉的权利，即消极的要素。《民法典》第二百零五条规定："本编调整因物的归属和利用产生的民事关系。"即因物的归属和利用产生的民事关系是物权关系，因物的归属和利用产生的权利是物权。

物权的种类和内容，由法律规定。当事人只能依照物权法和其他法律的规定享有物权，而不得自己创设或与他人协议创设物权，即所谓的物权法定主义。《民法典》虽未明确写明物权法定原则，但一般认为物权法定是物权的基本原则。《民法典》第二百零八条规定："不动产物权的设立、变更、转让和消灭，应当依照法律规定登记。动产物权的设立和转让，应当依照法律规定交付。"这实际上是将物权法定原则写入了《民法典》。

2. 《民法典》关于物权的分类

我国《民法典》建立了比较完整的物权体系，其将物权分为以下几类。

1) 所有权

所有权包括国家专属所有权、集体所有权、个人所有权、建筑物区分所有权、共有。

2) 用益物权

用益物权包括土地承包经营权、建设用地使用权、宅基地使用权、居住权、地役权。

3) 担保物权

担保物权包括抵押权、质权、留置权。

10.2 与工程建设相关的劳动法

10.2.1 劳动保护的规定

1. 概念

劳动保护制度是指以保护劳动者在劳动过程中的安全和健康为宗旨，以劳动安全卫生规则为内容的规范。

2. 特点

与劳动法中其他制度相比较，劳动保护制度具有如下特征。

(1) 劳动保护制度中享有受保护权利的是劳动者，负有保护义务的是用人单位。用人单位在组织劳动的过程中，必须依法保护好劳动者的生命安全与健康。

(2) 劳动保护制度保护的是劳动者的安全和健康。

(3) 劳动保护制度保护的范围仅限于劳动过程。

(4) 劳动保护制度以技术性法律规范为主。

(5) 劳动保护规范一般属于强制性规范。

(6) 劳动保护制度由为数众多、内容详尽、分门别类、多层次结构的劳动安全标准和卫生标准组成。

10.2.2 女职工和未成年工特殊保护

1. 概念

女职工特殊劳动保护是指根据妇女身体结构、生理机能的特点以及抚育子女的特殊需要，在劳动方面对妇女劳动权益进行的特殊保障。未成年工是指年满 16 周岁、未满 18 周岁的劳动者。未成年工的特殊劳动保护是根据未成年工身体发育尚未定型的特点，对其在劳动方面实行的特殊保护。国家明令禁止使用未满 16 周岁的劳动者。

2. 对女职工保护的法律规定

(1) 男女同工同酬。

(2) 男女就业平等，企业招工时不得歧视妇女。

(3) 禁止安排女职工从事高劳动强度的劳动。

(4) 根据《女职工禁忌劳动范围的规定》，禁止安排妇女从事矿山井下、森林业伐木、归楞及流放作业，《体力劳动强度分级》标准中第四级体力劳动强度的作业，建筑业脚手架的组装和拆除作业，以及电力、电信行业的高处架线作业；连续负重(指每小时负重次数在 6 次以上)每次负重超过 20 千克，间断负重每次负重超过 25 千克的作业。

(5) 对妇女生理机能变化过程中的保护，一般是指女职工的经期、孕期、产期、哺乳期的保护。

(6) 对女职工劳动保护设施的规定。

3. 对未成年工保护的法律规定

(1) 用人单位不得安排从事矿山井下有毒有害的工作。

(2) 不得安排从事重体力劳动。

(3) 不得安排从事其他禁忌从事的劳动，包括森林业伐木、归楞及流放作业、高空作业、放射性物质超标的作业以及其他会影响未成年人生长发育的作业。

(4) 要对未成年工定期进行健康检查。

10.2.3 劳动争议处理

1. 概念

从狭义的角度来讲，劳动争议是指特定主体的用人单位和劳动者之间因劳动权利和义务为中心而发生的争议。

2. 劳动争议的特点

(1) 劳动争议的双方当事人特定。从我国立法规定与司法实践中的共同认识来看，劳动争议的双方当事人限于用人单位与劳动者或其团体。

(2) 劳动争议是以劳动权利和劳动义务为内容。劳动权利和劳动义务是依据劳动法律法规集体合同和劳动合同而确定的，其内容的范围比较广泛，涉及就业、工时和工资、劳动安全卫生、劳动条件福利保险、职业培训、民主管理等方面。

3. 劳动争议处理的机制

劳动争议处理机制是由对劳动争议具有纠纷解决职能的机构和相互衔接配合的争议处理程序共同构成的解决劳动争议的制度体系。

1) 和解

和解是指劳动争议双方当事人自行协商一致，达成解决劳动争议的协议或合意的方式。和解一般是在没有第三方参加的情形下自行达成的，和解在劳动争议处理的任何阶段均可进行。

2) 调解

调解是指在双方当事人之外的第三人主持下，通过说服、劝导，促使他们互谅互让，达成和解协议，从而解决纠纷的活动。

3) 劳动争议仲裁

我国在立法中将劳动争议仲裁定位于行政仲裁，即由国家行政机关运

劳动争议的处理

劳动监察

用国家行政权对劳动争议当事人之间的纠纷进行处理的一种制度。

4) 劳动争议诉讼

《劳动法》第八十三条规定，劳动争议当事人对仲裁裁决不服的，可以自收到仲裁裁决书之日起 15 日内向人民法院提起诉讼。《劳动争议解调仲裁法》规定，劳动者不服仲裁裁决的，用人单位不服除第四十七条规定情形以外所作出的仲裁裁决的，可以依法向人民法院起诉。

10.2.4 劳动合同的订立

1. 订立劳动合同的原则

劳动合同订立原则是指劳动合同订立过程中双方当事人应当遵循的法律准则。我国《劳动合同法》规定，订立劳动合同，应当遵循合法、公平、平等自愿、协商一致、诚实信用的原则。

2. 劳动合同的基本内容

劳动合同的内容是指劳动合同当事人确定双方权利义务的各项条款。劳动合同的条款依据其对劳动合同成立的效力之影响，可以分为必备条款和当事人约定的其他条款。根据我国《劳动合同法》规定，劳动合同应具备以下七项必备条款：①劳动合同期限；②工作内容；③劳动保护和劳动条件；④劳动报酬；⑤劳动纪律；⑥合同终止条件；⑦违反劳动合同的责任。

10.2.5 试用期

1. 试用期的含义

试用期是用人单位与劳动者在劳动合同中协商约定的对劳动者的考察期。同一用人单位与同一劳动者只能约定一次试用期。以完成一定工作任务为期限的劳动合同或者劳动合同期限不满 3 个月的，不得约定试用期。

2. 试用期的期限

针对实践中一些用人单位滥用试用期的问题，如试用期过长、过分压低劳动者在试用期内的工资、在试用期内随意解除劳动合同等，《劳动合同法》规定："劳动合同期限 3 个月以上不满 1 年的，试用期不得超过 1 个月；劳动合同期限 1 年以上不满 3 年的，试用期不得超过 2 个月；3 年以上固定期限和无固定期限的劳动合同，试用期不得超过 6 个月。以完成一定工作任务为期限的劳动合同或者劳动合同期限不满 3 个月的，不得约定试用期。"

3. 试用期的报酬

劳动者在试用期的工资不得低于本单位同岗位最低档工资或者劳动合同约定工资的 80%，并且试用期工资不得低于用人单位所在地的最低工资标准。

4. 法律责任

在试用期中，除劳动者有《劳动合同法》第三十九条和第四十条第一项、第二项规定的情形外，用人单位不得解除劳动合同。用人单位在试用期解除劳动合同的，应当向劳动者说明理由。

10.2.6 服务期

《劳动合同法》第二十二条规定,用人单位为劳动者提供专项培训的费用,对其进行专业技术培训的,可以与该劳动者订立协议,约定服务期。

劳动者违反服务期约定的,应当按照约定向用人单位支付违约金。约定违反服务期违约金的数额不得超过服务期尚未履行部分所应分摊的培训费用。用人单位与劳动者约定的服务期较长的,用人单位应当按照工资调整机制提高劳动者在服务期间的劳动报酬。

10.2.7 保密协议与竞业限制条款

1. 保密协议

劳动过程涉及商业秘密的,当事人应当对有关保密事项在劳动合同中加以明确规定,使之成为劳动者履行劳动合同的一项基本义务。劳动者保守用人单位的商业秘密,是职业道德的基本要求。用人单位与劳动者可以在劳动合同中约定保守用人单位的商业秘密和与知识产权相关的保密事项。对负有保密义务的劳动者,用人单位可以在劳动合同或者保密协议中与劳动者约定竞业限制条款,并约定在解除或者终止劳动合同后,在竞业限制期限内按月给予劳动者经济补偿。劳动者违反竞业限制约定的,应当按照约定向用人单位支付违约金。

2. 竞业限制条款

为了平衡劳动者、用人单位、社会三者利益,在赋予用人单位有权与劳动者在劳动合同中约定保守用人单位的商业秘密和与知识产权相关的保密事项的同时,对其作出一系列限制规定。

(1) 目的限制。竞业禁止的目的只能是保护商业秘密,因此,用人单位必须证明拥有商业秘密。

(2) 适用对象的限制。竞业禁止的主体范围不宜过宽,仅限于用人单位的高级管理人员、高级技术人员和其他知悉用人单位商业秘密的人员。

(3) 限制的期限。不得超过 2 年。

(4) 必须给予劳动者相应的补偿。对于补偿的具体数额《劳动合同法》没有具体规定,但是一些地方法规已经作出明确规定。

10.2.8 劳动合同的无效

所谓无效劳动合同,是指劳动合同虽然已经成立,但由于其不符合法律或行政法规规定的特定条件或要求,并违反了法律、行政法规的强制性规定而被确认为无效的劳动合同。其特征表现如下所述。

劳动合同的
生效条件

(1) 合同已经成立,这是探讨合同是否有效的前提。

(2) 合同自始无效,是指合同从订立的时候起,就没有法律约束力。

(3) 合同无效的原因在于其违法性,是指违反了法律、行政法规的强制性规定,主要是指违反了义务性规定和禁止性规定。

《劳动合同法》第二十六条规定，劳动合同无效的情形主要包括如下方面。

(1) 因采取欺诈、胁迫等手段而订立的劳动合同无效。

(2) 用人单位免除自己的法定责任、排除劳动者权利的劳动合同无效。

(3) 违反法律、行政法规强制性规定订立的劳动合同无效。

10.2.9 劳动合同的履行

劳动合同的履行，是指合同当事人双方履行劳动合同所约定义务的法律行为。

劳动合同依法订立就必须履行，这既是劳动合同法赋予合同当事人双方的义务，也是劳动合同对当事人双方具有法律约束力的主要体现。劳动合同的履行应遵循以下基本原则：①亲自履行原则；②全面履行原则；③协作履行原则。

根据《劳动合同法》第三十条至第三十二条的规定，在劳动合同履行中，用人单位应及时足额支付劳动报酬；用人单位严格执行劳动定额标准，依法支付加班费。劳动者有权拒绝违章指挥、强令冒险作业，而不视为违反劳动合同；用人单位存在危害劳动者生命安全和身体健康的，劳动者有权对用人单位的劳动条件提出批评、检举和控告。

10.2.10 劳动合同的变更

劳动合同的变更是指当事人双方对尚未履行或尚未完全履行的劳动合同，依据法律规定的条件和程序，对原劳动合同进行修改或增删的法律行为。它发生于劳动合同生效后尚未履行或尚未完全履行期间，是对劳动合同所约定的权利和义务的完善和发展，是确保劳动合同全面履行和劳动过程顺利实现的重要手段。

《劳动合同法》对于变更劳动合同的程序并未有明确的规定，通常参照订立劳动合同的程序进行，一般包括如下主要环节。

(1) 预告变更要求。需要变更合同的一方当事人，应当按照规定时间提前向对方提出变更合同的要求，说明变更合同的理由、条款、条件及请求对方当事人答复的期限。

(2) 按期作出答复。得知对方提出的变更合同要求后，通常应当在对方当事人要求的期限内作出答复。可以表示同意，也可以提出不同意见而要求另行协商，如果不属于法定应当变更的情况，还可以拒绝。

(3) 签订书面协议。双方当事人均同意变更合同的，应当就合同变更达成书面协议，并签名盖章；协议书中应当指明变更的条款，并约定所变更条款的生效日期。

(4) 公证。这不是必经程序，如果原劳动合同是经过公证的，变更后的劳动合同也应当经过公证，方为有效变更。

10.2.11 劳动合同的解除

劳动合同的解除是指劳动合同当事人在劳动合同期限届满之前依法提前终止劳动合同关系的法律行为。劳动合同的解除，可以分别依据不同标准进行法律意义上的分类。

1. 按解除方式分类

以解除方式为标准,可分为协议(协商)解除与单方解除。协议解除,也称协商解除,是一种双方解约行为,指劳动合同双方当事人经协商达成一致从而解除劳动合同的法律行为。单方解除,即享有单方解除权的当事人以单方意思表示解除劳动合同。所谓单方解除权,是指当事人依法享有的、无须对方当事人同意而单方决定解除劳动合同的权利。立法通常要求,当事人应当以要式行为行使单方解除权。

劳动合同的解除

2. 按解除依据分类

以解除依据为标准,可分为法定解除与约定解除。法定解除与约定解除都属于单方解除行为,只不过其依据的解除条件不同,前者是劳动法律法规,后者则是劳动合同或集体合同。法定解除,即劳动者或者用人单位在符合劳动法律法规规定的合同解除条件时,单方解除劳动合同。约定解除,即劳动者或用人单位在符合集体合同或劳动合同依法约定的合同解除条件时,单方解除劳动合同。约定解除,必须以关于解除条件的约定合法为前提。

3. 按解除原因分类

以解除原因为标准,可分为过错性解除与无过错性解除。过错性解除,即由于对方当事人的过错行为而导致劳动合同解除,包括劳动者因用人单位有过错而辞职和用人单位因劳动者有过错而辞退,这里的过错一般只限于严重过错。无过错性解除,即在对方当事人无过错行为或其过错行为轻微的情况下单方解除劳动合同。过错解除与无过错解除,均属于单方解除劳动合同。

10.2.12 用人单位可以解除劳动合同的情形

用人单位在具备法定条件时,享有单方解除权,无须双方协商达成一致意见。这实际上是用人单位的辞退权或解雇权。依照《劳动合同法》第四十三条的规定,用人单位单方解除劳动合同,应当事先将理由通知工会。用人单位违反法律、行政法规规定或者劳动合同约定的,工会有权要求用人单位纠正。用人单位应当研究工会的意见,并将处理结果书面通知工会。

用人单位不得单方解除劳动合同的情形

不论何种情况下,用人单位行使单方解除权都必须遵守上述程序(符合经济性裁员条件的则另外适用第四十一条规定的经济性裁员程序)。否则,可能导致用人单位的辞退永远没有结果,而且争议的诉讼时效开始的时间也可能拖到很久。用人单位单方面解除劳动合同包括三种情况:①用人单位无条件单方解除劳动合同(过错性辞退、即时辞退);②用人单位附条件单方解除劳动合同(无过错性辞退、预告辞退);③经济性裁员。

【案例 10-1】

徐某是某科技公司程序员,2015 年参加工作。在工作过程中,徐某不断和上级领导顶撞,公司领导也多次提出批评要求其改正。但徐某这两年因自己能力出众,所以依然我行我素。在连续三年的年终考核中,公司领导对王某作出的评价为不合格。2018 年 6 月,公司向徐某发出了辞退通知书,提前一个月解除了与徐某的劳动合同。

徐某盛怒之下将公司诉至劳动仲裁委员会,要求公司承担违法解除劳动合同的赔偿金。

但公司认为解除劳动合同合理合法，徐某不服从公司管理，不能胜任工作。

问题：

因年终考核不合格解除劳动合同是否合法？

10.2.13 劳动合同的终止

劳动合同的终止，是指劳动合同的法律效力由于一定法律事实的出现而终结，劳动者与用人单位之间原有的权利和义务不再存在。

《劳动法》规定："劳动合同期满或者当事人约定的劳动合同终止条件出现，劳动合同即行终止。"也就是说，《劳动法》规定的劳动合同终止包括两类：一类是法定终止，即劳动合同因期满而终止；另一类是约定终止，即劳动合同因当事人约定的终止条件出现而终止。在《劳动法》的实施中，一些用人单位随意与劳动者约定劳动合同终止条件，并据此终止劳动合同，使无固定期限劳动合同提前消灭，不能真正起到维护劳动者就业稳定权益的作用；同时，在劳动者退休、死亡或者用人单位破产等情形下，劳动合同如何处理，法律没有作出规定。

《劳动合同法》规定，有下列情形之一的，劳动合同终止。

(1) 劳动合同期满的。
(2) 劳动者开始依法享受基本养老保险待遇的。
(3) 劳动者死亡，或者被人民法院宣告死亡或者宣告失踪的。
(4) 用人单位被依法宣告破产的。
(5) 用人单位被吊销营业执照、责令关闭、撤销或者用人单位决定提前解散的。
(6) 法律、行政法规规定的其他情形。

10.2.14 终止合同的经济补偿

经济补偿金，是指在劳动合同解除或终止后，用人单位依法一次性支付给劳动者的经济上的补偿。一般而言，经济补偿金的支付标准按照《劳动法》《劳动合同法》《违反和解除劳动合同的经济补偿办法》来执行，因此，经济补偿金一般由法律规定按照劳动者的工作年限加以发放。

经济赔偿金与经济补偿金的区别

根据我国《劳动合同法》第四十六条规定，经济补偿金的支付的情形主要包括以下几种。

(1) 劳动者被迫解除劳动合同的，用人单位需支付经济补偿。
(2) 协商解除劳动合同的，用人单位需支付经济补偿。
(3) 非过失性辞退的，用人单位需支付经济补偿。
(4) 固定期限劳动合同期满终止时，用人单位需支付经济补偿。
(5) 特殊情形下劳动合同终止，用人单位需支付经济补偿。

10.2.15 违约与赔偿

违约金，原是民事责任中的一种形式，是指合同当事人约定在一方不履行合同时向守约一方支付一定数额的货币。这种民事责任形式只有在合同当事人有约定或法律有直接规定时才能适用，当事人一方不得自行规定。《劳动合同法》对此明确规定，除了下列两种情形外，禁止用人单位与劳动者约定由劳动者承担违约金。

(1) 参加用人单位出资组织的专项技术培训的劳动者违反服务期规定。

(2) 用人单位与知悉用人单位商业秘密的人员签订了竞业禁止条款。违约金数额由双方约定。

有下列情形之一，用人单位与劳动者解除约定服务期的劳动合同的，劳动者应当按照劳动合同的约定向用人单位支付违约金。

(1) 劳动者严重违反用人单位的规章制度的。

(2) 劳动者严重失职，营私舞弊，给用人单位造成重大损害的。

(3) 劳动者同时与其他用人单位建立劳动关系，对完成本单位的工作任务造成严重影响，或者经用人单位提出，拒不改正的。

(4) 劳动者以欺诈、胁迫的手段或者乘人之危，使用人单位在违背真实意思的情况下订立或者变更劳动合同的。

(5) 劳动者被依法追究刑事责任的。

10.3 环境保护法

10.3.1 建设工程项目的环境影响评价制度

建设项目对环境的影响千差万别，不仅不同的行业、不同的产品、不同的规模、不同的工艺、不同的原材料产生的污染物种类和数量不同，对环境的影响不同，而且即使是相同的企业处于不同的地点、不同的区域，对环境的影响也不一样。《中华人民共和国环境影响评价法》第十六条和《建设项目环境保护管理条例》第七条中具体规定了国家对建设项目的环境保护实行分类管理。

《中华人民共和国环境影响评价法》第十六条规定：国家根据建设项目对环境的影响程度，对建设项目的环境影响评价实行分类管理。

建设单位应当按照下列规定组织编制环境影响报告书、环境影响报告表或者填报环境影响登记表(以下统称环境影响评价文件)。

(1) 可能造成重大环境影响的，应当编制环境影响报告书，对产生的环境影响进行全面评价。

(2) 可能造成轻度环境影响的，应当编制环境影响报告表，对产生的环境影响进行分析或者专项评价。

(3) 对环境影响很小、不需要进行环境影响评价的，应当填报环境影响登记表。

建设项目的环境影响评价分类管理名录，由国务院生态环境主管部门制定并公布。

分类管理体现了环境保护工作既要促进经济发展，又要保护好环境的"双赢"理念。对环境影响大的建设项目从严把关管理，坚决防治对环境的污染和生态的破坏；对环境影响小的建设项目适当简化评价内容和审批程序，促进经济的快速发展。

10.3.2 环境保护"三同时"制度

"三同时"是我国特有的环境管理制度，国际上通常在环境影响评价概念中，把根据环境影响评价提出的防治污染和生态破坏的措施、设施的建设和落实及建成后的监督监测，看作环境影响评价的一部分，是一个完整的全过程。我国由于"三同时"制度先于环境影响评价制度的建立，建设项目环境管理就人为分成了两个阶段。"三同时"管理制度与环境影响评价制度是有效贯彻"预防为主、防治结合"方针，防止新污染和生态破坏，实施可持续发展战略的两大根本性措施。

环境保护
三同时制度

《中华人民共和国环境保护法》第四十一条规定：建设项目中防治污染的设施，应当与主体工程同时设计、同时施工、同时投产使用。防治污染的设施应当符合经批准的环境影响评价文件的要求，不得擅自拆除或者闲置。

《建设项目环境保护管理条例》第十五条再次强调了"三同时"制度：建设项目需要配套建设的环境保护设施，必须与主体工程同时设计、同时施工、同时投产使用。

"三同时"的核心是"同时投产"，只有环境保护设施与生产设施同时投入使用，才能避免或减轻对环境造成的损害。环境保护设施建设是防止产生新的污染，保护环境的重要环节，环境保护设施主要如下所述。

(1) 污染控制设施，包括水污染物、空气污染物、固体废物、噪声污染、振动、电磁、放射性等污染的控制设施，如污水处理设施、除尘设施、隔声设施、固体废物卫生填埋或焚烧设施等。

(2) 生态保护设施，包括保护和恢复动植物种群的设施、水土流失控制设施等，如为保护和恢复鱼类种群而建设的鱼类繁育场，为防治水土流失而修建的堤坝挡墙等。

(3) 节约资源和资源回收利用设施，包括能源回收与节能设施、节水设施与污水回用设施、固体废物综合利用设施等，如为回收利用污水而修建的污水深度处理装置及其管道，为回收利用固体废物而修建的生产装置等。

(4) 环境监测设施，包括水环境监测装置、大气监测装置等污染物监测设施。

除上述环境保护设施外，建设项目还可采取有关的环境保护措施用以减轻污染和对生态破坏的影响，如对某些环境敏感目标采取搬迁措施、补偿措施，对生态恢复采取绿化措施等，这些措施也应当与建设项目同时完成。

10.3.3 水、大气、噪声和固体废物环境污染防治

1. 水污染防治

《中华人民共和国水污染防治法》规定，排放水污染物，不得超过国家或者地方规定的水污染物排放标准和重点水污染物排放总量控制指标。

禁止向水体排放油类、酸液、碱液或者剧毒废液。禁止在水体清洗装贮过油类或者有毒污染物的车辆和容器。禁止向水体排放、倾倒放射性固体废物或者含有高放射性和中放射性物质的废水。向水体排放含低放射性物质的废水，应当符合国家有关放射性污染防治的规定和标准。

禁止向水体排放、倾倒工业废渣、城镇垃圾和其他废弃物。禁止将含有汞、镉、砷、铬、铅、氰化物、黄磷等的可溶性剧毒废渣向水体排放、倾倒或者直接埋入地下。存放可溶性剧毒废渣的场所，应当采取防水、防渗漏、防流失的措施。禁止在江河、湖泊、运河、

渠道、水库最高水位线以下的滩地和岸坡堆放、存贮固体废弃物和其他污染物。

禁止利用渗井、渗坑、裂隙、溶洞，私设暗管，篡改、伪造监测数据，或者不正常运行水污染防治设施等逃避监管的方式排放水污染物。禁止利用无防渗漏措施的沟渠、坑塘等输送或者存贮含有毒污染物的废水、含病原体的污水和其他废弃物。

在饮用水水源保护区内，禁止设置排污口。在风景名胜区水体、重要渔业水体和其他具有特殊经济文化价值的水体的保护区内，不得新建排污口。在保护区附近新建排污口，应当保证保护区水体不受污染。

兴建地下工程设施或者进行地下勘探、采矿等活动，应当采取防护性措施，防止地下水污染。人工回灌补给地下水，不得恶化地下水质。

2. 大气污染防治

《中华人民共和国大气污染防治法》规定，新建、扩建、改建向大气排放污染物的项目，必须遵守国家有关建设项目环境保护管理的规定。

建设项目的环境影响报告书，必须对建设项目可能产生的大气污染和对生态环境的影响作出评价，规定防治措施，并按照规定的程序报生态环境主管部门审查批准。例如，新建、扩建排放二氧化硫的火电厂和其他大中型企业，超过规定的污染物排放标准或者总量控制指标的，必须建设配套脱硫、除尘装置或者采取其他控制二氧化硫排放、除尘的措施；炼制石油、生产合成氨、煤气和燃煤焦化、有色金属冶炼过程中排放含有硫化物气体的，应当配备脱硫装置或者采取其他脱硫措施等。

建设项目投入生产或者使用之前，其大气污染防治设施必须经过生态环境主管部门验收，达不到国家有关建设项目环境保护管理规定的要求的建设项目，不得投入生产或者使用。

3. 噪声污染防治

《中华人民共和国环境噪声污染防治法》规定，新建、改建、扩建的建设项目，必须遵守国家有关建设项目环境保护管理的规定。

建设项目可能产生环境噪声污染的，建设单位必须提出环境影响报告书，规定环境噪声污染的防治措施，并按照国家规定的程序报生态环境主管部门批准。环境影响报告书中，应当有该建设项目所在地单位和居民的意见。

建设项目的环境噪声污染防治设施必须与主体工程同时设计、同时施工、同时投产使用。例如，建设经过已有的噪声敏感建筑物集中区域的高速公路和城市高架、轻轨道路，有可能造成环境噪声污染的，应当设置声屏障或者采取其他有效的控制环境噪声污染的措施；在已有的城市交通干线的两侧建设噪声敏感建筑物的，建设单位应当按照国家规定间隔一定距离，并采取减轻、避免交通噪声影响的措施等。

建设项目在投入生产或者使用之前，其环境噪声污染防治设施必须按照国家规定的标准和程序进行验收；达不到国家规定要求的，该建设项目不得投入生产或者使用。

4. 固体废弃物污染环境防治

《中华人民共和国固体废物污染环境防治法》规定，任何单位和个人都应当采取措施，减少固体废物的产生量，促进固体废物的综合利用，降低固体废物的危害性。

产生、收集、贮存、运输、利用、处置固体废物的单位和其他生产经营者，应当采取防扬散、防流失、防渗漏或者其他防止污染环境的措施，不得擅自倾倒、堆放、丢弃、遗撒固体废物。禁止任何单位或者个人向江河、湖泊、运河、渠道、水库及其最高水位线以下的滩地和岸坡以及法律法规规定的其他地点倾倒、堆放、贮存固体废物。

转移固体废物出省、自治区、直辖市行政区域贮存、处置的，应当向固体废物移出地的省、自治区、直辖市人民政府生态环境主管部门提出申请。移出地的省、自治区、直辖市人民政府生态环境主管部门应当及时协商，经接受地的省、自治区、直辖市人民政府生态环境主管部门同意后，在规定期限内批准转移该固体废物出省、自治区、直辖市行政区域。未经批准的，不得转移。

案例分析

课堂思政案例

我国劳动法的起源：实际上，我国的劳动法起源，在清朝末期就有了苗头，但在当时很难将其定义为一种成文法意义上的劳动法。"工人"一词是近现代的一个概念。在我国，有传统几千年手工业领域的手工业者，但手工业者受传统户籍制度的影响，当时的户籍制度与现在不同。传统手工业者在清朝初期一般属于贱籍，地位低下。在手工业领域，清朝的雍正和乾隆年间，废止了手工业者的贱级制度，官府对于手工业者的人身控制和经济上的盘剥大为降低，这也是一种进步。

官府招募手工业者，一般采用雇佣制，雇佣制相比古代的贱级的人身依附关系是有很大进步的。但在实践当中，它仍然具有很强烈的伦理色彩。在劳动关系中，它和雇主也存在很强的人身依附关系。当时常常是学徒制，也没有正式的法律来规制。整个世界通过战争和贸易，建立了很紧密的利益关系，《凡尔赛和约》，还有整体的西学东鉴使我们不得不打开国门，再加上清末的洋务运动，还有民国时期的商品经济。但整体而言，制度上还是有所进步的。同时，工人的数量是在增加的，或者说城市劳动者的数量在增加，在这个增加的过程中，民国时期，文本层面也有一些劳动法的规定。

中国的劳动立法，出现于20世纪初期。中华民国时期，北洋政府农商部于1923年3月29日公布了《暂行工厂规则》，内容包括最低的受雇年龄、工作时间与休息时间、对童工和女工工作的限制，以及工资福利、补习教育等规定。国民党政府则沿袭清末《民法草案》的做法，把劳动关系作为雇佣关系载入1929—1931年的民法当中；1929年10月颁布的《工会法》，实际上是限制与剥夺工人民主自由的法律。

新中国成立之前，在中国共产党领导下的中国劳动组合书记部，于1922年发动了大规模的劳动立法活动，并制定了《劳动法大纲19条》。它规定：实行八小时的工作，保障工人最低工资，享受劳动保险，保护女工童工，等等。大纲还规定：禁止18岁以下的男女工，担任剧烈的、有害卫生的以及法定工作时间以外的劳动。重工的法定工作时间也不能超过六小时。所有上述这些规定实际上对于新中国成立之后劳动法的相关内容，都是有影响的，由此可以看出中国共产党很早就重视起保护劳动者利益的相关问题。

本章小结

本章主要学习了与工程建设相关的法律制度,例如民法中的代理、债权、物权、知识产权以及诉讼时效等概念;重点学习了劳动法,例如女职工和未成年工的特殊保护,劳动合同的订立及劳动合同的履行、变更、解除、终止以及劳动争议的处理、终止合同的经济补偿、违约金等;另外,还熟悉了环境保护法。

实训练习

一、单项选择题

1. 下列哪种情形下,会发生不当得利之债?(　　)
   A. 甲欠乙1万元赌债
   B. 丙赠与丁500元钱
   C. 小张超过合同约定时间向小李偿还借款
   D. 下大雨时,小王水塘中养的鱼跳到小赵的水塘中

2. 代理人在代理权限内,以(　　)的名义实施民事法律行为。
   A. 被代理人　　　B. 自己　　　C. 被代理人或者自己　　　D. 行为人

3. 我国劳动法规定,国家对女职工实行特殊劳动保护。下面的做法不符合这一规定的是(　　)。
   A. 某砖厂女职工董某怀孕期间,厂里安排她简单打扫清洁卫生,不再做搬运工
   B. 某企业为完成全年生产任务,便要求每个职工每天加班1个小时,怀孕达6个月的女职工刘某例外
   C. 某公司通知其女职工周某,鉴于她的孩子已满13个月,公司决定恢复她"三班倒"的工作制
   D. 某矿山女职工肖某被安排到井下工作

4. 依据《劳动法》的规定,劳动者在(　　)情况下,用人单位可以解除劳动合同,但应提前30天以书面开工通知劳动者本人。
   A. 在试用期间被证明不符合录用条件的
   B. 患病或者负伤,在规定的医疗期内的
   C. 严重违反用人单位规章制度的
   D. 不能胜任工作,经过培训或调整工作岗位仍不能胜任工作的

5. "三同时"制度是指新建、改建、扩建工程的安全生产设施必须与主体工程(　　)。
   A. 同时设计、同时规划、同时施工
   B. 同时设计、同时施工、同时验收
   C. 同时设计、同时施工、同时投入生产和使用
   D. 同时报建、同时施工、同时投入生产和使用

二、多项选择题

1. 乔某是九环公司分公司负责人，因个人经商，欠郑某1000万元。郑某要求在欠条保证人一栏中，加盖九环公司分公司单位印章。乔某称，自己的授权范围不足如此，且出示了相关授权文件证明，但郑某坚持加盖印章，乔某最终答应。关于本案，下列说法正确的是（　　）。
   A. 乔某的行为属于表见代理
   B. 九环公司应承担保证责任
   C. 乔谋的行为构成无权代理
   D. 九环公司不承担保证责任

2. 某市的一家建筑工程公司准备实施经济性裁员，那么，依据《劳动法》的规定，在下列人员中，该建筑工程公司不得与其解除劳动合同的是（　　）。
   A. 女职工李某，正在家中休产假
   B. 会计刘某，非因公负伤，正在住院还未痊愈
   C. 职工谢某，因失职造成公司损失十多万元，现停职在家
   D. 工程师吕某，因患职业病丧失劳动能力，一直卧床在家
   E. 司机于某，因盗窃罪被法院判处有期徒刑5年

3. 以下关于试用期表述正确的是（　　）。
   A. 劳动合同期限不满3个月的，不得约定试用期
   B. 同一用人单位与同一劳动者只能约定一次试用期
   C. 试用期的工资不得低于用人单位所在地的最低工资标准
   D. 在试用期中，用人单位可以随时解除劳动合同
   E. 用人单位在试用期解除劳动合同的，应当向劳动者说明理由

4. 下列终止劳动合同的情形中，用人单位应向劳动者支付经济补偿的有（　　）。
   A. 用人单位未及时足额支付劳动报酬，解除劳动合同的
   B. 用人单位与劳动者协商一致，解除劳动合同的
   C. 劳动合同期满但劳动者不同意按原劳动合同条件续订劳动合同，终止固定期限劳动合同的
   D. 劳动者不能胜任工作，经培训或者调整工作岗位后仍不能胜任工作，解除劳动合同的
   E. 因劳动者同时与他人建立劳动关系，对完成本单位的工作任务造成严重影响，解除劳动合同的

5. 根据《环境噪声污染防治法》，关于对环境噪声的企业事业单位监管的说法，正确的有（　　）。
   A. 产生环境噪声污染的企业事业单位，拆除或者闲置环境噪声污染防治设施的，必须事先报批
   B. 征收的超标准排污染费用可以用于污染的防治
   C. 在噪声敏感建筑物集中区域内造成或严重环境噪声污染的企业事业单位，限期治理
   D. 产生环境噪声污染的单位，应当采取措施进行治理，并按照国家规定缴纳超标准排污费
   E. 噪声敏感建筑物集中区是指住宅小区集中区

三、案例分析

A 医疗器械有限公司(以下简称"A 公司")与王某在 2017 年 3 月 3 日签订了《劳动合同》《竞业禁止及保密协议书》，在《竞业禁止及保密协议书》中载明员工在离职后 5 年内不以任何方式涉入助听器相关行业，并保守公司商业秘密，否则一次性无条件付给 A 公司 10 万元人民币的赔偿金。劳动合同签订后，王某 2018 年 2 月 9 日任 A 公司某城分公司负责人。2019 年 1 月 31 日，被告王某在原告 A 公司处办理完离职手续。2019 年 6 月，被告王某在某城一家助听器店工作。A 公司认为王某的行为明显违背了《竞业禁止及保密协议书》，应当依据协议约定赔偿 10 万元。

2019 年 6 月 28 日，A 公司向某区劳动争议仲裁委员会申请劳动仲裁，仲裁请求于 2019 年 9 月 3 日被驳回，因不服仲裁裁决，A 公司遂诉至法院。法院判决如下：①被告王某在本判决生效后 10 日内支付原告 A 公司违约金 4 万元。②驳回原告 A 公司的其他诉讼请求。

问题：

(1) 《竞业禁止及保密协议书》是否有效？
(2) 被告王某是否违反了竞业限制？
(3) 违反竞业限制条款是否应支付违约金？

第 10 章实训练习答案

第 10 章　与工程建设相关的基本法律制度

实训工作单

班级		姓名		日期	
教学项目	与工程建设相关的劳动法				
任务	学习劳动合同的解除与终止	学习途径	案例、扩展图片、音频或者课外内容自行查找相关书籍		
学习目标	掌握用人单位可以解除劳动合同的情形及终止合同的经济补偿				
学习要点					
学习记录					
评语			指导老师		

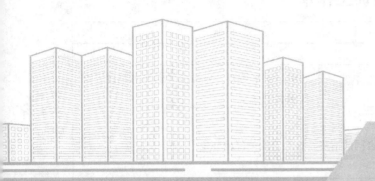

第 11 章 建设工程纠纷和法律解决的途径

※ 【学习目标】

1. 了解建设工程纠纷、民事诉讼制度；
2. 掌握民事诉讼的审判程序、仲裁制度；
3. 熟悉调解与和解制度、行政复议和行政诉讼制度。

第 11 章案例答案

※ 【思政目标】

通过本章最后课堂思政案例学习，并结合本章学习，加强同学们对建设工程纠纷和法律解决的认识，培养同学们懂法、遵法、守法以及运用法律解决问题的能力。

第 11 章 建设工程纠纷和法律解决的途径

※ 【教学要求】

本章要点	掌握层次	相关知识点
建设工程纠纷	1.了解建设工程民事纠纷及民事纠纷的法律解决途径、建设工程行政纠纷； 2.熟悉行政纠纷的法律解决途径	建设工程纠纷
民事诉讼制度	1.熟悉民事诉讼的法院管辖、民事诉讼当事人和代理人的规定； 2.了解民事诉讼证据的种类、保全和应用； 3.掌握民事诉讼时效、诉讼时效中止和中断	民事诉讼制度
民事诉讼的审判程序	1.掌握一审程序、二审程序、审判监督程序； 2.熟悉民事诉讼的执行程序	民事诉讼的审判程序
仲裁制度	1.了解仲裁协议的规定、申请和受理； 2.熟悉仲裁的开庭和裁决、执行	仲裁制度
调解与和解制度	熟悉调解与和解的规定	调解与和解制度
行政复议和行政诉讼制度	1.了解行政复议及行政诉讼受案范围； 2.熟悉行政复议申请、受理、决定； 3.掌握行政诉讼的法院管辖、起诉和受理； 4.熟悉行政诉讼的审理、判决和执行	行政复议和行政诉讼制度

※ 【项目案例导入】

2013 年 9 月 19 日，美亚公司与中天公司签订了一份《建设工程施工合同》。2013 年 11 月 27 日，美亚公司发出中标通知书，确定中天公司中标案涉工程。2013 年 11 月 28 日，美亚公司和中天公司补充签署《建设工程施工合同》。后中天公司诉请美亚公司支付未及时结清工程款的违约金、提前竣工验收 30 万元奖励款，美亚公司诉请中天公司依据合同约定扣留质保金，一、二审法院对双方诉求均予以支持，双方均不服，于是向最高人民法院提起上诉。

【问题导入】

根据本案例的情况，请结合所学的有关知识，试分析涉案工程签订的合同是否有效，该纠纷应如何解决？

11.1 建设工程纠纷

11.1.1 建设工程民事纠纷

法律纠纷，是指公民、法人、其他组织之间因人身、财产或其他法律关系所发生的对抗冲突(或者争议)，主要包括民事纠纷、行政纠纷、刑事纠纷。民事纠纷是平等主体间的有关人身、财产权的纠纷；行政纠纷是行政机关之间或行政机关同公民、法人和其他组织之间由于行政行为而产生的纠纷；刑事纠纷是因犯罪而产生的纠纷。在建设工程领域里常见的是民事纠纷和行政纠纷。

建设工程民事纠纷,是在建设工程活动中平等主体之间发生的以民事权利义务法律关系为内容的争议。民事纠纷是因为违反了民事法律规范而引起的。民事纠纷可分为两大类:一类是财产关系方面的民事纠纷,如合同纠纷、损害赔偿纠纷等;另一类是人身关系方面的民事纠纷,如名誉权纠纷、继承权纠纷等。

建设工程民事纠纷

民事纠纷的特点如下所述。

(1) 民事纠纷主体之间的法律地位平等。

(2) 民事纠纷的内容是对民事权利义务的争议。

(3) 民事纠纷的可处分性。这主要是针对有关财产关系的民事纠纷,而有关人身关系的民事纠纷多具有不可处分性。

在建设工程领域的民事纠纷主要是合同纠纷、侵权纠纷。合同纠纷,是指因合同的生效、解释、履行、变更、终止等行为而引起的合同当事人之间的所有争议。合同纠纷的内容,主要表现在争议主体对于导致合同法律关系产生、变更与消灭的法律事实以及法律关系的内容有着不同的观点与看法。合同纠纷的范围涵盖了一项合同从成立到终止的整个过程。侵权纠纷,是指一方当事人对另一方侵权而产生的纠纷。在建设工程领域也易发生侵权纠纷,如施工单位在施工中未采取相应防范措施造成对他方损害而产生的侵权纠纷,未经许可使用他方的专利、工法等而造成的知识产权侵权纠纷等。

发包人和承包人就有关工期、质量、造价等产生的建设工程合同争议,是建设工程领域最常见的民事纠纷。

11.1.2 民事纠纷的法律解决途径

民事纠纷的法律解决途径主要有和解、调解、仲裁、诉讼四种。

1. 和解

和解是民事纠纷的当事人在自愿互谅的基础上,就已经发生的争议进行协商、妥协与让步并达成协议,自行(无第三方参与劝说)解决争议的一种方式。

和解可以在民事纠纷的任何阶段进行,无论是否已经进入诉讼或仲裁程序,只要终审裁判未生效或者仲裁裁决未作出,当事人均可自行和解。

需要注意的是,和解达成的协议不具有强制执行力,在性质上仍属于当事人之间的约定。如果一方当事人不按照和解协议执行,另一方当事人不可以请求法院强制执行,但可要求对方就不执行该和解协议承担违约责任。

2. 调解

调解是指双方当事人以外的第三方应纠纷当事人的请求,以法律、法规和政策或合同约定以及社会公德为依据,对纠纷双方进行疏导、劝说,促使他们相互谅解,进行协商,自愿达成协议,解决纠纷的活动。

在我国,调解的主要方式是人民调解、行政调解、仲裁调解、司法调解、行业调解以及专业机构调解。

3. 仲裁

仲裁是当事人根据在纠纷发生前或纠纷发生后达成的协议，自愿将纠纷提交第三方(仲裁机构)作出裁决，纠纷各方都有义务执行该裁决的一种解决纠纷的方式。仲裁机构和法院不同。法院行使国家所赋予的审判权，向法院起诉不需要双方当事人在诉讼前达成协议，只要一方当事人向有审判管辖权的法院起诉，经法院受理后，另一方必须应诉。仲裁机构通常是民间团体的性质，其受理案件的管辖权来自双方协议，没有协议就无权受理仲裁。但是，有效的仲裁协议可以排除法院的管辖权；纠纷发生后，一方当事人提起仲裁的，另一方必须仲裁。

根据《仲裁法》的规定，该法的调整范围仅限于民商事仲裁，即"平等主体的公民、法人和其他组织之间发生的合同纠纷和其他财产权纠纷"，劳动争议仲裁等不受《仲裁法》的调整，依法应当由行政机关处理的行政争议等不能仲裁。

仲裁的基本特点如下所述。

(1) 自愿性。仲裁以当事人的自愿为前提，即是否将纠纷提交仲裁，向哪个仲裁委员会申请仲裁，仲裁庭如何组成，仲裁员的选择，以及仲裁的审理方式、开庭形式等，都是在当事人自愿的基础上，由当事人协商确定的。

(2) 专业性。专家裁案，是民商事仲裁的主要特点之一。建设工程纠纷的处理不仅涉及与工程建设有关的法律法规，还常常需要运用大量的工程造价、工程质量方面的专业知识，以及熟悉建筑业自身特有的交易习惯和行业惯例。仲裁机构的仲裁员是来自各行业具有一定专业水平的专家，精通专业知识、熟悉行业规则，在公正高效处理纠纷、确保仲裁结果公正准确等方面发挥着关键作用。

(3) 独立性。《仲裁法》规定，仲裁委员会独立于行政机关，与行政机关没有隶属关系，仲裁委员会之间也没有隶属关系。在仲裁过程中，仲裁庭独立进行仲裁，不受任何行政机关、社会团体和个人的干涉，也不受其他仲裁机构的干涉，具有独立性。

(4) 保密性。仲裁以不公开审理为原则。因此，可以有效地保护当事人的商业秘密和商业信誉。

(5) 快捷性。仲裁实行一裁终局制度，仲裁裁决一经作出即发生法律效力。仲裁裁决不能上诉，这使得当事人之间的纠纷能够迅速得以解决。

4. 诉讼

民事诉讼是指人民法院在当事人和其他诉讼参与人的参加下，以审理、裁判、执行等方式解决民事纠纷的活动，以及由此产生的各种诉讼关系的总和。诉讼参与人包括原告、被告、第三人、证人、鉴定人、勘验人等。

民事诉讼的基本特征包括以下几个方面。

(1) 公权性。民事诉讼是由人民法院代表国家意志、行使司法审判权，通过司法手段解决平等民事主体之间的纠纷。在法院主导下，诉讼参与人围绕民事纠纷的解决，进行着能产生法律后果的活动。

(2) 程序性。民事诉讼是依照法定程序进行的诉讼活动，无论是法院还是当事人和其他诉讼参与人，都需要严格按照法律规定的程序和方式实施诉讼行为。

(3) 强制性。强制性是公权力的重要属性。民事诉讼的强制性既表现在案件的受理上，也反映在裁判的执行上。调解、仲裁均建立在当事人自愿的基础上，只要有一方当事人不愿意进行调解、仲裁，则调解和仲裁将不会发生。但民事诉讼不同，只要原告的起诉符合法定条件，无论被告是否愿意，诉讼都会发生。此外，和解、调解协议的履行依靠当事人的自觉，不具有强制执行的效力，但法院的裁判则具有强制执行的效力，一方当事人不履行生效判决或裁定，另一方当事人可以申请法院强制执行。

11.1.3 建设工程行政纠纷

建设工程行政纠纷，是在建设工程活动中行政机关之间或行政机关同公民、法人和其他组织之间由于行政行为而引起的纠纷，包括行政争议和行政案件。在行政法律关系中，行政机关对公民、法人和其他组织行使行政管理职权，应当依法行政；公民、法人和其他组织也应当依法约束自己的行为，做到自觉守法。在各种行政纠纷中，既有因行政机关超越职权、滥用职权、行政不作为、违反法定程序、事实认定错误、适用法律错误等所引起的纠纷，也有公民、法人或其他组织逃避监督管理、非法抗拒监督管理或误解法律规定等而产生的纠纷。行政行为的特征如下所述。

建设工程
行政纠纷

(1) 行政行为是执行法律的行为。

(2) 行政行为具有一定的裁量性。这是由立法技术本身的局限性和行政管理的广泛性、变动性、应变性所决定的。

(3) 行政主体在实施行政行为时具有单方意志性，不必与行政相对方协商或征得其同意，便可依法自主作出。

(4) 行政行为是以国家强制力保障实施的，带有强制性。

(5) 行政行为以无偿为原则，以有偿为例外。

在建设工程领域，行政机关易引发行政纠纷的具体行政行为主要有如下几种。

(1) 行政许可，即行政机关根据公民、法人或者其他组织的申请，经依法审查，准予其从事特定活动的行政管理行为，如施工许可、专业人员执业资格注册、企业资质等级核准、安全生产许可等。行政许可易引发的行政纠纷通常是行政机关的行政不作为、违反法定程序等。

(2) 行政处罚，即行政机关或其他行政主体依照法定职权、程序对于违法但尚未构成犯罪的相对人给予行政制裁的具体行政行为。常见的行政处罚为警告、罚款、没收违法所得、取消投标资格、责令停止施工、责令停业整顿、降低资质等级、吊销资质证书等。行政处罚易导致的行政纠纷，通常是行政处罚超越职权、滥用职权、违反法定程序、事实认定错误、适用法律错误等。

(3) 行政奖励，即行政机关依照条件和程序，对为国家、社会和建设事业作出重大贡献的单位和个人，给予物质或精神鼓励的具体行政行为，如表彰建设系统先进集体、劳动模范和先进工作者等。行政奖励易引发的行政纠纷，通常是违反程序、滥用职权、行政不作为等。

(4) 行政裁决，即行政机关或法定授权的组织，依照法律授权，对平等主体之间发生的与行政管理活动密切相关的、特定的民事纠纷(争议)进行审查,并作出裁决的具体行政行为,如对特定的侵权纠纷、损害赔偿纠纷、权属纠纷等的裁决。行政裁决易引发的行政纠纷,通常是行政裁决违反法定程序、事实认定错误、适用法律错误等。

行政裁决

11.1.4 行政纠纷的法律解决途径

行政纠纷的法律解决途径主要有两种,即行政复议和行政诉讼。

1. 行政复议

行政复议是公民、法人或其他组织(作为行政相对人)认为行政机关的具体行政行为侵犯其合法权益,依法请求法定的行政复议机关审查该具体行政行为的合法性、适当性,该复议机关依照法定程序对该具体行政行为进行审查,并作出行政复议决定的法律制度。这是公民、法人或其他组织通过行政救济途径解决行政争议的一种方法。

行政复议的基本特点如下所述。

(1) 提出行政复议的,必须是认为行政机关行使职权的行为侵犯其合法权益的公民、法人和其他组织。

(2) 当事人提出行政复议,必须是在行政机关已经作出行政决定之后,如果行政机关尚未作出决定,则不存在复议问题。复议的任务是解决行政争议,而不是解决民事或其他争议。

(3) 当事人对行政机关的行政决定不服,只能按照法律规定向有行政复议权的行政机关申请复议。

(4) 行政复议以书面审查为主,以不调解为原则。行政复议的结论作出后,即具有法律效力。只要法律未规定复议决定为终局裁决的,当事人对复议决定不服的,仍可以按《行政诉讼法》的规定,向人民法院提请诉讼。

2. 行政诉讼

行政诉讼是公民、法人或其他组织依法请求法院对行政机关具体行政行为的合法性进行审查并依法裁判的法律制度。

行政诉讼的主要特征如下所述。

(1) 行政诉讼是法院解决行政机关实施具体行政行为时与公民、法人或其他组织发生的争议。

(2) 行政诉讼为公民、法人或其他组织提供法律救济的同时,具有监督行政机关依法行政的功能。

(3) 行政诉讼的被告与原告是恒定的,即被告只能是行政机关,原告则是作为行政行为相对人的公民、法人或其他组织,而不可能互易诉讼身份。

除法律、法规规定必须先申请行政复议的以外,行政纠纷当事人可以自主选择申请行政复议还是提起行政诉讼。行政纠纷当事人对行政复议决定不服的,除法律规定行政复议决定为最终裁决的以外,可以依照《行政诉讼法》的规定向人民法院提起行政诉讼。

11.2 民事诉讼制度

11.2.1 民事诉讼的法院管辖

民事诉讼中的管辖是指各级法院之间和同级法院之间受理第一审民事案件的分工和权限。

1. 级别管辖

级别管辖是指按照一定的标准，划分上下级法院之间受理第一审民事案件的分工和权限。我国法院有四级，分别是基层人民法院、中级人民法院、高级人民法院和最高人民法院，每一级均受理一审民事案件。《民事诉讼法》主要根据案件的性质、复杂程度和案件影响来确定级别管辖。

中级人民法院管辖的第一审民商事案件由高级人民法院自行确定，并经最高人民法院批准。

2. 地域管辖

地域管辖是指按照各法院的辖区和民事案件的隶属关系，划分同级法院受理第一审民事案件的分工和权限。地域管辖实际上是以法院与当事人、诉讼标的以及法律事实之间的隶属关系和关联关系来确定的，主要包括如下几种情况。

1) 一般地域管辖

一般地域管辖是以当事人与法院的隶属关系来确定诉讼管辖，通常实行"原告就被告"原则，即以被告住所地作为确定管辖的标准。《民事诉讼法》第二十一条规定：

(1) 对公民提起的民事诉讼，由被告住所地人民法院管辖；被告住所地与经常居住地不一致的，由经常居住地人民法院管辖。其中，公民的住所地是指该公民的户籍所在地。经常居住地是指公民离开住所至起诉时已连续居住满 1 年的地方，但公民住院就医的地方除外。

(2) 对法人或者其他组织提起的民事诉讼，由被告住所地人民法院管辖。被告住所地是指法人或者其他组织的主要办事机构所在地或者主要营业地。

2) 特殊地域管辖

特殊地域管辖是指以被告住所地、诉讼标的所在地、法律事实所在地为标准确定的管辖。《民事诉讼法》规定了 9 种特殊地域管辖的诉讼，其中与工程建设领域关系最为密切的是因合同纠纷提起的诉讼。

《民事诉讼法》规定："因合同纠纷提起的诉讼，由被告住所地或者合同履行地人民法院管辖。"合同履行地是指合同约定的履行义务的地点，主要是指合同标的的交付地点。合同履行地应当在合同中明确约定，没有约定或约定不明的，当事人既不能协商确定，又不能按照合同有关条款和交易习惯确定的，可按照《民法典》有关规定确定。对于购销合同纠纷，《最高人民法院关于在确定经济纠纷案件管辖中如何确定购销合同履行地的规定》中规定："对当事人在合同中明确约定履行地点的，以约定的履行地点为合同履行地。当事人在合同中未明确约定履行地点的，以约定的交货地点为合同履行地。合同中约定的货物到达地、到站地、验收地、安装调试地等，均不应视为合同履行地。"对于建设工程施工合同纠纷，《最高人民法院关于审理建设工程施工合同纠纷案件适用法律问题的解释》中规定："建设工程施工合同纠纷以施工行为地为合同履行地。"发生合同纠纷的，《民事诉讼法》还规定了协议管辖制度。所谓协议管辖，是指合同当事人在纠纷发生前后，在法律允许的范围内，以书面形式约定案件的管辖法院。协议管辖仅适用于合同纠纷。《民事诉讼法》规定，合同的当事人可以在书面合同中协议选择被告住所地、合同履行地、合同签订地、原告住所地、标的物所在地人民法院管辖，但不得违反本法对级别管辖和专属管辖的规定。

3) 专属管辖

专属管辖是指法律规定某些特殊类型的案件专门由特定的法院管辖。专属管辖是排他性管辖，排除了诉讼当事人协议选择管辖法院的权利。专属管辖与一般地域管辖和特殊地域的关系为：凡法律规定为专属管辖的诉讼，均适用专属管辖。

《民事诉讼法》中规定了三种适用专属管辖的案件，其中因不动产纠纷提起的诉讼，由不动产所在地人民法院管辖，如房屋买卖纠纷、土地使用权转让纠纷等。应当注意的是，根据《最高人民法院关于审理建设工程施工合同纠纷案件适用法律问题的解释》的规定，建设工程施工合同纠纷不适用专属管辖，而应当按照《民事诉讼法》第二十三条的规定，适用合同纠纷的地域管辖原则，即由被告住所地或合同履行地人民法院管辖。发包人和承包人也可根据《民事诉讼法》的规定，在发包人住所地、承包人住所地、合同签订地、施工行为地(工程所在地)的范围内，通过协议确定管辖法院。

4) 移送管辖和指定管辖

(1) 移送管辖。人民法院发现受理的案件不属于本院管辖的，应当移送有管辖权的人民法院，受移送的人民法院应当受理。受移送的人民法院认为受移送的案件依照规定不属于本院管辖的，应当报请上级人民法院指定管辖，不得再自行移送。

(2) 指定管辖。有管辖权的人民法院由于特殊原因，不能行使管辖权的，由上级人民法院指定管辖。人民法院之间因管辖权发生争议，由争议双方协商解决；协商解决不了的，报请其共同上级人民法院指定管辖。

5) 管辖权异议

管辖权异议是指当事人向受诉法院提出的该法院对案件无管辖权的主张。《民事诉讼法》规定，人民法院受理案件后，当事人对管辖权有异议的，应当在提交答辩状期间提出。人民法院对当事人提出的异议，应当审查。异议成立的，裁定将案件移交有管辖权的人民法院；异议不成立的，裁定驳回。根据《最高人民法院关于审理民事级别管辖异议案件若干问题的规定》，受诉人民法院应当在受理异议之日起 15 日内作出裁定；对人民法院就级别管辖异议作出的裁定，当事人不服提起上诉的，第二审人民法院应当依法审理并作出裁定。

11.2.2 民事诉讼当事人和代理人的规定

1. 当事人

民事诉讼中的当事人，是指因民事权利和义务发生争议，以自己的名义进行诉讼，请求人民法院进行裁判的公民、法人或其他组织。狭义的民事诉讼当事人包括原告和被告。广义的民事诉讼当事人包括原告、被告、共同诉讼人和第三人。

(1) 原告和被告。原告是指维护自己的权益或自己所管理的他人权益，以自己名义起诉，从而引起民事诉讼程序的当事人。被告是指原告诉称侵犯原告民事权益而由法院通知其应诉的当事人。《民事诉讼法》规定，公民、法人和其他组织可以作为民事诉讼的当事人。法人由其法定代表人进行诉讼。其他组织由其主要负责人进行诉讼。公民、法人和其他组织虽然都可以成为民事诉讼中的原告或被告，但在实践中情况还是比较复杂的，需要进一步结合《最高人民法院关于适用<中华人民共和国民事诉讼法>若干问题的意见》及相关规定进行正确认定。

(2) 共同诉讼人。共同诉讼人是指当事人一方或双方为2人以上(含2人)，诉讼标的是共同的，或者诉讼标的是同一种类、人民法院认为可以合并审理并经当事人同意，一同在人民法院进行诉讼的人。

(3) 第三人。第三人是指对他人争议的诉讼标的有独立的请求权，或者虽无独立的请求权，但案件的处理结果与其有法律上的利害关系，而参加到原告、被告已经开始的诉讼中进行诉讼的人。

2. 诉讼代理人

诉讼代理人是指根据法律规定或当事人的委托，代理当事人进行民事诉讼活动的人。代理分为法定代理、委托代理和指定代理，诉讼代理人通常也可分为法定诉讼代理人、委托诉讼代理人和指定诉讼代理人。在建设工程领域，最常见的是委托诉讼代理人。《民事诉讼法》规定："当事人、法定代理人可以委托一至二人作为诉讼代理人。律师、当事人的近亲属、有关的社会团体或者所在单位推荐的人、经人民法院许可的其他公民，都可以被委托为诉讼代理人。"

委托他人代为诉讼的，须向人民法院提交由委托人签名或盖章的授权委托书，授权委托书必须记明委托事项和权限。《民事诉讼法》规定："诉讼代理人代为承认、放弃、变更诉讼请求，进行和解、提起反诉或者上诉，必须有委托人的特别授权。"针对实践中经常出现的授权委托书仅写"全权代理"而无具体授权的情形，最高人民法院还特别规定，在这种情况下不能认定为诉讼代理人已获得特别授权，即诉讼代理人无权代为承认、放弃、变更诉讼请求，进行和解、提起反诉或者上诉。

11.2.3 民事诉讼证据的种类、保全和应用

证据是指在诉讼中能够证明案件真实情况的各种资料。当事人要证明自己提出的主张需要向法院提供相应的证据资料。

掌握证据的种类才能正确收集证据；掌握证据的保全才能不使对自己有利的证据灭失；掌握证据的应用才能真正发挥证据的作用。

1. 证据的种类

《民事诉讼法》规定，民事证据有书证、物证、视听资料、证人证言、当事人的陈述、鉴定结论、勘验笔录七种。

1) 书证和物证

书证，是指以所载文字、符号、图案等方式所表达的思想内容来证明案件事实的书面

材料或者其他物品。书证一般表现为各种书面形式文件或纸面文字材料(但非纸类材料也可成为书证载体),如各种信函、合同文件、会议纪要、电报、传真、电子邮件、图纸、图表等。

物证,是指能够证明案件事实的物品及其痕迹,凡是以其存在的外形、重量、规格、损坏程度等物体的内部或者外部特征来证明待证事实的一部分或者全部的物品及痕迹,均属于物证范畴。

2) 视听资料

视听资料,是指利用录音、录像等技术手段反映的声音、图像以及电子计算机储存的数据证明案件事实的证据。在实践中,常见的视听资料包括录像带、录音带、胶卷、电话录音、雷达扫描资料以及储存于软盘、硬盘或光盘中的电脑数据等。《最高人民法院关于民事诉讼证据的若干规定》中规定,存有疑点的视听资料,不能单独作为认定案件事实的依据。此外,对于未经对方当事人同意私自录制其谈话取得的资料,根据《最高人民法院关于民事诉讼证据的若干规定》,只要不是以侵害他人合法权益(如侵害隐私)或者违反法律禁止性规定的方法(如窃听)取得的,仍可以作为认定案件事实的依据。

3) 证人证言和当事人陈述

(1) 证人证言。证人是指了解案件情况并向法院、仲裁机构或当事人提供证词的人。证人就案件情况所做的陈述即为证人证言。

《民事诉讼法》规定,凡是知道案件情况的单位和个人,都有义务出庭作证。有关单位的负责人应当支持证人作证。证人确有困难不能出庭的,经人民法院许可,可以提交书面证言。不能正确表达意志的人,不能作证。《最高人民法院关于民事诉讼证据的若干规定》还规定,与一方当事人或者其代理人有利害关系的证人出具的证言,以及无正当理由未出庭作证的证人证言,不能单独作为认定案件事实的依据。

(2) 当事人陈述。当事人陈述,是指当事人在诉讼或仲裁中,就本案的事实向法院或仲裁机构所作的陈述。《民事诉讼法》规定,人民法院对当事人的陈述,应当结合本案的其他证据,审查确定能否作为认定事实的根据。《最高人民法院关于民事诉讼证据的若干规定》还规定,当事人对自己的主张,只有本人陈述而不能提出其他相关证据的,其主张不予支持,但对方当事人认可的除外。

4) 鉴定结论和勘验笔录

(1) 鉴定结论。在对建设工程领域诸如工程质量、造价等方面的纠纷进行处理的过程中,针对有关的专业问题,由法院或仲裁机构委托具有相应资格的专业鉴定机构进行鉴定,并出具相应鉴定结论,是法院或仲裁机构据以查明案件事实、进行裁判的重要手段之一。因此,鉴定结论作为我国民事证据的一种,在建设工程纠纷的处理过程中,具有特殊的重要性。当事人申请鉴定,应当注意在举证期限内提出。

(2) 勘验笔录。勘验笔录,是指人民法院为了查明案件的事实,指派勘验人员对与案件争议有关的现场、物品或物体进行查验、拍照、测量,并将查验的情况与结果制成的笔录。《民事诉讼法》规定,勘验物证或者现场,勘验人必须出示人民法院的证件,并邀请当地基层组织或者当事人所在单位派人参加。当事人或者当事人的成年家属应当到场,拒不到场的,不影响勘验的进行。勘验笔录应由勘验人、当事人和被邀参加人签名或者盖章。

2. 证据的保全

解决纠纷的过程就是证明的过程。在诉讼或仲裁中，哪些事实需要证据证明，哪些无须证明；这些事实由谁证明；靠什么证明；怎么证明；证明到什么程度，这五个问题构成了证据应用的全部内容，即证明对象、举证责任、证据收集、证明过程、证明标准。证据保全是重要的证据固定措施。

(1) 证据保全的概念和作用。所谓证据保全，是指在证据可能灭失或以后难以取得的情况下，法院根据申请人的申请或依职权，对证据加以固定和保护的制度。

民事诉讼或仲裁均是以证据为基础展开的。依据有关证据，当事人和法院、仲裁机构才能够了解或查明案件真相，确定争议的原因，从而正确地处理纠纷。但是从纠纷的产生直至案件开庭审理必然有一个时间间隔。在这段时间内，有些证据由于自然原因或人为原因，可能会灭失或难以取得。为了防止这种情况可能给当事人的举证以及法院、仲裁机构的审理带来困难，《民事诉讼法》规定，在证据可能灭失或者以后难以取得的情况下，诉讼参加人可以向人民院申请保全证据，人民法院也可以主动采取保全措施。

(2) 证据保全的申请。《最高人民法院关于民事诉讼证据的若干规定》中规定，当事人依据《民事诉讼法》的规定向人民法院申请保全证据的，不得远于举证期限届满前 7 日。当事人申请保全证据的，人民法院可以要求其提供相应的担保。

《仲裁法》也规定，在证据可能灭失或者以后难以取得的情况下，当事人可以申请证据保全。当事人申请证据保全的，仲裁委员会应当将当事人的申请提交证据所在地的基层人民法院。

(3) 证据保全的实施。《最高人民法院关于民事诉讼证据的若干规定》中规定，人民法院进行证据保全，可以根据具体情况，采用查封、扣押、拍照、录音、录像、复制、鉴定、勘验、制作笔录等方法。人民法院进行证据保全，可以要求当事人或者诉讼代理人到场。

3. 证据的应用

(1) 举证时限。所谓举证时限，是指法律规定或法院、仲裁机构指定的当事人能够有效举证的期限。举证时限是一种限制当事人诉讼行为的制度，其主要目的在于促使当事人积极举证，提高诉讼效率，防止当事人违背诚实信用原则，在证据上搞"突然袭击"或拖延诉讼。

《最高人民法院关于民事诉讼证据的若干规定》中规定，人民法院在送达案件受理通知书和应诉通知书的同时，向当事人送达举证通知书，举证通知书应载明人民法院根据案件情况指定的举证期限以及逾期提供证据的法律后果。

(2) 证据交换。我国民事诉讼中的证据交换，是指在诉讼答辩期届满后开庭审理前，在法院的主持下，当事人之间相互明示其持有证据的过程。证据交换制度的设立，有利于当事人之间明确争议焦点，集中辩论；有利于法院尽快了解案件争议焦点，集中审理；有利于当事人尽快了解对方的事实依据，促进当事人进行和解和调解。证据交换应当在审判人员的主持下进行。在证据交换的过程中，审判人员对当事人无异议的事实、证据应当记录在卷；对有异议的证据，按照需要证明的事实分类记录在卷，并记载异议的理由。通过证据交换，确定双方当事人争议的主要问题。

(3) 质证。质证是指当事人在法庭的主持下，围绕证据的真实性、合法性、关联性，针对证据证明力有无以及证明力大小，进行质疑、说明与辩驳的过程。《最高人民法院关于民事诉讼证据的若干规定》中规定，证据应当在法庭上出示，由当事人质证。未经质证的证据，不能作为认定案件事实的依据。

(4) 认证。认证即证据的审核认定，是指法院对经过质证或当事人在证据交换中认可的各种证据材料作出审查判断，确认其能否作为认定案件事实的根据。认证是正确认定案件事实的前提和基础，其具体内容是对证据有无证明力和证明力大小进行审查确认。

11.2.4 民事诉讼时效

1. 诉讼时效的概念

诉讼时效，是指权利人在法定的时效期间内，未向法院提起诉讼请求保护其权利时，依据法律规定消灭其胜诉权的制度。

超过诉讼时效期间，在法律上发生的效力是权利人的胜诉权消灭。超过诉讼时效期间权利人起诉，如果符合《民事诉讼法》规定的起诉条件，法院仍然应当受理。如果法院经受理后查明无中止、中断、延长事由的，判决驳回诉讼请求。但是，依照《最高人民法院关于审理民事案件适用诉讼时效制度若干问题的规定》，当事人未提出诉讼时效抗辩，法院不应对诉讼时效问题进行释明及主动适用诉讼时效的规定进行裁判。当事人违反法律规定，约定延长或者缩短诉讼时效期间、预先放弃诉讼时效利益的，法院不予认可。应当注意的是，根据《民法典》的规定，超过诉讼时效期间，当事人自愿履行的，不受诉讼时效限制。超过诉讼时效期间，义务人履行义务后又以超过诉讼时效为由反悔的，不予支持。

2. 不适用于诉讼时效的情形

当事人可以对债权请求权提出诉讼时效抗辩，但对下列债权请求权提出诉讼时效抗辩的，法院不予支持。

(1) 支付存款本金及利息请求权。
(2) 兑付国债、金融债券以及向不特定对象发行的企业债券本息请求权。
(3) 基于投资关系产生的缴付出资请求权。
(4) 其他依法不适用诉讼时效规定的债权请求权。

3. 诉讼时效期间的种类

根据我国《民法典》及有关法律的规定，诉讼时效期间通常可划分为下述四类。

(1) 普通诉讼时效，即向人民法院请求保护民事权利的期间。普通诉讼时效期间通常为 2 年。

(2) 短期诉讼时效。下列诉讼时效期间为 1 年：身体受到伤害要求赔偿的；延付或拒付租金的；出售质量不合格的商品未声明的；寄存财物被丢失或损毁的。

(3) 特殊诉讼时效。特殊诉讼时效不是由民法规定的，而是由特别法规定的诉讼时效。例如，《民法典》规定，因国际货物买卖合同和技术进出口合同争议的时效期间为 4 年；《海商法》规定，就海上货物运输向承运人要求赔偿的请求权，时效期间为 1 年。

(4) 权利的最长保护期限。诉讼时效期间从知道或应当知道权利被侵害时起计算。但是，从权利被侵害之日起超过 20 年的，法院不予保护。

4. 诉讼时效期间的起算

《民法典》规定，诉讼时效期间从知道或者应当知道权利被侵害时起计算。在下列情况下，诉讼时效期间的计算方法如下所述。

(1) 人身损害赔偿的诉讼时效期间，伤害明显的，从受伤害之日起算；伤害当时未曾发现，后经检查确诊并能证明是由侵害引起的，从伤势确诊之日起算。

(2) 当事人约定同一债务分期履行的，诉讼时效期间从最后一期履行期限届满之日起计算。

(3) 未约定履行期限的合同，依照《民法典》相关规定，可以确定履行期限的，诉讼时效期间从履行期限届满之日起计算；不能确定履行期限的，诉讼时效期间从债权人要求债务人履行义务的宽限期届满之日起计算，但债务人在债权人第一次向其主张权利之时明确表示不履行义务的，诉讼时效期间从债务人明确表示不履行义务之日起计算。

(4) 享有撤销权的当事人一方请求撤销合同的，应符合《民法典》的规定。对方当事人对撤销合同请求权提出诉讼时效抗辩的，法院不予支持。合同被撤销，返还财产、赔偿损失请求权的，诉讼时效期间从合同被撤销之日起计算。

(5) 返还不当得利请求权的诉讼时效期间，从当事人一方知道或者应当知道不当得利事实及对方当事人之日起计算。

(6) 管理人因无因管理行为产生的给付必要管理费用、赔偿损失请求权的诉讼时效期间，从无因管理行为结束并且管理人知道或者应当知道本人之日起计算。本人因不当无因管理行为产生的赔偿损失请求权的诉讼时效期间，从其知道或者应当知道管理人及损害事实之日起计算。

11.2.5 诉讼时效中止和中断

1. 诉讼时效中止

《民法典》规定，在诉讼时效期间的最后6个月内，因不可抗力或者其他障碍不能行使请求权的，诉讼时效中止。从中止时效的原因消除之日起，诉讼时效期间继续计算。根据上述规定，诉讼时效中止，应当同时满足两个条件。

(1) 权利人由于不可抗力或者其他障碍，不能行使请求权。

(2) 导致权利人不能行使请求权的事由发生在诉讼时效期间的最后6个月内。诉讼时效中止，诉讼时效期间暂时停止计算。在导致诉讼时效中止的原因消除后，也就是权利人开始可以行使请求权时起，诉讼时效期间继续计算。

2. 诉讼时效中断

《民法典》规定，诉讼时效因提起诉讼、当事人一方提出要求或者同意履行义务而中断。从中断时起，诉讼时效期间重新计算。

11.3 民事诉讼的审判程序

民事诉讼的
审判程序

审判程序是人民法院审理案件适用的程序，可以分为一审程序、二审程序和审判监督程序。

11.3.1 一审程序

一审程序包括普通程序和简易程序。普通程序是《民事诉讼法》规定的民事诉讼当事人进行第一审民事诉讼和人民法院审理第一审民事案件所通常适用的诉讼程序。适用普通程序审理的案件，根据《民事诉讼法》的规定，应当在立案之日起6个月内审结。有特殊情况需要延长的，由本院院长批准，可以延长6个月；还需要延长的，报请上级人民法院批准。

1. 起诉和受理

(1) 起诉。《民事诉讼法》规定，起诉必须符合下列条件：①原告是与本案有直接利害关系的公民、法人和其他组织；②有明确的被告；③有具体的诉讼请求、事实和理由；④属于人民法院受理民事诉讼的范围和受诉人民法院管辖。起诉方式，应当以书面起诉为原则，口头起诉为例外。在工程实践中，基本都是采用书面起诉方式。《民事诉讼法》规定，起诉应当向人民法院提交起诉状，并按照被告人数提交副本。

起诉状应当包含下列内容：①当事人的姓名、性别、年龄、民族、职业、工作单位和住所，法人或者其他组织的名称、住所和法定代表人或者主要负责人的姓名、职务；②诉讼请求和所根据的事实和理由；③证据和证据来源，证人姓名和住所。

(2) 受理。《民事诉讼法》规定，法院收到起诉状，经审查，认为符合起诉条件的，应当在7日内立案并通知当事人；认为不符合起诉条件的，应当在7日内裁定不予受理。原告对裁定不服的，可以提起上诉。

2. 开庭审理

(1) 法庭调查。法庭调查是在法庭上出示与案件有关的全部证据，对案件事实进行全面调查并有当事人进行质证的程序。

法庭调查按照下列程序进行：①当事人陈述；②告知证人的权利义务，证人作证，宣读未到庭的证人证言；③出示书证、物证和视听资料；④宣读鉴定结论；⑤宣读勘验笔录。

(2) 法庭辩论。法庭辩论是当事人及其诉讼代理人在法庭上行使辩论权，针对有争议的事实和法律问题进行辩论的程序。法庭辩论的目的，是通过当事人及其诉讼代理人的辩论，对有争议的问题逐一进行审查和核实，借此查明案件的真实情况和正确适用法律。

(3) 法庭笔录。书记员应当将法庭审理的全部活动记入笔录，由审判人员和书记员签名。法庭笔录应当当庭宣读，也可以告知当事人和其他诉讼参与人当庭或者在5日内阅读。当事人和其他诉讼参与人认为对自己的陈述记录有遗漏或者差错的，有权申请补正。如果不予补正，应当将申请记录在案。法庭笔录由当事人和其他诉讼参与人签名或者盖章。

(4) 宣判。法庭辩论终结，应当依法作出判决。根据《民事诉讼法》的规定，判决前能够调解的，还可以进行调解。调解书经双方当事人签收后，即具有法律效力。调解不成的，如调解未达成协议或者调解书送达前一方反悔的，法院应当及时判决。原告经传票传唤，无正当理由拒不到庭的，或者未经法庭许可中途退庭的，可以按撤诉处理；被告反诉的，可以缺席判决。被告经传票传唤，无正当理由拒不到庭的，或者未经法庭许可中途退庭的，可以缺席判决。法院一律公开宣告判决，同时必须告知当事人上诉权利、上诉期限和上诉的法院。最高人民法院的判决、裁定，以及超过上诉期没有上诉的判决、裁定，是发生法律效力的判决、裁定。

11.3.2 二审程序

二审程序(又称上诉程序或终审程序)，是指由于民事诉讼当事人不服地方各级人民法院尚未生效的第一审判决或裁定，在法定上诉期间内，向上一级人民法院提起上诉而引起的诉讼程序。由于我国实行两审终审制，上诉案件经二审法院审理后作出的判决、裁定为终审的判决、裁定，诉讼程序即告终结。

二审程序

1. 上诉期间

当事人不服地方人民法院第一审判决的，有权在判决书送达之日起 15 日内向上一级人民法院提起上诉；不服地方人民法院第一审裁定的，有权在裁定书送达之日起 10 日内向上一级人民法院提起上诉。

2. 上诉状

当事人提起上诉，应当递交上诉状。上诉状应当通过原审法院提出，并按照对方当事人的人数提交副本。

3. 二审法院对上诉案件的处理

二审人民法院经过审理上诉案件，按照下列情形分别处理。

(1) 原判决认定事实清楚，适用法律正确的，判决驳回上诉，维持原判决。

(2) 原判决适用法律错误的，依法改判。

(3) 原判决认定事实错误，或者原判决认定事实不清、证据不足，裁定撤销原判决，发回原审人民法院重审，或者查清事实后改判。

(4) 原判决违反法定程序，可能影响案件正确判决的，裁定撤销原判决，发回原审人民法院重审。

二审法院作出的具有给付内容的判决，具有强制执行力。如果有履行义务的当事人拒不履行，对方当事人有权向法院申请强制执行。

对于发回原审法院重审的案件，原审法院仍将按照一审程序进行审理。因此，当事人对重审案件的判决、裁定，仍然可以上诉。

11.3.3 审判监督程序

1. 审判监督程序的概念

审判监督程序，是指由有审判监督权的法定机关和人员提起，或由当事人申请，由人民法院对发生法律效力的判决、裁定、调解书再次审理的程序。

1) 审判监督程序的提起

(1) 人民法院提起再审的程序。人民法院提起再审，必须是已经发生法律效力的判决裁定确有错误。

(2) 当事人申请再审的程序。当事人申请不一定引起审判监督程序，只有在同时符合当事人申请再审条件的前提下，由人民法院依法决定，才可以启动再审程序。

当事人申请再审的条件：当事人对已经发生法律效力的判决、裁定，认为有错误的，可以向上一级人民法院申请再审，但不停止判决、裁定的执行。

当事人的申请符合下列情形之一的，人民法院应当再审：①有新的证据，足以推翻原判决、裁定的；②原判决、裁定认定的基本事实缺乏证据证明的；③原判决、裁定认定事实的主要证据是伪造的；④原判决、裁定认定事实的主要证据未经质证的；⑤对审理案件需要的证据，当事人因客观原因不能自行收集，书面申请人民法院调查收集，人民法院未调查收集的；⑥原判决、裁定适用法律确有错误的；⑦违反法律规定，管辖错误的；⑧审判组织的组成不合法或者依法应当回避的审判人员没有回避的；⑨无诉讼行为能力人未经法定代理人代为诉讼或者应当参加诉讼的当事人，因不能归责于本人或者其诉讼代理人的事由，未参加诉讼的；⑩违反法律规定，剥夺当事人辩论权利的；⑪未经传票传唤，缺席判决的；⑫原判决、裁定遗漏或者超出诉讼请求的；⑬据以作出原判决、裁定的法律文书被撤销或者变更的。

对违反法定程序可能影响案件正确判决、裁定的情形，或者审判人员在审理该案件时有贪污受贿、徇私舞弊、枉法裁判行为的，人民法院应当再审。

2) 当事人可以申请再审的时间

当事人申请再审，应当在判决、裁定发生法律效力后 2 年内提出；2 年后据以作出原判决、裁定的法律文书被撤销或者变更，以及发现审判人员在审理该案件时有贪污受贿、徇私舞弊、枉法裁判行为的，自知道或者应当知道之日起 3 个月内提出。《最高人民法院关于适用〈中华人民共和国民事诉讼法〉审判监督程序若干问题的解释》中规定，申请再审期间不适用中止、中断和延长的规定。

2. 人民检察院的抗诉

抗诉是指人民检察院对人民法院发生法律效力的判决、裁定，发现有提起抗诉的法定情形，提请人民法院对案件重新审理。最高人民检察院对各级人民法院已经发生法律效力的判决、裁定，上级人民检察院对下级人民法院已经发生法律效力的判决、裁定，发现有符合当事人可以申请再审情形之一的，应当按照审判监督程序提起抗诉。地方各级人民检察院对同级人民法院已经发生法律效力的判决、裁定，发现有符合当事人可以申请再审情形之一的，应当提请上级人民检察院向同级人民法院提出抗诉。

11.3.4 民事诉讼的执行程序

审判程序与执行程序是并列的独立程序。审判程序是产生裁判书的过程，执行程序是实现裁判书内容的过程。

1. 执行程序的概念

执行程序是指人民法院的执行机构依照法定的程序，对发生法律效力并具有给付内容的法律文书，以国家强制力为后盾，依法采取强制措施，迫使具有给付义务的当事人履行其给付义务的行为。

2. 执行根据

执行根据是当事人申请执行，人民法院移交执行以及人民法院采取强制措施的依据。

执行根据是执行程序发生的基础，没有执行根据，当事人不能向人民法院申请执行，人民法院也不得采取强制措施。

执行根据主要如下所述。

(1) 人民法院制作的发生法律效力的民事判决书、裁定书以及生效的调解书等。

(2) 人民法院作出的具有财产给付内容的发生法律效力的刑事判决书、裁定书。

(3) 仲裁机构制作的依法由人民法院执行的生效仲裁裁决书、仲裁调解书。

(4) 公证机关依法作出的赋予强制执行效力的公证债权文书。

(5) 人民法院作出的先予执行的裁定、执行回转的裁定以及承认并协助执行外国判决、裁定或裁决的裁定。

(6) 我国行政机关作出的法律明确规定由人民法院执行的行政决定。

3. 执行案件的管辖

发生法律效力的民事判决、裁定，以及刑事判决、裁定中的财产部分，由第一审人民法院或者与第一审人民法院同级的被执行的财产所在地人民法院执行。《最高人民法院关于适用〈中华人民共和国民事诉讼法〉执行程序若干问题的解释》中规定，申请执行人向被执行的财产所在地人民法院申请执行的，应当提供该人民法院辖区有可供执行财产的证明材料。人民法院受理执行申请后，当事人对管辖权有异议的，应当自收到执行通知书之日起10日内提出。

4. 执行程序

(1) 申请。人民法院作出的判决、裁定等法律文书，当事人必须履行。如果无故不履行，另一方当事人可向有管辖权的人民法院申请强制执行。申请强制执行应提交申请强制执行书，并附作为执行根据的法律文书。申请强制执行，还须遵守申请执行期限。申请执行的期间为2年。申请执行时效的中止、中断，适用法律有关诉讼时效中止、中断的规定。这里的期间，从法律文书规定履行期间的最后一日起计算；法律文书规定分期履行的，从规定的每次履行期间的最后一日起计算；法律文书未规定履行期间的，从法律文书生效之日起计算。

(2) 执行。对于具有执行内容的生效裁判文书，由审判该案的审判人员将案件直接交付执行人员，随即开始执行程序。提交执行的案件有三类：具有给付或者履行内容的生效民事判决、裁定(包括先予执行的抚恤金、医疗费用等)；具有财产执行内容的刑事判决书、裁定书；审判人员认为涉及国家、集体或公民重大利益的案件。

(3) 向上一级人民法院申请执行。人民法院自收到申请执行书之日起超过6个月未执行的，申请执行人可以向上一级人民法院申请执行，上一级人民法院经审查，可以责令原人民法院在一定期限内执行，也可以决定由本院执行或者指令其他人民法院执行。

有下列情形之一的，上一级人民法院可以根据申请执行人的申请，责令执行法院限期执行或者变更执行法院：①债权人申请执行时被执行人有可供执行的财产，执行法院自收到申请执行书之日起超过6个月对该财产未执行完结的；②执行过程中发现被执行人可供执行的财产，执行法院自发现财产之日起超过6个月对该财产未执行完结的；③对法律文书确定的行为义务的执行，执行法院自收到申请执行书之日起超过6个月未依法采取相应执行措施的；④其他有条件执行超过6个月未执行的。

5. 执行中的其他问题

1) 委托执行

《民事诉讼法》规定，被执行人或被执行的财产在外地的，可以委托当地人民法院代为执行。受委托人民法院收到委托函件后，必须在 15 日内开始执行，不得拒绝。

2) 执行异议

(1) 当事人、利害关系人提出的异议。当事人、利害关系人认为执行行为违反法律规定的，可以向负责执行的人民法院提出书面异议。当事人、利害关系人提出书面异议的，人民法院应当自收到书面异议之日起 15 日内审查，理由成立的，裁定撤销或者改正；理由不成立的，裁定驳回。当事人、利害关系人对裁定不服的，可以自裁定送达之日起 10 日内向上一级人民法院申请复议。

(2) 案外人提出的异议。执行过程中，案外人对执行标的提出书面异议的，人民法院应当自收到书面异议之日起 15 日内审查，理由成立的，裁定中止对该标的的执行；理由不成立的，裁定驳回。案外人、当事人对裁定不服，认为原判决、裁定错误的，依照审判监督程序办理；与原判决、裁定无关的，可以自裁定送达之日起 15 日内向人民法院提起诉讼。案外人提起诉讼，对执行标的主张实体权利，并请求对执行标的停止执行的，应当以申请执行人为被告；被执行人反对案外人对执行标的所主张的实体权利的，应当以申请执行人和被执行人为共同被告。该诉讼由执行法院管辖，诉讼期间不停止执行。

3) 执行和解

在执行中，双方当事人自行和解达成协议的，执行员应当将协议内容记入笔录，由双方当事人签名或者盖章。一方当事人不履行和解协议的，人民法院可以根据对方当事人的申请，恢复对原生效法律文书的执行。

6. 执行措施

执行措施主要如下所述。

(1) 查封、冻结、划拨被执行人的存款。

(2) 扣留、提取被执行人的收入。

(3) 查封、扣押、拍卖、变卖被执行人的财产。

(4) 对被执行人及其住所或财产隐匿地进行搜查。

(5) 强制被执行人和有关单位、公民交付法律文书指定的财物或票证。

(6) 强制被执行人迁出房屋或退出土地。

(7) 强制被执行人履行法律文书指定的行为。

(8) 办理财产权证照转移手续。

(9) 强制被执行人支付迟延履行期间的债务利息或迟延履行金。

(10) 依申请执行人申请，通知对被执行人负有到期债务的第三人向申请执行人履行债务。

7. 执行中止和终结

(1) 执行中止。执行中止是指在执行过程中，因发生特殊情况，需要暂时停止执行程序。有下列情况之一的，人民法院应裁定中止执行：①申请人表示可以延期执行的；②案外人对执行标的提出确有理由异议的;③作为一方当事人的公民死亡,需要等待继承人继承权利或承担义务的;④作为一方当事人的法人或其他组织终止,尚未确定权利义务承受人的;⑤人民法院认为应当中止执行的其他情形,如被执行人确无财产可供执行等。中止的情形消失后,恢复执行。

(2) 执行终结。在执行过程中,由于出现某些特殊情况,执行工作无法继续进行或没有必要继续进行的,结束执行程序。有下列情况之一的,人民法院应当裁定终结执行:①申请人撤销申请的;②据以执行的法律文书被撤销的;③作为被执行人的公民死亡,无遗产可供执行,又无义务承担人的;④追索赡养费、抚养费、抚育费案件的权利人死亡的;⑤作为被执行人的公民因生活困难无力偿还借款,无收入来源,又丧失劳动能力的;⑥人民法院认为应当终结执行的其他情形。

11.4 仲 裁 制 度

仲裁是解决民商事纠纷的重要方式之一。仲裁有下列三项基本制度。

(1) 协议仲裁制度,仲裁协议是当事人仲裁自愿的体现,当事人申请仲裁,仲裁委员会受理仲裁、仲裁庭对仲裁案件的审理和裁决,都必须以当事人依法订立的仲裁协议为前提。《仲裁法》规定,没有仲裁协议,一方申请仲裁的,仲裁委员会不予受理。

(2) 或裁或审制度,仲裁和诉讼是两种不同的争议解决方式,当事人只能选用其中的一种。《仲裁法》规定:"当事人达成仲裁协议,一方向人民法院起诉的,人民法院不予受理,但仲裁协议无效的除外。"因此,有效的仲裁协议可以排除法院对案件的司法管辖权,只有在没有仲裁协议或者仲裁协议无效的情况下,法院才可以对当事人的纠纷予以受理。

(3) 一裁终局制度,仲裁实行一裁终局的制度。裁决作出后,当事人就同一纠纷再申请仲裁或者向人民法院起诉的,仲裁委员会或者人民法院不予受理。

仲裁制度

11.4.1 仲裁协议的规定

1. 仲裁协议的形式

仲裁协议是指当事人自愿将已经发生或者可能发生的争议通过仲裁解决的书面协议。《仲裁法》规定:"仲裁协议包括合同中订立的仲裁条款和其他以书面形式在纠纷发生前或者纠纷发生后达成的请求仲裁的协议。"据此,仲裁协议应当采用书面形式,口头方式达成的仲裁意思表示无效。仲裁协议既可以表现为合同中的仲裁条款,也可以表现为独立于合同而存在的仲裁协议书。在实践中,合同中的仲裁条款是最常见的仲裁协议形式。

2. 仲裁协议的内容

仲裁协议应当具有下列内容:①请求仲裁的意思表示;②仲裁事项;③选定的仲裁委员会。这三项内容必须同时具备,仲裁协议才能有效。

3. 仲裁协议的效力

(1) 对当事人的法律效力。仲裁协议一经有效成立，即对当事人产生法律约束力。发生纠纷后，当事人只能向仲裁协议中所约定的仲裁机构申请仲裁，而不能就该纠纷向法院提起诉讼。

(2) 对法院的约束力。有效的仲裁协议排除法院的司法管辖权。《仲裁法》规定，当事人达成仲裁协议，一方向人民法院起诉未声明有仲裁协议，人民法院受理后，另一方在首次开庭前提交仲裁协议的，人民法院应当驳回起诉，但仲裁协议无效的除外。

(3) 对仲裁机构的法律效力。仲裁协议是仲裁委员会受理仲裁案件的基础，是仲裁庭审理和裁决案件的依据。没有有效的仲裁协议，仲裁委员会就不能获得仲裁案件的管辖权。同时，仲裁委员会只能对当事人在仲裁协议中约定的争议事项进行仲裁，对超出仲裁协议约定范围的其他争议无权仲裁。

(4) 仲裁协议的独立性。仲裁协议独立存在，合同的变更、解除、终止或者无效，不影响仲裁协议的效力。

11.4.2 仲裁的申请和受理

1. 申请仲裁的条件

当事人申请仲裁，应当符合下列条件。
(1) 有仲裁协议。
(2) 有具体的仲裁请求和事实、理由。
(3) 属于仲裁委员会的受理范围。

2. 申请仲裁的方式

当事人申请仲裁，应当向仲裁委员会递交仲裁协议、仲裁申请书及副本。其中，仲裁申请书应当载明下列事项。

(1) 当事人的姓名、性别、住龄、职业、工作单位和住所，法人或者其他组织的名称、住所和法定代表人或者主要负责人的姓名、职务。
(2) 仲裁请求和所依据的事实、理由。
(3) 证据和证据来源、证人姓名和住所。

3. 审查与受理

仲裁委员会收到仲裁申请书之日起 5 日内，认为符合受理条件的应当受理，并通知当事人；认为不符合受理条件的，应当书面通知当事人不予受理，并说明理由。

仲裁委员会受理仲裁申请后，应当在仲裁规则规定的期限内将仲裁规则和仲裁员名册送达申请人，并将仲裁申请书副本和仲裁规则、仲裁员名册送达被申请人。被申请人收到仲裁申请书副本后，应当在仲裁规则规定的期限内向仲裁委员会提交答辩书。仲裁委员会收到答辩书后，应当在仲裁规则规定的期限内将答辩书副本送达申请人。被申请人未提交答辩书的，不影响仲裁程序的进行。被申请人有权提出反请求。

4. 财产保全和证据保全

为保证仲裁程序顺利进行、仲裁案件公正审理以及仲裁裁决有效执行，当事人有权申请财产保全和证据保全。当事人要求采取财产保全或证据保全措施的，应向仲裁委员会提出书面申请，由仲裁委员会将当事人的申请转交被申请人住所地或其财产所在地或证据所在地有管辖权的人民法院作出裁定。

11.4.3 仲裁的开庭和裁决

1. 仲裁庭的组成

仲裁庭的组成形式包括合议仲裁庭和独任仲裁庭两种，即仲裁庭可以由3名仲裁员或者1名仲裁员组成。

(1) 合议仲裁庭。当事人约定由3名仲裁员组成仲裁庭的，应当各自选定或者各自委托仲裁委员会主任指定1名仲裁员，第3名仲裁员由当事人共同选定或者共同委托仲裁委员会主任指定。第3名仲裁员是首席仲裁员。

(2) 独任仲裁庭。当事人约定1名仲裁员成立仲裁庭的，应当由当事人共同选定或者共同委托仲裁委员会主任指定仲裁员。但是，当事人没有在仲裁规定的期限内约定仲裁庭的组成方式或者选定仲裁员的，由仲裁委员会主任指定。

仲裁员有下列情形之一的，必须回避，当事人也有权提出回避申请。

(1) 是本案当事人或者当事人、代理人的近亲属的。

(2) 与本案有利害关系的。

(3) 与本案当事人、代理人有其他关系，可能影响公正仲裁的。

(4) 私自会见当事人、代理人，或者接受当事人、代理人的请客送礼的。

当事人提出回避申请，应当说明理由，在首次开庭前提出。回避事由在首次开庭后知道的，可以在最后一次开庭结束前提出。

2. 开庭和审理

仲裁应当开庭进行，当事人可以协议不开庭。当事人应当对自己的主张提供证据。仲裁庭认为有必要收集的证据，可以自行收集。证据应当在开庭时出示，当事人可以质证。当事人在仲裁过程中有权进行辩论。仲裁庭可以作出缺席裁决。申请人无正当理由开庭时不到庭的，或在开庭审理时未经仲裁庭许可中途退庭的，视为撤回仲裁申请；如果被申请人提出了反请求，不影响仲裁庭就反请求进行审理，并作出裁决。被申请人无正当理由开庭时不到庭的，或在开庭审理时未经仲裁庭许可中途退庭的，仲裁庭可以进行缺席审理，并作出裁决；如果被申请人提出了反请求，视为撤回反请求。为了保护当事人的商业秘密和商业信誉，仲裁不公开进行。当事人协议公开的，可以公开进行，但涉及国家机密的除外。

3. 仲裁中的和解

当事人申请仲裁后，可以自行和解。达成和解协议的，可以请求仲裁庭根据和解协议作出裁决，也可以撤回仲裁申请。当事人达成和解协议，撤回仲裁申请后反悔的，仍可以根据仲裁协议申请仲裁。

4. 仲裁裁决

仲裁裁决应当按照多数仲裁员的意见作出，少数仲裁员的不同意见可以记入笔录。仲裁庭不能形成多数意见时，裁决应当按照首席仲裁员的意见作出。裁决书自作出之日起发生法律效力。

裁决书的效力如下所述。

(1) 裁决书一裁终局，当事人不得就已经裁决的事项再申请仲裁，也不得就此提起诉讼。

(2) 仲裁裁决具有强制执行力，一方当事人不履行的，对方当事人可以到法院申请强制执行。

(3) 仲裁裁决在所有《承认和执行外国仲裁裁决公约》缔约国(或地区)可以得到承认和执行。

5. 申请撤销裁决

仲裁的本质属性为契约性，同时在立法规范和司法实践中又具有司法性。依据《民事诉讼法》和《仲裁法》的规定，人民法院对仲裁进行司法监督。

(1) 申请撤销仲裁裁决的法定事由。当事人提出证据证明裁决有下列情形之一的，可以向仲裁委员会所在地的中级人民法院申请撤销裁决：①没有仲裁协议的；②裁决的事项不属于仲裁协议的范围或者仲裁委员会无权仲裁的；③仲裁庭的组成或者仲裁的程序违反法定程序的；④仲裁所依据的证据是伪造的；⑤对方当事人隐瞒了足以影响公正裁决的证据的；⑥仲裁员在仲裁该案时有索贿受贿、徇私舞弊、枉法裁决行为的。当事人申请撤销裁决的，应当自收到裁决书之日起6个月内向仲裁机构所在地的中级人民法院提出。

(2) 仲裁裁决被撤销的法律后果。仲裁裁决被人民法院依法撤销后，当事人之间的纠纷并未解决。根据《仲裁法》的规定，当事人就该纠纷可以根据双方重新达成的仲裁协议申请仲裁，也可以向人民法院起诉。

11.4.4 仲裁裁决的执行

1. 仲裁裁决的强制执行力

《仲裁法》规定，仲裁裁决作出后，当事人应当履行裁决。一方当事人不履行的，另一方当事人可以依照民事诉讼法的有关规定，向人民法院申请执行。仲裁裁决的强制执行应当向有管辖权的法院提出申请。被执行人在中国境内的，国内仲裁裁决由被执行人住所地或被执行人财产所在地的人民法院执行；涉外仲裁裁决，由被执行人住所地或被执行人财产所在地的中级人民法院执行。申请仲裁裁决强制执行必须在法律规定的期限内提出。根据《民事诉讼法》(2012)第二百三十九条的规定，申请执行的期间为2年。申请执行时效的中止、中断，适用法律有关诉讼时效中止、中断的规定。申请仲裁裁决强制执行的期限，自仲裁裁决书规定履行期限或仲裁机构的仲裁规则规定履行期间的最后一日起计算。仲裁裁决书规定分期履行的，依规定的每次履行期间的最后一日起计算。

2. 仲裁裁决的不予执行

根据《仲裁法》《民事诉讼法》的规定，被申请人提出证据证明裁决有下列情形之一的，经人民法院组成合议庭审查核实，裁定不予执行。

(1) 当事人在合同中没有仲裁条款或者事后没有达成书面仲裁协议的。
(2) 裁决的事项不属于仲裁协议的范围或者仲裁机构无权仲裁的。
(3) 仲裁庭的组成或者仲裁的程序违反法定程序的。
(4) 认定事实的主要证据不足的。
(5) 适用法律确有误的。
(6) 仲裁员在仲裁该案时有索贿受贿、徇私舞弊、枉法裁决行为的。

仲裁裁决的不予执行

仲裁裁决被法院依法裁定不予执行的，当事人就该纠纷可以重新达成仲裁协议，并依据该仲裁协议申请仲裁，也可以向法院提起诉讼。

【案例 11-1】

2018 年 5 月 1 日，北京某科技有限公司与贵州某物流服务公司签订代理合作协议，约定该科技有限公司旗下的某外卖平台向物流服务公司及其运营商家提供平台信息服务，物流服务公司独立负责本区域内该外卖平台上外卖业务的推广、运营、商家上单、商家线上线下日常管理等，并依靠自身资源组织配送人员，独立负责外卖订单配送。

2018 年 7 月，徐某通过手机下载该外卖平台的 App 软件，报名为外卖骑手，物流服务公司通知徐某面试，并要求其参加自身组织的线下培训。

培训中，徐某与物流服务公司签订"配送合伙人合作协议"，协议约定双方无劳动关系，但载明了骑手工作时间、配送区域、配送要求、晋升空间和报酬计算方式等内容，徐某需遵守物流服务公司在送单时间、送单服务质量以及送单评价等方面的规定，由徐某选定外卖配送的具体区域，工作时间为每天 9:00 至 21:00，工作时间内只能在指定工作区域内活动。徐某还在培训现场向物流服务公司购得印有外卖平台标志的配送员头盔、工作服、保温箱等配送工具。培训后，徐某由站长在线下系统录入相关信息后获得配送资格，可以通过 App 软件接单配送商品。科技公司根据徐某每月的送单量将配送费支付给第三方公司，再由第三方将费用支付给徐某，同时物流服务公司根据徐某每月的配送量向其发放"分红"奖励。

2020 年 8 月，徐某在配送订单途中发生交通事故受伤。为主张工伤待遇，徐某提起劳动争议仲裁，要求确认与物流服务公司存在劳动关系。

问题：

双方是否构成劳动关系？请说明理由。

11.5 调解与和解制度

11.5.1 调解的规定

调解方式主要有人民调解、行政调解、仲裁调解、法院调解和专业机构调解等。

1. 人民调解

1) 人民调解的原则和人员机构

人民调解的基本原则包括：①当事人自愿原则；②当事人平等原则；③合法原则；④尊重当事人权利原则。

人民调解流程

人民调解的组织形式是人民调解委员会。《人民调解法》规定，人民调解委员会是村民委员会和居民委员会下设的调解民间纠纷的群众性自治组织，在人民政府和基层人民法院指导下进行工作。人民调解委员会由3～9人组成，设主任1人，必要时可以设副主任若干人。人民调解员由人民调解委员会委员和人民调解委员会聘任的人员担任。人民调解员应当具备的基本条件包括：①公道正派；②热心人民调解工作；③具有一定文化水平；④有一定的法律知识和政策水平；⑤成年公民。

2) 人民调解的程序和调解协议

人民调解应当遵循的程序主要为：①当事人申请调解；②人民调解委员会主动调解；③指定调解员或由当事人选定调解员进行调解；④达成协议；⑤调解结束。

经人民调解委员会调解达成调解协议的，可以制作调解协议书。当事人认为无须制作调解协议的，可以采取口头协议的方式，人民调解员应当记录协议内容。经人民调解委员会调解达成的调解协议具有法律约束力，当事人应当按照约定履行。当事人就调解协议的履行或者调解协议的内容发生争议的，一方当事人可以向法院提起诉讼。

2. 行政调解

行政调解分为两种：①基层人民政府，即乡、镇人民政府对一般民间纠纷的调解；②国家行政机关依照法律规定对某些特定民事纠纷、经济纠纷或劳动纠纷等进行的调解。行政调解属于诉讼外调解。行政调解达成的协议也不具有强制约束力。

3. 仲裁调解

仲裁庭在作出裁决前，可以先行调解。当事人自愿调解的，仲裁庭应当调解。调解不成的，应当及时作出裁决。调解达成协议的，仲裁庭应当制作调解书或者根据协议的结果制作裁决书。调解书与裁决书具有同等法律效力。调解书经双方当事人签收后，即发生法律效力。在调解书签收前当事人反悔的，仲裁庭应当及时作出裁决。

4. 法院调解

(1) 调解方法。《民事诉讼法》规定，人民法院进行调解，可以由审判员一人主持，也可以由合议庭主持，并尽可能就地进行。人民法院进行调解，可以用简便方式通知当事人、证人到庭。

人民法院进行调解，可以邀请有关单位和个人协助。被邀请的单位和个人，应当协助人民法院进行调解。

(2) 调解协议。调解达成协议，必须双方自愿，不得强迫。调解协议的内容不得违反法律规定。调解达成协议，人民法院应当制作调解书。调解书应当写明诉讼请求、案件的事实和调解结果。调解书由审判员、书记员署名，加盖人民法院印章，送达双方当事人。

调解书经双方当事人签收后，即具有法律效力。

但下列案件调解达成协议，人民法院可以不制作调解书：①调解和好的离婚案件；②调解维持收养关系的案件；③能够即时履行的案件；④其他不需要制作调解书的案件。

调解未达成协议或者调解书送达前一方反悔的，人民法院应当及时判决。

5. 专业机构调解

专业机构调解是当事人在发生争议前或争议后，协议约定由指定的具有独立调解规则的机构按照其调解规则进行调解。所谓调解规则，是指调解机构、调解员以及调解当事人之间在调解过程中应遵守的程序性规范。

【案例 11-2】

安远县某村村民冯某与黄某是邻居。2019 年 5 月，该村开展整村推进扶贫项目，并对全村实施入户便道工程。黄某家入户道路改造需要占用冯某家的道路，但因黄某与冯某两人积怨多年，冯某不愿意让出自家的道路，并进入黄某家的施工现场阻拦施工。双方因此在施工现场相互谩骂，僵持不下。因双方矛盾持续升级，已经严重影响到整村推进项目的正常施工和进度，黄某遂来到某镇人民调解委员会申请调解，要求调解其与冯某的纠纷。镇调委会在征求冯某同意后，受理了此纠纷，并组织调解员进行调查和调解工作。

问题：

对于此案应如何进行调解？

11.5.2 和解的规定

和解与调解的区别在于：和解是当事人之间自愿协商，达成协议，没有第三人参加；而调解是在第三人主持下进行疏导、劝说，使之相互谅解，自愿达成协议。

1. 和解的类型

(1) 诉讼前的和解。
(2) 诉讼中的和解。
(3) 执行中的和解。
(4) 仲裁中的和解。

最高人民法院关于执行和解若干问题的规定(2020 修正)

2. 和解的效力

和解达成的协议不具有强制约束力，如果一方当事人不按照和解协议执行，另一方当事人不可以请求人民法院强制执行，但可以向法院提起诉讼，也可以根据约定申请仲裁。

法院或仲裁庭通过对和解协议的审查，对于意思真实而又不违反法律强制性或禁止性规定的和解协议予以支持，也可以支持遵守协议方要求违反协议方就不执行该和解协议承担违约责任的请求。但是，对于一方非自愿作出的或违反法律强制性或禁止性规定的和解协议不予支持。

11.6 行政复议和行政诉讼制度

行政复议、行政诉讼处理和解决的都是行政争议，但二者又有着明显区别。行政复议，是指行政机关根据上级行政机关对下级行政机关的监督权，在当事人的申请和参加下，按照行政复议程序对具体行政行为进行合法性和适当性审查，并作出决定以解决行政侵权争议的活动。行政诉讼，是指人民法院应当事人的请求，通过审查具体行政行为合法性的方式，解决特定范围内行政争议的活动。行政诉讼和民事诉讼、刑事诉讼构成我国的基本诉讼制度。

此外，行政复议以具体行政行为为审查对象，可应当事人的申请，依法附带审查该具体行政行为所依据的行政机关相关规定(即抽象行政行为)的合法性，而行政诉讼只对具体行政行为进行审查；行政复议不仅审查具体行政行为的合法性，也审查具体行政行为的适当性，行政诉讼只审查具体行政行为的合法性；具体行政行为经行政复议后，对行政复议不服的，绝大多数情况下还可依法再提起行政诉讼，但不允许经行政诉讼裁判生效后就同一行政纠纷再提行政复议。

11.6.1 行政复议范围

行政复议的目的是防止和纠正违法的或者不当的具体行政行为，保护公民、法人和其他组织的合法权益，保障和监督行政机关依法行使职权。因此，只要是公民、法人或者其他组织认为行政机关的具体行政行为侵犯其合法权益，就有权向行政机关申请行政复议。

在建设工程实践中，以下七种行政复议尤为重要。

(1) 对行政机关作出的警告、罚款、没收违法所得、没收非法财物、责令停产停业、暂扣或者吊销许可证、暂扣或者吊销执照、行政拘留等行政处罚决定不服的。

(2) 对行政机关作出的限制人身自由或者查封、扣押、冻结财产等行政强制措施决定不服的。

(3) 对行政机关作出的有关许可证、执照、资质证、资格证等证书变更、中止、撤销的决定不服的。

(4) 认为行政机关侵犯合法的经营自主权的。

(5) 认为行政机关违法集资、征收财物、摊派费用或者违法要求履行其他义务的。

(6) 认为符合法定条件，申请行政机关颁发许可证、执照、资质证、资格证等证书，或者申请行政机关审批、登记有关事项，行政机关没有依法办理的。

(7) 认为行政机关的其他具体行政行为侵犯其合法权益的。

此外，公民、法人或者其他组织认为行政机关的具体行政行为所依据的下列规定不合法，在对具体行政行为申请行政复议时，可以一并向行政复议机关提出对该规定的审查申请：①国务院部门的规定；②县级以上地方各级人民政府及其工作部门的规定；③乡、镇人民政府的规定。但以上规定不含国务院部、委员会规章和地方人民政府规章。规章的审查依照法律、行政法规办理。

下列事项应按规定的纠纷处理方式解决，不能提起行政复议：①不服行政机关作出的行政处分或者其他人事处理决定的，应当依照有关法律、行政法规的规定提起申诉；②不服行政机关对民事纠纷作出的调解或者其他处理，应当依法申请仲裁或者向法院提起诉讼。

11.6.2　行政诉讼受案范围

行政诉讼受案范围是指行政机关作出的具体行政行为，行政相对人不服时向人民法院起诉，人民法院可以受理的行政案件范围。该受案范围确定了行政机关行政行为受司法监督的限度，以及公民、法人或其他组织获得司法救济的范围。

《行政诉讼法》规定，法院受理公民、法人和其他组织对下列具体行政行为不服提起的诉讼：①对拘留、罚款、吊销许可证和执照、责令停产停业、没收财物等行政处罚不服的；②对限制人身自由(如强制隔离、强制约束)或者对财产的查封、扣押、冻结等行政强制措施不服的；③认为行政机关侵犯法律规定的经营自主权的；④认为符合法定条件申请行政机关颁发许可证和执照，行政机关拒绝颁发或者不予答复的；⑤申请行政机关履行保护人身权、财产权的法定职责，行政机关拒绝履行或者不予答复的；⑥认为行政机关没有依法发给抚恤金的(如伤残抚恤金、遗属抚恤金、福利金、救济金等)；⑦认为行政机关违法要求履行义务的(如财产义务、行为义务，典型表现为乱收费、乱摊派)；⑧认为行政机关侵犯其他人身权、财产权的；⑨法律、法规规定可以提起行政诉讼的其他行政案件。

但是，法院不受理公民、法人或者其他组织对下列事项提起的诉讼：①国防、外交等国家行为；②行政法规、规章或者行政机关制定、发布的具有普遍约束力的决定、命令；③行政机关对行政机关工作人员的奖惩、任免等决定；④法律规定由行政机关最终裁决的具体行政行为。

11.6.3　行政复议申请

公民、法人或者其他组织认为具体行政行为侵犯其合法权益的，可以自知道该具体行政行为之日起 60 日内提出行政复议申请；但法律规定的申请期限超过 60 日的除外。因不可抗力或者其他正当理由耽误法定申请期限的，申请期限自障碍消除之日起继续计算。

依法申请行政复议的公民、法人或者其他组织是申请人。作出具体行政行为的行政机关是被申请人。申请人可以委托代理人代为参加行政复议。申请人申请行政复议，可以书面申请，也可以口头申请。

11.6.4　行政复议受理

行政复议机关收到行政复议申请后，应当在 5 日内进行审查，依法决定是否受理，并书面告知申请人；对符合行政复议申请条件，但不属于本机关受理范围的，应当告知申请人向有关行政复议机关提出。

在行政复议期间，行政机关不停止执行该具体行政行为，但有下列情形之一的，可以停止执行。

(1)　被申请人认为需要停止执行的。
(2)　行政复议机关认为需要停止执行的。
(3)　申请人申请停止执行，行政复议机关认为其要求合理，决定停止执行的。

(4) 法律规定停止执行的。

11.6.5　行政复议决定

行政复议原则上采取书面审查的办法，但申请人提出要求或者行政复议机关负责法制工作的机构认为有必要时，可以向有关组织和人员调查情况，听取申请人、被申请人和第三人的意见。行政复议决定作出前，申请人要求撤回行政复议申请的，经说明理由，可以撤回；撤回行政复议申请的，行政复议终止。

行政复议机关应当在受理行政复议申请之日起 60 日内作出行政复议决定，其主要类型如下所述。

(1) 对于具体行政行为认定事实清楚，证据确凿，适用依据正确，程序合法，内容适当的，决定维持。

(2) 对于被申请人不履行法定职责的，决定其在一定期限内履行。

(3) 对于具体行政行为有下列情形之一的，决定撤销、变更或者确认该具体行政行为违法：①主要事实不清、证据不足的；②适用依据错误的；③违反法定程序的；④超越或者滥用职权的；⑤具体行政行为明显不当的。

对于决定撤销或者确认该具体行政行为违法的，可以责令被申请人在一定期限内重新作出具体行政行为。申请人在申请行政复议时可以一并提出行政赔偿请求，行政复议机关对符合国家赔偿法有关规定应当给予赔偿的，在决定撤销、变更具体行政行为或者确认具体行政行为违法时，应同时决定被申请人依法给予赔偿。

11.6.6　行政诉讼的法院管辖、起诉和受理

1. 行政诉讼管辖

行政诉讼管辖指不同级别和地域的人民法院之间在受理第一审行政案件的权限分工。

行政诉讼管辖

1) 级别管辖

行政诉讼案件一般都由基层人民法院管辖，有下列情形之一的，应当由中级人民法院管辖第一审行政案件。

(1) 确认发明专利权的案件、海关处理的案件。

(2) 对国务院各部门或者省、自治区、直辖市人民政府所做的具体行政行为提起诉讼的案件。

(3) 本辖区内重大、复杂的案件。

高级人民法院和最高人民法院只管辖本辖区范围内重大、复杂的行政诉讼案件。

2) 一般地域管辖

行政案件由最初作出具体行政行为的行政机关所在地人民法院管辖。经复议的案件，复议机关改变原具体行政行为的，也可以由复议机关所在地人民法院管辖。对限制人身自由的行政强制措施不服提起的诉讼，由被告所在地或者原告所在地人民法院管辖。因不动产提起的行政诉讼，由不动产所在地人民法院管辖。两个以上人民法院都有管辖权的案件，原告可以选择其中一个人民法院提起诉讼。原告向两个以上有管辖权的人民法院提起诉讼

的,由最先收到起诉状的人民法院管辖。

2. 起诉

提起诉讼应当符合下列条件。
(1) 原告是认为具体行政行为侵犯其合法权益的公民、法人或者其他组织。
(2) 有明确的被告。
(3) 有具体的诉讼请求和事实根据。
(4) 属于人民法院受案范围和受诉人民法院管辖。

行政争议未经行政复议,由当事人直接向法院提起行政诉讼的,除法律另有规定的外,应当在知道作出具体行政行为之日起 3 个月内起诉。经过行政复议但对行政复议决定不服而依法提起行政诉讼的,应当在收到行政复议决定书之日起 15 日内起诉;若行政复议机关逾期不作复议决定的,除法律另有规定的外,应当在行政复议期满之日起 15 日内起诉。

3. 受理

人民法院接到起诉状,经审查,应当在 7 日内立案或者作出裁定不予受理。原告对裁定不服的,可以提起上诉。

11.6.7 行政诉讼的审理、判决和执行

1. 审理

《行政诉讼法》规定,行政诉讼期间,除该法规定的情形外,不停止具体行政行为的执行。法院审理行政案件,不适用调解。除涉及国家秘密、个人隐私和法律另有规定之外,人民法院公开审理行政案件。

人民法院审理行政案件,以法律和行政法规、地方性法规为依据。地方性法规适用于本行政区域内发生的行政案件;审理民族自治地方的行政案件,并以该民族自治地方的自治条例和单行条例为依据。人民法院审理行政案件,参照国务院部、委根据法律和国务院的行政法规、决定、命令制定、发布的规章以及省、自治区、直辖市和省、自治区的人民政府所在地的市和经国务院批准的较大的市的人民政府根据法律和国务院的行政法规制定、发布的规章。经人民法院两次合法传唤,原告无正当理由拒不到庭的,视为申请撤诉;被告无正当理由拒不到庭的,可以缺席判决。

2. 判决

法院对行政诉讼的一审判决有如下几种。
(1) 认为具体行政行为证据确凿,适用法律、法规正确,符合法定程序的,判决维持。
(2) 认为具体行政行为有下列情形之一,判决撤销或者部分撤销,并可以判决被告重新作出具体行政行为:①主要证据不足的;②适用法律、法规错误的;③违反法定程序的;④超越职权的;⑤滥用职权的。
(3) 认为被告不履行或拖延履行法定职责,判决其在一定限期内履行。
(4) 认定行政处罚显失公正的,可以判决变更。
(5) 认为原告的诉讼请求依法不能成立,直接判决否定原告的诉讼请求。
(6) 通过对被诉具体行政行为的审查,确认被诉具体行政行为合法或违法的判决。

我国实行二审终审制。当事人不服人民法院第一审判决的，有权在判决书送达之日起15日内向上一级人民法院提起上诉；不服人民法院第一审裁定的，有权在裁定书送达之日起10日内向上一级人民法院提起上诉。逾期不提起上诉的，人民法院的第一审判决或者裁定发生法律效力。

第二审人民法院在二审程序中对上诉案件进行审理，并依法作出驳回上诉、维持原判，或者撤销原判、依法改判，或者裁定撤销原判、发回原审人民法院重审。

当事人对已经发生法律效力的判决、裁定，认为确有错误的，可以向原审人民法院或者上一级人民法院提出申诉，但判决、裁定不停止执行。

3. 执行

当事人必须履行人民法院发生法律效力的判决、裁定。公民、法人或者其他组织拒绝履行判决、裁定的，行政机关可以向第一审人民法院申请强制执行，或者依法强制执行。公民、法人或者其他组织对具体行政行为在法定期间不提起诉讼又不履行的，行政机关可以申请人民法院强制执行，或者依法强制执行。

课堂思政案例

申请人某装饰公司与被申请人某公司签订了《建设工程施工合同》，约定申请人承包被申请人所有的某建筑玻璃幕墙工程，合同约定了相应的工程款项和支付的时间，但截至仲裁申请之日，被申请人欠付申请人货款，因此申请人提出仲裁请求：①被申请人支付应付的工程款；②被申请人支付欠付工程款利息；③依法拍卖、变卖幕墙工程，申请人对拍卖或变卖所得价款，在上述债权范围内享有优先受偿权；④本案仲裁费用及保全费用由被申请人承担。

本 章 小 结

本章主要学习了建设工程纠纷、民事诉讼制度、民事诉讼的审判程序、仲裁制度、调解与和解制度、行政复议和行政诉讼制度。希望通过本章的学习，使同学们对建设工程纠纷和法律解决有一个大致的掌握与认识，并掌握其知识点，学以致用。为学生们以后的学习和工作打下坚实的基础。

实 训 练 习

一、单项选择题

1. 下面不属于民事纠纷的法律解决途径的是(　　)。
   A. 和解　　　　　B. 调解　　　　　C. 行政复议　　　　　D. 仲裁
2. 下面不可以作为证据的是(　　)。
   A. 书证、物证　　　　　　　　　　B. 视听资料
   C. 当事人的陈述　　　　　　　　　D. 当事人制作的视频

3. 以下哪项不属于仲裁的特征？(　　)
    A 自愿性　　　　B．专业性　　　　C 公开性　　　　D．独立性
4. 仲裁委员会收到仲裁申请书之日起(　　)日内，认为符合受理条件的应当受理，并通知当事人。
    A. 5　　　　　　B. 10　　　　　　C. 15　　　　　　D. 20
5. 人民法院接到起诉状，经审查，应当在(　　)日内立案或者作出裁定不予受理。
    A. 5　　　　　　B. 7　　　　　　C. 10　　　　　　D. 14

二、多项选择题

1. 民事纠纷的法律解决途径主要有(　　)。
    A．和解　　　　　　B．调解　　　　　　C．仲裁
    D．诉讼　　　　　　E．行政奖励
2. 下列说法正确的是(　　)。
    A．一审程序应当在立案之日起 6 个月内审结
    B．仲裁协议应当采用书面形式，口头方式达成的仲裁意思表示无效
    C．人民调解应当遵循当事人自愿原则
    D．行政复议机关应当在受理行政复议申请之日起 90 日内作出行政复议决定
    E．人民法院接到起诉状，经审查，应当在 7 日内立案或者作出裁定不予受理
3. 关于仲裁开庭和审理的说法，正确的是(　　)。
    A．仲裁开庭审理必须经当事人达成一致　　B．仲裁审理案件应当公开进行
    C．当事人可以协议仲裁不开庭审理　　　　D．仲裁庭不能作出缺席裁决
    E．当事人约定 1 名仲裁员成立仲裁庭的，应当由当事人共同选定或者共同委托仲裁
       委员会主任指定仲裁员
4. 申请人向仲裁委员会提出仲裁申请后，被申请人拒不提交答辩书但提出仲裁反请求，则仲裁委员会应(　　)。
    A．中止仲裁程序　　　　　　　　　　　　B．不予受理反请求
    C．审查反请求是否符合受理条件　　　　　D．将案件移送相关人民法院
    E．继续审理原仲裁申请
5. 下列情形中，当事人不能申请行政复议的是(　　)。
    A．甲公司不服环保局对其作出的罚款决定
    B．王某不服所任职的教育局对其作出的降级决定
    C．赵某不服公安局对其作出的行政拘留决定
    D．乙公司不服市场监管局对其作出的责令停产停业决定
    E．王某对税务局将其调职到其他单位的决定不服而引起的纠纷

三、简答题

1. 简述仲裁的基本特点。
2. 详述诉讼时效期间的起算原则。
3. 简述调解与和解的区别。

第 11 章实训练习答案

实训工作单

班级		姓名		日期	
教学项目	建设工程纠纷和法律解决				
任务	建设工程纠纷处理的相关途径及程序	学习途径	本书中的案例分析,自行查找相关法律书籍		
学习目标	重点掌握民事诉讼制度、仲裁制度、调解与和解制度				
学习要点					
学习查阅记录					
评语			指导老师		

参 考 文 献

[1] 丁士昭. 建设工程法律法规选编 2022 版[M]. 北京：中国建筑工业出版社，2022.
[2] 法律出版社法规中心. 2021 年版中华人民共和国工程建设法律法规全书[M]. 北京：法律出版社，2021.
[3] 中国法制出版社. 中华人民共和国工程建设法律法规全书[M]. 北京：中国法制出版社，2019.
[4] 栾厚杰，王东升. 建设工程监理法律法规及相关知识 上下册[M]. 徐州：中国矿业大学出版社，2015.
[5] 中国建筑业协会. 建设工程安全生产法律法规[M]. 北京：中国建筑工业出版社，2019.
[6] 全国二级建造师执业资格考试研究院. 建设工程法律法规选编[M]. 北京：中国建筑工业出版社，2018.
[7] 宋宗宇. 建设工程法规[M]. 3 版. 重庆：重庆大学出版社，2018.
[8] 唐虹，齐景华，焦欣欣. 建设工程法规[M]. 北京：北京理工大学出版社，2019.
[9] 栗魁. 建设工程招标投标法律实务精要[M]. 北京：知识产权出版社，2020.
[10] 朱忆宁. 建筑工程法律法规概述[M]. 宁波：宁波出版社，2018.
[11] 范成伟. 建设法规[M]. 上海：同济大学出版社，2017.
[12] 刘黎，韩丽红. 工程建设法规与案例[M]. 北京：机械工业出版社，2019.
[13] 齐红军，夏芳. 工程建设法规[M]. 北京：北京理工大学出版社，2020.
[14] 王小艳，韦新丹. 建设工程法规及案例分析[M]. 武汉：华中科技大学出版社，2021.
[15] 王东升，杨松森. 建设工程法律法规及相关知识[M]. 北京：中国建筑工业出版社，2021.
[16] 黄显贵，张宝玉，黄显园，等. 建设工程法律法规[M]. 2 版. 北京：人民交通出版社，2021.
[17] 建筑施工安全生产培训教材编写委员会. 建设工程安全生产法律法规[M]. 2 版. 北京：中国建筑工业出版社，2020.
[18] 法律出版社法规中心. 中华人民共和国工程建设法律法规全书 含全部规章 2022 版[M]. 北京：法律出版社，2022.